犹太学博士文库

傅有德 主编

本书由山东大学犹太教与跨宗教研究中心资助

明清时期开封犹太人
宗教本地化研究

A Study of the Acculturation Strategies of
Kaifeng Jews during the Ming and Qing Dynasties

倪爱霞 著

上海三联书店

总　序

　　犹太学(Jewish Studies)，是一个综合性概念，涵盖了犹太宗教、历史、哲学、习俗、社会、政治、经济、生活方式等各方面的学问。有如西方的汉学(Sinology)，犹太学也不是指一个单一的学科，而是指以各个学科为视角对犹太民族及其历史、文化所做的研究。因此，犹太宗教、犹太哲学、犹太文学、犹太历史、犹太与其他文化比较，诸如此类，皆隶属于犹太学这一范畴。在这个意义上，有多少学科，就有多少犹太学分支。

　　犹太学在西方世界一直颇为兴盛。这突出表现在，犹太学教学与研究机构大量存在，并广泛分布于欧美各国。例如，在英国、法国、美国、加拿大、澳大利亚，多数综合性大学(university)和著名的学院(college)都设有犹太学系、犹太研究中心，或犹太研究科目(program)。二战期间和之后的半个世纪，德国原有的犹太学机构被关闭，但是，20世纪末以来的十几年中，有些已得以恢复，还有新建起来的。这些教学与研究机构并非只是针对犹太学生的，而是开放性的，面向所有学生和学者。在普通大学之外，还有犹太拉比学院或经学院，这些学校多半是犹太教的某个宗派创办的，其目的是培养专职的犹太教拉比或教授希伯来语，加强对散居犹太人的宗教与民族意识教育。犹太学之所以在欧美诸国广为流行且久盛不衰，一方面是散居各地的犹太人自身的需要，另一方面则是西方文化建设与发展的需要。西方之所以需要研究犹太学，一是因为希伯来圣经是西方文化的主要源头之一，二是因为源于圣经的犹太—基督宗教传统现在仍然是西方文化的重要组成部分。西方人要了解和研究自己的文化及其源流，不能将犹太宗教及其典籍置之度外。

　　中以建交于1992年1月。之前，中国的犹太研究少之又少。之后，伴随一批年轻学者海外学成归国，犹太研究机构也相继建立起来，犹太学遂得以迅速发展,且日渐繁荣,成为颇受瞩目的"希望"学科。上海、南京、山东、河南、陕西的高校还设立了犹太学博士课程,迄今已培养出数十名博士。他们身上负载了中国犹太学的未来。凡博士论文的写作,无不经过数年学习而奠定基础,然后围绕一个主题广泛收集资料,掌握国内外研究的历史与现状,在此基础上再做深入细致的梳理与剖析。故此,一般说来,博士论文较之别的论著在资料和理论观点上有其优长之处。对于不少学人,博士论文往往是其一生中最用心血,也最有心得、最有新意的作品。因此,其学术价值是不言而喻的。本文库作为中国犹太学的新成果,对中国犹太学的积极推动作用也是可以期望的。

今天的中国正在复兴之路上迅猛前进。然而,中国的复兴,不能离开中国文化的复兴,而中国文化的复兴绝不是简单地恢复五四运动之前的传统文化,而应该既植根于传统,又在广泛吸收各种优秀文化因素的基础上对传统进行再造与重建。而在再造与重建中国传统文化的过程中,犹太因素是绝不应该忽视的。当然,犹太学之外的其他外来文化,也都是中国文化建设所需要的。但是,因为犹太文化是外来文化中的后来者,是我们了解最少的,所以也就成为最亟需的。应该指出,犹太人之所以能够在散居近2000年后仍然作为一个族群而存在着,现代犹太人之所以能够在思想文化、科学技术、经济金融、工商企业、文学艺术等各个领域做出卓越不凡的成就,根源多半在其独特的宗教信仰、思维方式、行为方式以及对待异质文化的态度之中。相信本套文库对于中国读者多方位了解犹太人与犹太文化大有裨益,因此,它对于当今中国文化的复兴与重建也是颇有意义的。

上海三联书店总编黄韬先生慨然接受这一丛书,对文库的出版有扶持之功。在此,谨与文库的各位作者一起表示衷心感谢。

是为序。

傅有德

2014 年 2 月 8 日于山大静轩

目　　录

Contents

导　论

第一节　选题背景与研究目的

中华文明和犹太文明这两个伟大文明之间的交流由来已久。虽然犹太人来华的具体时间很难确定，但是由于丝绸之路上阿拉伯商人的中介作用，犹太文明和中华文明曾发生过一些间接的接触。[①] 犹太人来华居住之后，中犹文明在历史上面对面相遇，中国人和犹太人之间发生直接互动，碰撞出一些异样的火花。许多外来宗教如佛教、景教、天主教、基督新教等传入中国之后，与中华文明互动，吸收中国文化中的因素，促进了各自宗教在中国的发展。犹太教与中国文化直接互动之后，也促进了犹太教在中国的发展，形成了中国特色的犹太教。

犹太人在华的历史是犹太流散史的一部分，以色列人长久流散在外邦人中间，[②]他们在流散过程中根据寄居国的文化对犹太教进行调试，从而形成具有不同地域特色的犹太教。古代来华的犹太人在中国不同城市居住，[③]形成

---

①　有学者认为犹太人在丝绸之路之前来到中国，其依据为希伯来圣经有经文："看哪，这些从远方来；这些从北方、从西方来；这些从秦国(Sinim)来。"(以 49:12)他们认为"秦"是中国的代称，因此中国人已经与以色列人有接触(沙博理[Sidney Shapiro]:《中国古代犹太人中国学者研究文集点评》，北京：新世界出版社，2008 年，第 9 页；张星烺:《中西交通史料汇编》，上海：中华书局，1977 年，第 35 页)，但是这种推断除了圣经文本以及开封犹太人的碑文外，没有其他历史考古证据，接受的学者人数甚微。

②　如果从雅各在埃及开始算起，以色列先祖寄居外族的历史可以追溯到公元前十几世纪。由于"犹太"是比较晚期的称呼，所以此处以"以色列人"称呼他们。

③　杭州犹太人一度比开封还多，可参阅摩洛哥的阿拉伯旅行家伊本·白图泰(ibn Batutah)的游记中对"犹太门"的记载(伊本·白图泰口述:《异境奇观——伊本·白图泰游记》，伊本·朱甾笔录，李广斌译，北京：海洋出版社，2008 年，第 549 页)，以及犹太富商垄断杭州砂糖制造业的记载(王恽:《玉堂嘉话山居新语》，杨晓春点校，北京：中华书局，2006 年，第 203 页)。

不同的犹太社群,这些社群是学者研究中国古代犹太教的基础。但是其他城市犹太人的史料不及开封犹太人遗留的史料丰富,因此开封犹太人通常被当作中国古代犹太人的代表,也成为本文的研究对象。中国犹太社群在中国存续七八百年,[①]留下一些直接性的史料,如碑文、匾额、楹联、古经、祈祷书等不可磨灭的印记,还有一些间接性的史料,如中国史书、地方志的记载,外界对他们的到访记录等。这些史料成为后世研究犹太教在中国的文献基础。

本文的研究对象为中国犹太社群。中国犹太社群在中国历史上真实地存在过,虽然他们在中国及世界历史上的影响有限,但是他们在中国历史上留下了不可磨灭的印记,他们作为中国历史上非常独特的存在,后世学者可以从中窥探犹太教在中国的文化适应策略,以及中国特色犹太教的形成过程。他们"流散"在中国,明朝末年起与中国以外的犹太社群失去联系,因此他们与外界的交往时间有限,与外界的相互影响也不大。如果不是利玛窦在1605年因为偶然的机会碰到他们中的一员,西方世界仍然不知道他们的存在。[②]中国学者从历史典籍中辨别出他们的影子是19世纪末的事情,[③]将他们纳入研究视野,对他们展开系统性的研究更是晚之又晚。中国古代犹太人对中国历史影响有限,以至于说起他们,甚至很多国人都没有听过。这部分根源于中国犹太社群在中国历史上有不同的称呼,并且随着朝代的更迭,社会地位发生变化,他们的身份也越发扑朔迷离。"犹太"是清朝后期人们根据德语发音的音译,[④]之前史书指称犹太人时,一般称他们为"术忽"(《元史·帝纪》)、"珠赫"(《四库全书·元史·本纪三十三·文宗二》)或"斡脱"(《元史·本纪六·世祖三》)。他们的身份地位也随着中国朝代的更迭以及宗教政策的变更而发生改变。元朝时期,犹太人的身份由朝廷确定为"色目人"或"术忽"的民族范畴,在

---

① 这种时间计算以犹太会堂的存续为社群存在的标志,以犹太会堂建立(1163年)为标志,会堂废弃(1855年)结束。但是会堂建成的时间是以开封犹太人遗留的碑文等史料为基础,史料中记载的历史真实性还需要其他史料的进一步佐证。

② 1605年,来自开封府的艾田访问了当时身在北京的耶稣会士利玛窦,表明了自己的犹太身份。利玛窦核实后将中国存犹太后裔这一消息传到西方世界,引起了西方研究开封犹太人的兴趣。学术界称这一事件为利玛窦"发现"开封犹太人。参见 Michael Pollak, *Mandarins, Jews, and Missionaries: The Jewish Experience in the Chinese Empire.* Philadelphia: Jewish Publication Society, 1980, p.312。

③ 中国学者的研究以洪钧的《元史译文证补》为标志,洪钧考证《元史》中的"斡脱"就是犹太人。

④ 李景文:《古代开封犹太人:中文文献辑要与研究》,北京:人民出版社,2011年,第5页。

蒙元的四个层级分类中,属于第二层级,位列汉人以及最后被征服的南人之上。明朝取消了元朝的民族分类,因此原属"色目人"的犹太人需要加入汉人的社会体制,他们需要自我建构身份认同。正是从明朝开始,犹太人逐渐向主流文化靠近,建构自己新的身份。[①] 因此,本研究把犹太人放在明清之际的社会背景下,分析史料中呈现的宗教活动和宗教现象,探讨他们的宗教特点以及史料中表现出的对中国文化的适应。

　　本文聚焦的是中国犹太社群中国化特色最鲜明的时期——明清时期。开封犹太人适应中国文化,形成中国特色的犹太教经历了一段相当长的时间。中国犹太社群存续的八百年间经历过社群初建、鼎盛及衰落时期。虽然学者对鼎盛时期有不同的看法,但是社群的人数、政治及宗教活动的参与度等是非常重要的指数。从社群人数来看,中国犹太社群从宋代的十七姓到17世纪初的六姓或八姓,以后姓氏逐渐减少。人数在17世纪初达到顶峰,大致在300户左右,1000到1500人之间。[②] 从政治参与度来看,15世纪的时候是社群的晋升时期,诸多犹太人通过科举考上功名,或参军报国,同时回报乡里。这些内容在16世纪的碑文中有所体现。[③] 李渡南(Donald Leslie)认为1489年立碑时期是犹太社群的鼎盛时期,[④]1512年和1663年立碑的时期,犹太社群与朝廷、汉人官吏等关系更加密切,一六六三年碑即是汉人为犹太人撰写的碑文。同时,正是在这一时期,一些犹太儒生通过科举考试跻身士大夫之列,成为王朝的统治阶级中的人物。从宗教活动参与度来看,这些从政的犹太儒生们不仅活跃于政坛,还积极参与宗教活动,为修缮会堂出资、奔走,帮助道经抄写等宗教事宜。三通碑文撰写时期正是社群繁荣时期,也是他们的犹太特征

---

　　① 德罗尔・韦尔(Dror Weil):《开封犹太后裔在十四世纪到十七世纪中的文化认同》,载钟彩钧、周大兴主编:《犹太与中国传统的对话》,台北:中央研究院中国文哲研究所,2011年,第265页。

　　② 根据不同的史料,人数相差很大。龙华民的统计数字为10000人(荣振华、李渡南等编:《中国的犹太人》,耿昇译,郑州:大象出版社,2005年,第338页),与荣振华和李渡南的1000到1500人相差甚大(荣振华、李渡南等编:《中国的犹太人》,耿昇译,第15页)。王一沙认为鼎盛时期的"教众"人数为73姓,500余家,4000—5000人(王一沙:《中国犹太春秋》,北京:海洋出版社,1992年,第35页)。但是不管数字为何,同时期伊斯兰教的人数更多,增长更快。

　　③ "求观今日,若进取科目,且显亲扬名者,有之。求观今日,若进取科目而显亲扬名者有之,若布列中外而致君泽民者有之,或折冲御侮而尽忠报国者有之,或德修厥躬而善着于一乡者,亦有之矣。"(一五一二年碑)

　　④ Donald Daniel Leslie, *The Survival of the Chinese Jews: The Jewish Community of Kaifeng*, Leiden: E. J. Brill, 1972, p.29.

和儒家特征结合最鲜明的时期。

本书探讨的是散居社群在异域文化中保持自己宗教特性的问题。宗教不是在生活之外,而应该是在生活之中。因此,所有的宗教传播到一个新的地方,都会在这个宗教中注入一些当地文化因素,宗教生活会发生变化,这是宗教传播的共性,但是宗教发生变化的程度、变化的内容及影响是某种宗教与特定文化背景相结合的产物。犹太人散居到世界各地时,他们一般都会与主流文化进行文化调和(syncretism),从而使各地犹太人的宗教信仰烙上当地文化的特色。比如,流散印度的科钦犹太人更强调洁净的概念,[①]而美国的犹太人成功融入美国社会的标准即是成功掌握两种知识:宗教知识和世俗知识。[②] 犹太教在儒家文化处境中也会根据儒家文化调适自己。犹太教和儒教都渗透在日常生活中,它们都是对人类生活和思想的探索。两种宗教都非常重视经典及经典诠释,这使得开封犹太人的经典妥拉在儒家的语境中也得到新的诠释。明清时期的开封犹太人在努力地保持自己宗教信仰的同时,根据中国当时占主导地位的儒家文化调整犹太信仰。如果从妥拉的视角进行解读,我们可以探究以妥拉为经典的犹太教,与以儒家经典为圭臬的儒家文化在这特殊的相遇过程中碰撞出了何种火花。他们在保持自己的宗教文明特色的同时,对文化的调和是不是有不可逾越的犹太底线?他们固守哪些宗教文化习俗不放弃,舍弃了哪些方面,调适转化了哪些方面?哪些标准可以衡量出他们保持了自己的民族宗教特色,而没有同化于主流文化呢?他们如何使得古老的妥拉文本以崭新的姿态迸发出新的活力,从而获得身份认同?希望通过解答这些问题,观照现实,对宗教在当代处境中的做法有所启发,对经典的当代诠释有所借鉴。

第二节　研究现状

最早涉足开封犹太人领域的是与犹太人直接接触的传教士,他们进行了资料的收集整理工作,随后引发国内外学者的研究兴趣,进而从不同视角进行

---

① Nathan Katz, *Who are the Jews of India?* Berkeley: University of California Press, 2000, p.73.

② Nathan Katz & Ellen S. Goldberg, *The Last Jews of Cochin: Jewish Identity in Hindu India,* Columbia: University of South Carolina Press, 1993, p. xii.

专题研究,取得了丰硕成果。

一、 文献资料的收集、整理

开封犹太人资料的收集、整理是中国犹太社群研究的基础,这项工作从
17 世纪一直延续到 20 世纪末,即从"发现"犹太人开始,到犹太后裔完全融入
中国文化止。17 世纪初,利玛窦因为偶然机会"发现"犹太人生活在河南开
封,当时的天主教传教士以及随后的基督新教传教士便开始了犹太人资料的
收集整理工作。开封犹太人的文献资料主要分为文物史料、直接性文献和研
究性文献。① 文物史料主要指开封犹太会堂,开封犹太人遗留的碑文,楹联,
牌匾,墓地,族谱,使用过的书卷(祈祷书、正经、方经、散经)等。这类史料需要
经过学者整理、研究、发表之后才能成为后期的研究基础。

直接性文献包括对文物史料的文字化、图像化表达,西方传教士对这些直
接性史料的记录和保存做出了巨大的贡献。1605 年,来华天主教传教士利玛
窦接触到开封犹太人的后裔后,意识到这些人是犹太人,他当时记录与开封犹
太人会面的书信,特别是他 1608 年获得的补充材料,成为学者研究中国犹太
社群的重要史料。② 后来更多的天主教传教士,以骆保禄(Giampalo
Gozani)③、孟正气(Jean Domenge)④和宋君荣(Antoine Gaubi)⑤为代表,也记
录了与开封犹太人有关的文献资料。1625 年,传教士发现了中国犹太社群的
石碑,这些石碑引发他们浓厚的兴趣。传教士对开封犹太人的兴趣主要是源
于三点:其一,他们认为开封犹太人来中国的时间很早,与外界接触相对较少,
因此,他们希望通过开封犹太人使用的经卷来证实塔木德派学者篡改了希伯
来文圣经;其二,同处于儒家文化环境下,传教士希望通过犹太人在华经验,证
明在祭祖祭孔的前提下遵循一神论的可行性,为耶稣会在中国的传教策略寻

---

① 这种文献的分类方法与文献学中的零次文献和一次文献的分类方法略微不同,这是基于开
封犹太人史料的固有特点而做的划分。

② 利玛窦、金尼阁:《利玛窦中国札记》,何高济译,北京:中华书局,2001 年。

③ 骆保禄(Giampalo Gozani, 1659—1732),意大利人,是第一位把犹太教会堂的汉文碑刻、楹
联、匾额录文寄往罗马的人。

④ 孟正气(Jean Domenge, 1666—1735),法国人,留下许多希伯来经书的资料、犹太会堂的草
图和读经的简图。

⑤ 宋君荣(Antoine Gaubil, 1689—1759),法国人,留下关于犹太会堂的四通汉文碑文的概述。

找依据；①其三，基于基督教的传教使命，他们希望开封犹太人能够皈依基督教，②在欧洲他们也是使用各种方法使异教徒皈依的。罗马教廷派耶稣会士奔赴开封对犹太人的生活、信仰进行近距离考察，这些耶稣会士将考察结果记录在案，留下一批关于开封犹太人的珍贵书简。其中最重要的是他们对史料文献的文字化处理。传教士对四块碑文，即1489年弘治碑的《重建清真寺记》，1512年正德碑的《尊崇道经寺记》，1663年康熙碑的《重建清真寺记》（正反面），1679年的《祠堂述古碑记》，以及十七对楹联、二十三方牌匾、族谱进行仿写之后寄到欧洲；孟正气神甫1722年绘制了开封犹太寺内部图和外形图，会堂内宗教用品图，抄录了妥拉经卷的片段等。③ 这些史料后来被刊登出来，引起公众的极大兴趣。1879年4月5日《万国公报》上报道了《重建清真寺记》(*Rebuilding the Jewish Synagogue at Kai-feng*)、《开封增广生员》(*Increasing the Examination Quotas in Kai-feng*)和《尊崇道经寺记》(*A Report on Jewish Tablet at Kai-feng*)。20世纪初，怀履光主教（Bishop White）整理开封犹太人的资料，以文集的形式出版，收录了开封犹太人的历史、石刻、家谱等，④并将一批开封犹太人的文物运到加拿大"皇家安大略博物馆"。开封犹太人的公开性史料除了包含汉语表达信仰的史料外，还有三处希伯来文资料。首先是会堂西墙上的"十诫"，犹太人祈祷的时候面向西墙，向耶路撒冷的方向祈祷。其次是万岁牌上面用希伯来文书写的示玛，即犹太人的"听祷文"："以色列啊，你要听！耶和华——我们神是独一的主。"（申6：4）还有一处妥拉经卷上方有《申命记》十章17节的经文，但是略有变动。传教士收集这些直接性史料时，受他们汉语水平、希伯来语水平以及基督教中心论的视角等因素的影响，史料记录与真实史料略有偏差，但仍然成为后期研究的基础和核心，为后来学者的开封犹太人研究铺好了道路。

　　除了与开封犹太人直接相关的这些史料的收集整理外，到访开封，探访犹太人的实录及信札等也成为非常重要的直接性史料。这既包括利玛窦接触开

---

① 荣振华、李渡南等编：《中国的犹太人》，第5页。

② 江文汉：《中国古代基督教及中国犹太人》，北京：知识出版社，1982年，第158页。

③ 这些书简最早于1980年在巴黎和罗马出版了法语版，1984年再版，2005年由耿升译为汉语，收录在《海外汉学名著译丛》中的《中国的犹太人》一书中，参见荣振华、李渡南等编：《中国的犹太人》，第37—192页。

④ Willam Charles White, *Chinese Jews: A Compilation of Matters Relating to the Jews of K'aifeng Fu* (Toronto: University of Toronto Press, 1966).

封犹太人后书写的日记,也包括耶稣会士骆保禄、孟正气、宋君荣等到访开封后的往来信札,这些书简被译成英文,收集在李渡南的《中国犹太人之遗存》一书中。[①] 19世纪初,基督新教的伦敦犹太布道会、19世纪中叶美国传教士丁韪良(W. A. P. Martin)、美国圣公会传教士施约瑟(S. I. J. Scherchewsky)[②]同样奔赴开封,进行考察。他们要么怀着复兴中国犹太教的愿望,要么怀着使犹太人皈依基督教的目的,但是他们的计划都没有实现,最后只留下了关于开封犹太人在当时已经被同化的只言片语的记载。[③] 不过,他们进行了史料的抢救保存工作,并留下很多珍贵的简介材料。这些通过外界观察得到的史料是开封犹太人遗留的文物史料的佐证,是研究开封犹太人的重要文献。后来18世纪传教士被驱逐出中国,耶稣会被遣散之后虽然有重建,但是荣光没有恢复到之前,开封犹太人的资料收集和研究随之停滞。

除了文物史料、直接性文献之外,学者通过一些文献史料考证、分析了开封犹太人的历史、宗教生活等内容。这些研究性文献包括中国古籍中犹太人记载的考证,来华传教士史料的整理分析,以及在现有文献的基础上开展的开封犹太人的专题研究。

中国古籍中犹太人记载的考证工作围绕犹太人在历史上的称谓进行,这些工作大都由中国学者完成。开封犹太人的记载散落于中国古籍,在这些文献中,他们的称谓方式受波斯语的影响,名目繁多,"犹太"之名是清道光以后才有的称呼。[④] 由于古籍中将犹太人和其他的外来宗教并列记载,因此有很长一段时间,中国人没有把他们与西方的犹太人概念联系在一起。由于古文的特殊性,中国古代史料中的记载及考证工作一般由中国学者完成。国内学者首次意识到古籍中对犹太人的记载是在1897年,清末学者洪钧(1839—1893)在《元世各教名考》中首次指出"斡脱"就是犹太人。[⑤] "《经世大典》之斡

① Donald Daniel Leslie, *The Survival of the Chinese Jews: The Jewish Community of Kaifeng* (Leiden: E. J. Brill, 1972).

② 施约瑟是犹太人,后皈依基督教,任美国圣公会上海主教。参见 Irene Eber, *The Jewish Bishop and the Chinese Bible: S. I. J. Schereschewsky, 1831–1906*, Leiden: Brill, 1999。

③ 江文汉:《中国古代基督教及中国犹太人》,第141—187页。

④ 陈垣:《开封一赐乐业教考》,载《陈垣史学论著选》:上海:上海人民出版社,1981年,第65—108页。

⑤ 参见李景文:《古代开封犹太人:中文文献辑要与研究》,第73—81页。后来也有学者对"斡脱"进行研究,参见张星烺:《中西交通史料汇编》,第38页。

脱，即犹太教。……今中国河南开封仍有犹太人。华人不知，但以回回统之。"
后来的学者，如陈长崎、魏千志，从元朝编撰的朝代编年史《宋史》中考证出开
封犹太人在中国史书中出现更早，被称为"你尾尼"，他们认为其中的"你尾"即
是"利未"的音译，"尼"表示"僧"，代表他们的宗教信仰。① 后来犹太人以"术
忽"②或"术虎"③的名称出现，其他古籍及近代文献中也以不同的方式提到犹
太人及其生活状况。但是这些史料的编写的初衷是记载历朝历代的历史或地
方史，而不是基于对开封犹太人认知的记载，因此开封犹太人史料散落各处。
而且，中国的史料浩如烟海，查询到开封犹太人相关的史料非常不易。资料的
查询工作还有待现代学者的进一步努力。

其次，近现代的研究从史料考证转向史料研究及现代新史料的收集整理。
新中国成立前中国学者以"挑筋教""刀筋教""青回回教"等名称称呼开封犹太
人，这一阶段论文发表在人文地理、人文志略、报刊等，学者们开始注意到了开
封犹太人的存在以及他们与基督教、伊斯兰教的异同，研究的话题涉及开封犹
太人的语言、姓氏、生活习俗、汉化的表现、后裔卖碑等。有些学者如叶瀚、④魏亦亨、方豪
等对开封犹太人的碑文等史料做了一些考据，其中最全面和深入的当属 1920
年陈垣(1880—1971)发表的《开封一赐乐业教考》，该文对开封犹太人的碑文、历
史、名称由来、重要人物、寺之沿革、经卷现状、匾额、楹联及当时境况等作了详细
的分析，为后人的研究提供了详实的史料。⑤ 潘光旦 1953 年写成，并于 1983 年
出版了《中国境内犹太人的若干历史问题》。但是这一时期的研究侧重对史料
的考据，研究范围和视角存在局限性。⑥ 现代学者如江文汉、⑦王一沙⑧等到访

---

① 李景文：《古代开封犹太人：中文文献辑要与研究》，第 268 页。
② "术忽"是中国历史上最早称呼中国境内的犹太人的名词。"术忽"见《元史·本纪四十三·
顺帝六》等，参见李景文：《古代开封犹太人：中文文献辑要与研究》，第 4 页。
③ "术虎"见《金史·列传七十三·金国语解》，参见李景文：《古代开封犹太人：中文文献辑要
与研究》，第 4 页。
④ 叶瀚的《一赐乐业教碑跋》发表于 1913 年，参见李景文：《古代开封犹太人：中文文献辑要与
研究》，第 116—120 页。
⑤ 陈垣：《开封一赐乐业教考》，载《陈垣学术论文集》(第一集)，北京：中华书局，1980 年。
⑥ 潘光旦：《中国境内开封犹太人的若干历史问题：开封的中国犹太人》，北京：北京大学出版
社，1983 年。
⑦ 江文汉：《中国古代基督教及开封犹太人》，北京：知识出版社，1982 年。
⑧ 王一沙：《中国犹太春秋》，北京：海洋出版社，1992 年；王一沙：《中国古代犹太人及其后裔
的迁徙和分布》，载《同济大学学报(人文·社会科学版)》1991 年第 2 期，第 47—49 页；王一沙：《开
封一赐乐业教的贵重历史文物》，载《中原文物》1992 年第 1 期，第 113—114 页。

开封犹太人故居，采访他们的后裔从而得到更多更新、更细致的一手材料。还有学者从历史学和人类文化学等角度梳理中国古代社会对开封犹太人的认知。①

再次，开封犹太人研究的资料由不同的语言写就，学者们将这些文献译成不同的版本。利玛窦、骆保禄、孟正气、宋君荣的文献由李渡南整理成法语，李渡南的书也有中译本面世。② 帕拉克(Michale Pollak)关于开封犹太人经卷历史的著作也都有相应的汉译本。③ 中国学者撰写的关于开封犹太人的经典论文被集结成册，以英文在西方出版，论文收录从最早的 1930 年张星烺的论文，一直到陈长崎等 1983 年的论文。④ 以色列学者浦安迪(Andrew Plaks)将一四八九年碑和一五一二年碑，乌尔巴赫(Noam Urbrach)将一六六三年碑碑文翻译为希伯来文。

以上的文献收集整理工作为学者进一步的专题研究奠定基础，学者们研究的专题涉及范围广泛，研究视角多样，成果丰硕。

二、 专题研究

最初的研究专题一般是历史角度的分析，如从历史学的视角探讨开封犹太人的来源、来华时间、在中国的历史等问题，后来研究的视野扩展从宗教学、比较研究等视角研究中国古代犹太人的宗教生活、同化原因等方面。

---

① 这些学者包括肖宪(肖宪：《近代中国对犹太人的了解和态度》，载《思想战线》1993 年第 6 期，第 80—86 页)、魏千志(魏千志：《中国古代犹太人的历史贡献》，载《史学月刊》1995 年第 3 期，第 23—29 页)、李长林(李长林：《清末中国对犹太人的了解与态度》，载《史学月刊》1996 年第 3 期，第 45—48,17 页)。潘光、王健(潘光、王健：《犹太人与中国》，北京：时事出版社，2009 年)、张淑清(张淑清：《建国前中国人对犹太人的认识和态度》，载《烟台师范学院学报》2002 年第 4 期，第 13—17,38 页)、张礼刚(张礼刚：《中国古代社会对开封犹太人的认识和态度》，载《华北水利水电学院学报(社科版)》2004 年第 2 期，第 29—32 页；张礼刚：《中国人视野中的古代开封犹太人》，河南大学硕士论文，2005 年；张礼刚：《近代中国知识界对古代开封犹太人身份的理解》，载《学海》2008 年第 3 期，第 45—49 页)等。

② 荣振华、李渡南等编：《中国的犹太人》，郑州：大象出版社，2005 年。

③ 中国学者翻译了帕拉克著作的一部分发表在中国的期刊上，参见帕拉克：《中国犹太人经卷抄本》，王笑一译，载《南都学坛》1984 年第 4 期，第 106 页。

④ Sidney Shapiro, *Jews in Old China: Studies by Chinese Scholars* (New York: Hippocrene Books, 1984). 李渡南的《中国传统中的犹太教文献目录》也收录了中国学者关于开封犹太人的一些学术著作，参见 Donald Leslie, *Jews and Judaism in Traditional China — A Comprehensive Bibliography* (Monumenta Serica Monograph Series XLIV), Sankt Augustin, Monumenta Serica Institute, Nettetal: Steyer Verlag, 1964。

（一）在华历史的研究

开封犹太人在华历史的研究是最早涉猎的范畴,学者们研究范围覆盖较广,研究内容从犹太人来华原因、来华时间、来华路线,开封犹太人定居开封时间,到中国犹太社群的兴衰史,不一而足。

关于犹太人来华原因有不同的推断。按照开封犹太人碑文所讲,他们是为了给宋朝皇帝进贡西洋布才来到中国的,①悉尼·门德尔松(Sidney Mendelssohn)首先根据犹太—波斯语专家艾尔肯·艾德勒(Elkan Adler)的《不同地域的犹太人》(*Jews in Many Lands*)一书,认为中国最早来华的犹太人传统上认为他们是大夏(Bactria)和帕提亚(Parthia,中国历史上翻译为"安息国")的旅行者的后裔,那时候正值安条克(Antiochus, 215—164 BC)统治时期。② 安条克四世是叙利亚塞琉古王朝的国王,曾镇压过犹太人的马加比起义,洗劫耶路撒冷圣城,他对犹太人的迫害迫使部分犹太人离开巴勒斯坦。帕拉克(Michael Pollak)也认为他们来华不是经济原因,而是为了躲避战乱。③ 但是作者的这种推断是建立在开封犹太人一次性来中国的前提之下的,目前史料中没有证据能够支持这一观点。他们很可能在中国对外封闭之前,经过漫长的时间分批来华,才逐渐形成了这样的族群,零星的中外史料显示不同时期来华犹太人来自不同地方。

关于来华路径有"波斯说""印度说""阿富汗说"等。犹太人来华之后,定居地点从中国西部边疆地区,到南部沿海地区,再到中部发达的城市,不一而足。开封作为宋朝的都城,是当时世界上最繁华的城市之一,因此也吸引了犹太商人。持"波斯说"的主要有纽鲍尔(Neubauer)④、孟正气(Domenge)⑤、施瓦茨(Schwartz)⑥和李渡南⑦等,英国考古学家马克·斯坦爵士(Sir Marc

---

① "进贡西洋布于宋。"(一四八九年碑)

② Sidney Mendelssohn, *The Jews of Asia Especially in the Sixteenth and Seveteenth Centuries* (London: K. Paul, Trench, Trubner & Co., Ltd; New York: Dutton & Co., 1920), p. 133.

③ Michael Pollak, *Mandarins, Jews, and Missionarie*, pp. 307 – 308.

④ Adolph Neubauer, "Jews in China", *Jewish Quarterly Review*, Old Series VIII (1896):129.

⑤ Domenge 在 1723 年信中写道,开封犹太人自己讲他们来自波斯(Si-yu),引自 Leslie, *The Survival of the Chinese Jews*, p. 4。

⑥ Benjamin I. Schwartz, "Jews and China: Past and Present Encounters", in *The Jews of China: Volume One: Historical and Comparative Perspectives*, ed. Jonathan Goldstein, (New York: M.E. Sharpe, Inc. 1999), p. 300.

⑦ Donald D. Leslie, "Persia or Yemen? The Origin of the Kaifeng Jews", in *Irano-Judaica*, ed. S. Skaked (Jerusalem, 1982), pp. 101 – 111.

Aurel Stein)在塔克拉玛干沙漠发现的犹太人的波斯信件也可以证明这一点。① 中国学者潘光旦和陈长崎比较倾向于"印度说",潘光旦认为开封的犹太人是从印度西南部经海路过来的。② "阿富汗说"是根据近几年的考古发现而有的推测。③ 来自波斯的说法主要是根据妥拉经卷和宗教仪式的特点。学者根据中国古代犹太人将妥拉分为 53 卷,而不是 54 卷的做法,认为他们来自波斯,纽鲍尔④、孟正气⑤、施瓦茨⑥、李渡南⑦都赞同此说。但是将妥拉分为 53 卷不止是波斯犹太人的做法,同时也是迈蒙尼德派的做法,单凭这一点无法直接认定波斯说。马克·斯坦爵士发现的犹太人的波斯信件倒是可以做间接的证明。⑧

　　学者们对来华时间的研究促使他们关注这批犹太人离开巴勒斯坦的时间。由于公元前 722 年亚述灭了北国以色列之后,关于这十个支派的去向并无具体的记载,因此他们被称为"消失的十个支派",有学者认为这十个支派中的部分人到达了中国。关于这十个支派到达中国的说法,遭到李渡南的反对,他认为公元前 9 世纪之前犹太人史料中没有关于中国的记载。⑨ 由于在开封犹太人的宗教仪式受塔木德(Talmud)的影响,所以,他们不可能在塔木德形成之前离开故土,而且他们也不是卡拉派信徒。⑩ 张绥根据开封犹太人所拥

---

① Anson H. Laytner & Jordan Paper (eds.), *The Chinese Jews of Kaifeng: A Millennium of Adaptation and Endurance*, Maryland: Lexington Books, 2017, p.3.

② 潘光旦:《中国境内开封犹太人的若干历史问题:开封的中国犹太人》,第 56 页。

③ 莫玉梅:《丝绸之路上的阿富汗犹太人——兼谈阿富汗犹太人入华的可能性》,载《犹太研究》2020 年第 16 期,第 157—166 页。

④ Adolph Neubauer, "Jews in China", in *Jewish Quarterly Review, Old Series VIII*, 1896, p.129.

⑤ 孟正气在 1723 年信中写道,开封犹太人自己讲他们来自波斯(Si-yu),转引自 Donald D. Leslie. *The Survival of the Chinese Jews: The Jewish Community of Kaifeng*. Leiden: E. J. Brill, 1972, p.4。

⑥ Schwartz, Benjamin I. *Jews and China: Past and Present Encounters*, Compiled in Jonathan Goldstein, *The Jews of China Volume One, Historical and Comparative Perspectives*. New York: M.E. Sharpe, Inc. 1999, p.300.

⑦ Leslie, Donald D. "Persia or Yemen? The Origin of the Kaifeng Jews", in *Irano-Judaica*, ed. S. Skaked, Jerusalem, 1982, pp.101–111.

⑧ Anson H. Laytner & Jordan Paper (eds.), *The Chinese Jews of Kaifeng: A Millennium of Adaptation and Endurance*, p.3.

⑨ Leslie, *The Survival of the Chinese Jews*, p.3.

⑩ Ibid., p.20.

有的先知书的章节内容和开封犹太人不纪念光明节的缘故，推断开封犹太人离开巴勒斯坦的时间是公元前 198 年到公元前 168 年。[①] 由于离开巴勒斯坦到中国需要经过第三国，因此他们离开故土的时间大多根据他们的宗教活动来推断，所以，其间的偏差也是难免的。

　　开封犹太人来华时间是学者们关注的重点之一，学者对此持有不同的看法，主要形成了"周代说""汉代说""唐代说"和"宋代说"四种说法。"周代说"根源于一六六三年碑"教起于天竺，周时始传于中州，建祠于大梁"的记载，耶稣会士宋君荣（Antoine Gaubil, 1689—1759）在 1725 年 9 月 4 日的信中赞成这种说法，[②]但是这种说法无法通过其他资料佐证，认同的学者不多。持"汉代说"的学者主要有耶稣会士勃洛蒂耶（Brtoier）等，依据为一五一二年碑"自汉时入居中国"。[③] 传教士们认为犹太人在前汉来华的观点，也解释了他们后来研究犹太人经卷，希望证明他们使用的是未被拉比犹太教篡改的古老抄本的做法。张绥以及很多中国学者比较同意"唐代说"，[④]法国的娜婷·佩伦（Nadine Perrot）也认为唐朝来中国说比较可信，认为他们要么通过海路"从也门和波斯湾出发，经过印度而到达宁波和广州港"，要么通过丝绸之路"从波斯经阿富汗和西域，而到达宁夏和北京"。[⑤] 李渡南依据一些阿拉伯旅行家的游记资料，包括阿布·赛德·哈桑（Abu Zaid al-Hassan）的一份史料，这份史料记载黄巢起义杀死了十二万穆斯林、犹太人、基督徒和巫师（Magians），因此他认同"唐代说"。[⑥] 杰里·本特利（Jerry H. Bentley）认为，第一波来到中国的犹太人是公元 900 年左右经由丝绸之路来到唐朝长安的商人。[⑦] "宋代说"为陈垣所提，虽然他认为唐朝时犹太人到过中国，但是是否永久居住中国为另外

[①]　张绥：《犹太教与中国开封犹太人》，上海：上海三联书店，1990 年，第 36—40 页。虽然没有开封犹太人庆祝光明节的史料，但是开封犹太人的祈祷书中却有光明节的祷词。因此，关于开封犹太人来华的时间只能做大致的判断。

[②]　Leslie, *The Survival of the Chinese Jews*, p.3.

[③]　张绥：《犹太教与中国开封犹太人》，第 17 页。

[④]　杨海军：《中国犹太人研究 80 年》，载《中国社会科学》1994 年第 3 期，第 150 页。

[⑤]　娜婷·佩伦（Nadine Perrot）：《中国大地上最早的犹太人》，载荣振华、李渡南等编：《中国的犹太人》，第 331 页。

[⑥]　Leslie, *The Survival of the Chinese Jews*, p.7.

[⑦]　Jerry H. Bentley, "Old World Encounters, Cross-cultural Contacts and Exchanges in Pre-Modern Times", in *The Jews of China: Volume One: Historical and Comparative Perspectives*, ed. Jonathan Goldstein (New York: Oxford University Press, 1993), pp.69,96–98.

一回事。陈垣认为"开封犹太族为非宋以前所至",其根据主要是汉典并无一赐乐业教的记载。^① 高望之反对陈垣关于开封犹太人在宋朝之后来到开封的看法,他根据阿拉伯旅行家阿布·赛德的记载,认为唐朝时候就有很多犹太商人在中国,并且很可能在开封和扬州定居下来。但是由于没有建立会堂,所以他们不能被称为建立了社群。^② 奈杰尔·托马斯(Nigel Thomas)同意高望之的观点,^③认为在 19 世纪之前,有两波犹太来华潮,分别是"拉唐犹太人潮"(Radhanite wave)^④和 13 世纪蒙古潮。陈长琦从古代史的角度进行了考证,也认为开封犹太人来中国是在宋真宗年间 998 年,因为当时的宗教政策最为宽容。^⑤ 这一说法也得到很多中国学者(比如魏千志)的认同。^⑥ "宋代说"与其他朝代说之间最大的差异在于"宋代说"将犹太社群的建立确定为来华时间,但是社群应该在来华很久之后才能建立,所以,开封犹太人来华应该早于宋朝。

学者也关注中国古代存在的犹太社群以及开封犹太社群的兴衰史。约旦·裴坡(Jordan Paper)和安森·雷特讷(Anson H. Laytner)认为 11 世纪时期,至少有七个犹太社群在中国活动,包括沿海地区的泉州、宁波、扬州等城市,至 15 世纪,沿海的犹太社群消失,只有开封的犹太社群还存留。^⑦ 乔纳森·哥特斯坦(Jonathan Goldstein)认为犹太人 12、13 世纪在开封建立犹太社群,至清朝后期,社群消亡。社群消亡的标志是 19 世纪中期会堂被洪水淹没,再未重建,没有拉比,没有人认识希伯来文,没有人懂犹太传统。^⑧ 王一沙也将开封犹太人的历史总结为宋金适应期,元朝发展期,明朝黄金期,明末清初

① 陈垣:《开封一赐乐业教考》,第 83 页。犹太人也将自己的宗教称为"古教"或"天教",但是由于他们不吃筋的习俗,又被异教人称为"挑筋教"(荣振华等:《中国的犹太人》,第 43 页)。

② 高望之:《中国历史上的犹太教和犹太人》,载《第十六届国际历史科学大会中国学者论文集》,北京:中华书局,1985 年。

③ Nigel Thomas, "Radhanites, Chinese Jews, and the Silk Road of the Steppes", in *The Chinese Jews of Kaifeng: A Millennium of Adaptation and Endurance*, ed. Anson H. Laytner and Jordan Paper (Maryland: Lexington Books, 2017).

④ 拉唐犹太人是中世纪商人,有些有犹太背景。他们的足迹行遍欧洲、北非、中东、中亚、印度和中国的部分地区。

⑤ 引自李景文:《古代开封犹太人:中文文献辑要与研究》,第 3 页。

⑥ 魏千志:《开封犹太人定居开封时间考》,载《史学月刊》1993 年第 5 期,第 36—41 页。

⑦ Laytner & Paper (eds.), *The Chinese Jews of Kaifeng*, pp. viii, xi.

⑧ Jonathan Goldstein, *The Jews of China: Volume One: Historical and Comparative Perspectives* (New York: M. E. Sharpe, Inc. 1999), p. xii. 当然也有学者界定社群消亡的时间和标志不同,如果以会堂为界定标准,1914 年会堂废弃之后,犹太社群彻底消失。

灾难和振兴期,以及清朝的民族自然融合期五个时期。①

　　西方学者一般依据传教士的史料进行文献分析,对开封会堂、碑文和开封
犹太人的历史作了较为详实的描述。比较典型的有怀履光主教的《中国犹太
人:中国犹太人相关资料汇编》,②詹姆斯・费恩(James Finn)《中国犹太孤岛》
《刀筋教,中国犹太人:会堂、经典及历史》,③李渡南的《中国犹太人之遗
存》,④帕拉克的《汉人、犹太人与传教士:中国君主时代的犹太人》⑤以及中国
学者徐新的《中国开封犹太人:历史、文化与宗教》⑥《中国犹太人传奇》,⑦娜
婷・佩伦的《开封犹太人社团》。⑧ 这些以外文写就的著作不仅翻译了开封犹
太人的一手资料和传教士关于开封犹太人的书信,还将关于开封犹太人的论
文集结成册,并试图解释他们同化于中国文化的原因。⑨

　　当代开封犹太人的研究趋势是将开封犹太人放在更广阔的历史背景下进
行研究。刘迎胜研究元代的开封犹太人在社会中的地位及如何受到政策影
响,⑩帕拉克则从犹太历史的角度研究开封犹太人。⑪

(二) 宗教生活

　　学者对开封犹太人宗教生活的研究范围较广,研究内容包括宗教典籍、宗
教特征、社群人物等。

---

①　王一沙:《中国犹太春秋》,第 30—61 页。

②　White, *Chinese Jews*, 1966.

③　James Finn, *The Orphan Colony of Jews in China* (London: James Nisbet, 1872). James
Finn, *The Jews in China: Their Synagogue, Their Scriptures, Their History etc* (London,
1843), Reprinted titled *Jews in Old China* (Kublin, Paragon, New York, 1971).

④　Leslie, *The Survival of the Chinese Jew*, 1972.

⑤　Michael Pollak, *Mandarins, Jews, and Missionaries*, 1980.

⑥　Xu Xin, *The Jews of Kaifeng, China Hostory, Culture, and Religion* (New Jersey: Ktav
Publishing House, Inc.), 2003.徐新:《犹太教在中国》,载《世界宗教研究》2000 年第 2 期,第 13—
20,156 页。

⑦　Xu Xin, *Legends of the Chinese Jews of Kaifeng* (Hoboken: KTAV, 1995).

⑧　娜婷・佩伦:《开封犹太人社团》,载荣振华、李渡南等:《中国的犹太人》,郑州:大象出版社,
2005 年,第 333—368 页。

⑨　关于开封犹太人同化于中国文化的原因,学者有不同的解释,包括与汉人通婚,与外界隔
绝,参加科举考试,儒家思想和犹太教的相似性等。

⑩　刘迎胜:《关于元代中国的犹太人》,载《元史论丛》第六辑,北京:中国社会科学出版社,
1997 年。

⑪　Michael Polllak, *Mandarins, Jews, and Missionaries: The Jewish Expeirence in the
Chinese Empire* (Philadelphia: Jewish Publication Society, 1980), pp.20 - 130.

　　首先,关于中国犹太社群所用宗教典籍的研究主要包括祈祷书和妥拉等方面的内容,学者们大都做了文本的考证及整理工作。伯顿·帕德尔(Burton L. Padoll)对比了开封犹太人的祈祷书与世界上其他地方祈祷书的不同;① 查姆·西蒙斯(Chaim Simons)从拉比文献对读的视角研究开封犹太人遗留的希伯来祈祷书,并通过传教士的记载,研究开封犹太人的宗教习俗。② 马克·洛布(Mark G. Loeb)对比了开封犹太人的《逾越节传奇》与其他地方《逾越节传奇》的异同。③ 黄福光的《中国开封犹太人逾越节传奇》将开封犹太人的《逾越节传奇》译成英文,并对开封犹太人的逾越节传奇与其他地区的犹太人使用的版本进行对比研究。④ 帕拉克描述了妥拉经卷被发现的过程以及对现存经卷的追踪过程,根据他的研究,开封犹太人使用过的妥拉经卷或抄本现存于纽约、达拉斯、伦敦、牛津、剑桥、维也纳等地。⑤ 刘百陆在他的文章及硕士论文中通过碑文分析开封犹太人来华的历史及他们使用的妥拉经卷的情况,不过并没有对碑文中表现出来的信仰生活作细致分析。⑥ 邹振环从历史的角度梳理了耶稣会士对古经的追寻,说明耶稣会士为适应中国的礼仪策略寻找论据。⑦ 这些研究为后世学者的进一步研究提供了基础资料,并对这些资料稍微进行了分析,但是没有做文本细读的工作。

　　其次,学者们探讨了开封犹太人宗教崇拜的特点。江文汉论述了开封

---

　　① Burton L. Padol, *A Study of a Liturgy of the Jews of Kai Feng Fu*, Unpublished Master's thesis, Hebrew Union College-Jewish Institute of Religion, New York, 1957.

　　② Rabbi Dr. Chaim Simons, *Jewish Religious Observance by the Jews of Kaifeng China*, Kiryat Aeba: lulu.com, 2014.

　　③ Mark G. Loeb, *A Study of the Passover Haggadah of the Chinese Jews*, Unpublished Master's thesis, Hebrew Union College-Jewish Institute of Religion, New York, 1975.

　　④ Wong Fook-Kong & Dalia Yasharpour, *The Haggadah of Kaifeng Jews of China*, Boston: Leiden, 2011.

　　⑤ Michael Pollak, *The Discovery of a Missing Chinese Torah Scroll*, Dallas: Bridwell Library, Southern Methodist University, 1973. Michael Pollak, *The Torah Scrolls of the Chinese Jews: The History, Significance and Present Whereabouts of the Sifrei Torah of the Defunct Jewish Community of Kaifeng*, Dallas, 1975. 帕拉克:《中国犹太人经卷抄本》,载《南都学坛》1984年第4期,第106页。

　　⑥ 刘百陆:《从碑文看犹太人的"道经"》,载《学海》2011年第6期,第22—27页。刘百陆:《开封犹太人碑文研究》,硕士学位论文,河南大学,2006年。

　　⑦ 邹振环:《明清之际耶稣会士对犹太人古经古教的追寻》,载《河南大学学报(社会科学版)》2012年第3期,第88页。

犹太人的宗教特征比如一神崇拜、敬天礼拜等，①李渡南研究了开封犹太人的礼仪。②维之(Tiberiu Weiz)重新翻译了碑文，将碑文放入圣经的语境中，强调了儒家思想和犹太教的相似之处。尽管著作的脚注中也引用了若干圣经经文作为诠释，但是他没有对开封犹太人的宗教信仰做系统的梳理，也未进一步研究碑文与圣经文本的异同，未引用其他相关材料进行深入分析。③裴坡在他的著作《中国犹太人神学》中探讨了上帝的命名以及创造等神学问题，④但是这些对开封犹太人宗教生活的研究都比较零散，而且没有细致的文本分析作为依据。

最后，诸多学者介绍了社群中的重要人物。李渡南的《开封犹太社群中-希回忆之书》研究了开封犹太人的族谱。⑤摩西·伯恩斯坦(Moshe Y. Bernstein)考证了犹太儒生赵映乘的生平以及对社群的贡献，⑥赵广军使用地方方志材料探讨犹太儒生对社群的作用。⑦丹·罗斯(Dan Ross)研究犹太身份，⑧约书亚·斯坦普(Joshua Stampfer)研究犹太拉比，⑨路易斯·以撒·拉比诺维茨(Louis Issac Rabinnowitz)研究拉唐人(Radaites)，即说拉丁文的犹太商人，⑩羽离子研究碑文作者之一左唐，肯定他的犹太身份和他为了犹太社群的兴盛所作的努力，⑪旅美著名史学家房兆楹(Fang Chao-ying)论证"俺诚"其实就是

① 江文汉:《中国古代基督教及中国犹太人》,第175—179页。
② Leslie, *The Survival of the Chinese Jews*, p.128.
③ Tiberiu Weiz, *The Kaifeng Stone Inscriptions: the Legacy of the Jewish Community in Ancient China*, New York: iUniverse, 2006.
④ Jordan Paper, *The Theology of Chinese Jews*, Waterloo: Wilfrid Laurier University Press, 2012.
⑤ Donald David Leslie, *The Chinese-Hebrew Memorial Book of the Jewish Community of K'aifeng*, Belconnen, A.C.A.: Canberra College of Advanced Education, 1984.
⑥ Moshe Y. Berstein, "Zhao Yingcheng from Fact to Fiction: The Story of 'The Great Advisor'", in *The Chinese Jews of Kaifeng: A Millennium of Adaptation and Endurance*, ed. Anson H. Laytner and Jordan Paper; Maryland: Lexington Books, 2017, pp.97-127.
⑦ 赵广军:《清初一个开封犹太人宗教文化身份的认同:开封著名犹太人赵映乘考述》,载《贵州民族研究》2005年第6期,第178—183页。
⑧ Dan Ross, *Acts of Faith: A Journey to the Fringes of Jewish Identity*, New York: St. Martin's Press, 1982.
⑨ Joshua Stampfer, *Pioneer Rabbi of the West: The Life and Times of Julius Eckman*, Portland, Ore.: Privately published, 1988.
⑩ Louis Issac Rabinnowitz, *Jewish Merchant Adventurers: A Study of the Radanites*, London: Edward Goldston, 1948.
⑪ 羽离子:《明代左唐和中国犹太教》,载《中央民族大学学报》1989年第6期,第41—43页。

"俺三",①碑文中说因为俺诚举报叛贼有功,明政府给他香火钱重修清真寺,所以俺三的身份对犹太人的历史非常重要。但是李济贤反驳说这是两个人。②

(三) 同化问题

从怀履光主教开始,一直到今天,所有的综合性及相关著作中都会特别关注开封犹太人同化的问题,研究视角多样。同化问题的研究主要是探寻导致同化的因素,防止迅速同化的原因或者促使犹太人保持犹太特征的因素。哥伦比亚大学的温蒂·亚伯拉罕(Wendy R. Abraham)从开封犹太人与西方联系的视角,展现了犹太人融入中国文化,最终消亡的历史。③ 关于同化的原因,学者主要从儒家文化的影响、中国宽松的社会环境、开封犹太人与外部隔绝等几个方面进行分析。

首先是儒家文化的影响。中西方学者都关注到了儒家文化对开封犹太人同化的影响。学界大都认为开封犹太人的外部因素,如开封犹太人的社群规模、职业构成和社会生存环境的变迁等是他们同化的重要原因,但是,中国学者张倩红认为他们同化的最根本动力来自犹太社群内部的儒化。④ 赵广军研究了犹太儒生这一群体,也认为儒化是他们同化的主要原因。⑤ 龚方震认为,同化源自儒家伦理观念与犹太教人士的道德观念相符。⑥ 宋奈雷(Song Nai Rhee)⑦和温蒂·亚伯拉⑧都认为科举制度是开封犹太人同化的原因。

———————————

① Fang Chaoying, "Notes on the Chinese Jews of Kaifeng", *Journal of the American Oriental Society* 185(1965), pp.126 - 129.

② 李济贤:《俺三与俺诚》,载沙博理编:《中国古代犹太人中国学者研究文集点评》,第141—149 页。

③ Wendy R. Abraham, "*Memories of Kaifeng's Jewish Descendants Today: Historical Significance in Light of Observations by Westerners Since 1605*", in *The Jews of China: Volume One: Historical and Comparative Perspectives*, ed. Jonathan Goldstein; New York: M. E. Sharpe, Inc. 1999, pp.71 - 86.

④ 张倩红:《从犹太教到儒教:开封犹太人同化的内在因素之研究》,载《世界宗教研究》2007 年第 1 期,第 109 页。

⑤ 赵广军:《明末清初开封犹太人儒学群体的形成及其儒化》,载《宗教学研究》2010 年第 3 期,第 162—170 页。

⑥ 龚方震:《犹太教:独一无二的完全同化》,载龚方震:《融合四方文化的智慧》,杭州:浙江人民出版社,1992 年。

⑦ Song Nai Rhee, "Jewish Assimilation: The Case of Chinese Jews", *Comparative Studies in Society and History*, 15(1973), pp.115 - 126.

⑧ Wendy Robin Abraham, *The Role of Confucian and Jewish Educational Values in the Assimilation of the Chinese Jews of Kaifeng, Supplemented by Western Observer Accounts*,（转下页）

他们认为,作为儒生的犹太人,不仅外在表现像儒生,思维方式等也像儒生。宋奈雷甚至认为,碑文的受众是对同化现象紧张的犹太人,碑文是向这些犹太人解释犹太儒生的看法。① 这种看法有待商榷,因为立碑以及碑文的写作方式都是非常儒家的做法,如果立碑是为了与犹太人对话,他们大可选用私下交流或犹太意味很浓的方式,而不必采取面向大众的儒化的对话方式,况且,部分史料作者是汉人,他们没有必要向犹太人解释犹太教信仰。所以,碑文的受众应该是犹太人生活区域的其他民众,是汉人以及回族人,为的是向这些外邦人介绍犹太信仰。

其次,中国宽松的社会环境导致开封犹太人的同化。德罗尔·韦尔(Dror Weil)从元代到明清时期社会范式的转换出发,认为由于范式的转化,开封犹太人需要确立新的身份和文化认同,他强调了元明社会转折、宗谱、社会精英等在中国犹太后裔的文化认同中的影响。② 高望之从与印度科钦犹太人对比的角度,也注意到外部原因,如与世隔绝,人口不多不能算作消亡的原因,所以也认为儒家传统的影响,特别是科举考试,忠孝思想,明清时期中国官方对蛮夷的态度导致犹太人社会地位不高,中国对犹太人的宽容政策等也是同化的促成要素。所以他们与外族通婚之后,同化不可避免。③ 顾俊杰也从西方犹太人对比的视角研究,认为中国宽松的政治环境导致了开封犹太人的同化。④ 帕尔曼(S. M. Perlmann)也认为中国没有反犹主义导致了开封犹太人的消亡。⑤ 有学者曾怀疑过中国存在反犹主义,但这种论调遭到其他学者的反对。⑥

（接上页）*1605 - 1985, Doctoral Dissertation for Columbia University*, 1989.

① Song Nai Rhee, "Jewish Assimilation: The Case of Chinese Jews", p. 122.

② 德罗尔·韦尔(Dror Wei):《开封犹太后裔在十四世纪到十七世纪中的文化认同》,第263—307 页。

③ 高望之:《中国历史上的犹太教和犹太人》,载《第十六届国际历史科学大会中国学者论文集》,北京:中华书局,1985 年。

④ 顾俊杰:《论中国开封犹太人被融合的原因——兼与欧洲犹太人同化问题的比较》,载《同济大学学报》1991 年第 2 期,第 57—63 页。

⑤ 帕尔曼站在锡安主义的立场,认为只有建国才是犹太人的唯一出路,在他的《中国犹太人的历史》(*History of the Jews in China*, 1909)一书中对开封犹太人同化发表此看法。转引自 Erik Zurcher, "Eight Centuries in the Chinese Diaspora The Jews of Kaifeng", in *The Chinese Jews of Kaifeng: A Millennium of Adaptation and Endurance*, ed. Anson H. Laytner and Jordan Paper; Maryland: Lexington Books, 2017, p. 36。

⑥ 宋奈雷认为中国可能存在反犹主义,沙博理对此提出严肃的批评。中国文化的同化作用与反犹主义不可混为一谈,因此,中国存在反犹主义的观点很少有人认同。参见张倩红:《从犹太教到儒教:开封犹太人同化的内在因素之研究》,第 110 页。

最后,开封犹太人与外部隔离,无法进行宗教内对话。何婉丽(Wan-li Ho)认为,犹太人与中国文化的融合是他们能够延续七八百年之久的原因,不是同化的原因。清朝对宗教的排斥政策面向的是基督教等传教士,清廷没有排斥犹太教,因此,开封犹太人最终消亡是由于缺少了宗教内对话(intrar-eligious dialogue)的缘故,而不是由于宗教间对话(interreligious dialogue)导致的。①

在某些学者看来是同化的因素,在另外一些学者看来却成为阻止同化的因素。比如关于儒家文化的影响,伊爱莲(Irene Eber)认为儒家文化中的家族关联,对家族信仰的忠诚,传统的孝文化等,对犹太人信仰的保存起到了积极的作用。其中的父系宗族(patrilineal kinship)制度使得他们不再是一个民族和社团,而成为一个家族,这有利于保持他们的犹太信仰。②

裴坡和安森·雷特讷认为,犹太教和中国文化的结合促成了中国犹太教的形成和繁荣,而且开封犹太人的同化在他们全盛时期的很多个世纪之前就发生了。③ 这一种说法是将同化作为一个漫长的过程来看待,而不是从结果的角度进行回视。荷兰汉学家许理合(Erik Zurcher)④反驳了宋奈雷的观点,宋奈雷认为参加科举考试是他们消亡的主要原因,但是许理合认为参加科举考试的犹太人恰恰也是最致力重修会堂的人。⑤ 做儒生和做犹太人不冲突,所以,许理合认为科举考试不利导致贫困潦倒以及与上层很难结交的恶性循环是原因之一。河南不利的地理环境,以及17、18世纪末期的社会动荡使得犹太人没有安定的外部环境,也促成了开封犹太人的同化。

开封犹太人同化于主流文化是多种因素综合作用的结果。他们的人数鼎峰时期达到一千多人,但是在中国五六千万的人口基数中显得微不足道,因此他们很难对抗占人口大多数的汉人所持的主流文化的冲击,这也是造成他们

---

① Wan-li Ho, "Jews in China: A Dialogue in Slow Motion", *Journal of Ecumenical Studies*, 40(2003), pp. 171 - 200.

② Irene Eber, "Kaifeng Jews: The Sinification of Identity", Compiled in Goldstein, Jonathan, *The Jews of China Volume One, Historical and Comparative Perspectives* (New York: M. E. Sharpe, Inc. 1999), p. 22.

③ Laytner & Paper (eds.), *The Chinese Jews of Kaifeng*, p. xii.

④ Zurcher, "Eight Centuries in the Chinese Diaspora The Jews of Kaifeng", p. 36.

⑤ 许理合反驳宋奈雷时偷换了概念,宋奈雷强调的是科举制度对犹太儒生思想的影响,而许理合将笼统的犹太儒生的概念换成了资助会堂修缮的几个儒生的概念。二者的论述只是从不同的角度进行的阐发,都有一定的道理。

最终同化于儒家文化的重要因素。

三、 比较研究

随着开封犹太人的研究日趋深入、细致，学者的视野愈加开阔，诸多学者从跨宗教的角度研究中国犹太社群，将开封犹太人的宗教与中国境内其他宗教，将开封犹太人与流散于世界其他地区的犹太人进行比较研究。

首先，犹太教与其他宗教的比较研究主要围绕与犹太人处于相同时期，生活环境相似的穆斯林展开。宋立宏将犹太人放在与穆斯林的对比中研究"蓝帽回回"的区别标志和杭州"犹太门"的历史。[①] 斯蒂文·沙罗特（Stephen Sharot）比较了同时期在中国的伊斯兰教和基督教与犹太教的结局的不同，强调了犹太人与外界的隔绝导致了他们更容易受到中国文化的影响。[②]

其次，开封犹太人与流散在其他地方的犹太人的比较研究，这种比较主要集中在与同处亚洲的印度犹太人之间进行。潘光旦将开封犹太人和孟买的卡巴拉犹太人做比较，认为他们有三点相同：重视《示玛》祷文，举行礼拜时点香，不知道光明节的来历。[③] 雪莉·伊森伯格（Shirley Berry Isenberg）将开封犹太人与印度的以色列之子（Bene Israel）进行比较，从两个社群相似的历史中寻找结局不同的原因，这包括与外界的联系，中国的姓氏制度和印度的种姓制度的不同等。[④] 芭芭拉·约翰逊（Barbara Johnson）从种姓制度、姓氏和社群的角度探究开封犹太人和科钦犹太人的异同；[⑤]凯之（Nathan Katz）从科钦犹太人和开封犹太人接收到的官方礼物是否具有宗教性解读二者不同的结局，

① 宋立宏：《蓝帽回回与犹太门》，载《南京大学学报（哲学·人文科学·社会科学）》2013 年第 4 期，第 152—160 页。

② Stephen Sharot, "The Kaifeng Jews: A Reconsideration of Acculturation and Assimilation in a Comparative Perspective", in *Jewish Social Studies: History, Culture, Society* 13(2007), pp. 179 – 203.

③ 潘光旦：《中国境内开封犹太人的若干历史问题：开封的中国犹太人》，第 70 页。

④ Shirley Berry Isenberg, "The Kaifeng Jews and India's Benne Israel: Different Paths", in *The Jews of China: Volume One: Historical and Comparative Perspectives*, ed. Jonathan Goldstein (New York: M.E. Sharpe, Inc. 1999), pp.87 – 103.

⑤ 她认为印度的种姓制度像中国的教派，笔者认为这种比较方式有待商榷。参见 Barbara C Johnson, "Cochin Jews and Kaifeng Jews: Reflections on Caste, Surname, 'Community', and Conversion'", in *The Jews of China: Volume One: Historical and Comparative Perspectives*, pp. 104 – 119。

他认为科钦犹太人更强调犹太教的洁净和贵族性的方面。[①]

开封犹太人研究在史料收集、整理方面开始得最早,早期的传教士既有对开封犹太人遗留史料的收集,也有对犹太社群的探访及记录,这些都为后世的研究奠定史料基础。中国古籍中开封犹太人的考证工作由中国学者进行,并取得巨大进展。学者将开封犹太人放在中国的历史背景和犹太人流散的背景中展开诸多专题研究,其中包括开封犹太人在华历史,包括他们来华原因、来华时间、来华路线、社群兴衰史等方面。学者对开封犹太人的宗教生活,包括宗教典籍、宗教崇拜的特征、社群中的重要人物进行了分析。关于同化的研究是开封犹太人研究的热点,同化原因主要包括儒家文化的影响,中国宽松的社会环境,开封犹太人与外部隔绝等。近期学者拓宽了研究视角,从比较宗教学的角度进行研究,他们既进行犹太教与伊斯兰教等其他宗教的外部比较,也进行了开封犹太人与印度犹太人等犹太教内部展开比较,开拓了研究视野,给后世研究以启发。

以上研究多以史料分析为依据,对文本的使用及分析仍可以进一步发掘。本书拟以文本分析的方法,对开封犹太社群的史料进行更详尽的分析。比较研究的进路在最近几年兴起,本文拟采用比较的进路,引入妥拉文本进行对读,丰富开封犹太社群的研究资料。

第三节　研究立场及研究进路

近年来,随着文明间对话的兴盛,出现了回归经典和回归文本的潮流,学者们文本研究中采用的具体路径对本研究具有借鉴意义。本书旨在以前人研究为基础,从亚洲处境出发,从"经"(妥拉)的角度,兼顾"教"(犹太教)的做法进行具体的研究,以"跨文本诠释"为研究进路,探讨开封犹太人对妥拉文本的处境化处理过程及成因。

当代宗教学界普遍的潮流是从经学的角度开展跨宗教对话,强调"回归经典",以经典诠释为基础进行宗教研究和对话。梵二会议强调了圣经研究对天

---

① Nathan Katz, "The Judaisms of Kaifeng and Cochin: Paralles and Divergences", in *The Jews of China: Volume One: Historical and Comparative Perspectives*, ed. Jonathan Goldstein (New York: M.E. Sharpe, Inc. 1999), pp.120-138.

主教神学发展的意义,这对注重"圣传"的天主教传统来说意义非凡。弗兰西斯·克鲁尼(Francis Clooney)倡导以经典为基础的"比较神学";剑桥大学的大卫·福特(David Ford)提出亚伯拉罕宗教(Abrahamic Religions)共读经典的路径;国际"经文辩读"(Scriptural Reasoning)运动创始人之一、美国弗吉尼亚大学的彼得·奥克斯(Peter Ochs)教授,中国的杨慧林教授、游斌教授等,都试图将西方的"经文辩读"方法运用到圣经与中国经典间的"经文辩读"。① 这种经典文本间的辩读拓展了单一文本的阅读空间,横跨不同文化间开展对话,从不同文化的视角看待原文本,会有不同的收获。

对于经典的诠释,西方学者关注历史语境的影响。海德格尔强调理解者的背景对诠释的影响,即那些"先行视见"和"先行掌握"之中的存在,②也即伽达默尔所强调的先结构或"成见"。③ 因此,诠释学重视文本(text)和处境(context)的关系,强调经文读者的处境对诠释的影响,西方学界也意识到圣经诠释的社会维度问题。④ 但是西方学者的诠释都发生在自己熟悉的领域内,他们关注的是西方国家所处的社会环境与历史背景,⑤他们的圣经阐释处境与亚洲,特别是中国开封犹太人所处的历史语境大为不同,因此研究亚洲语境的圣经阐释需要扩展西方学者的圣经诠释的历史语境,西方学者的圣经文本的诠释方法不可以照搬到中国语境中进行圣经诠释。

亚洲的圣经诠释应有自己的特色。亚洲是一个多元化的社会,多元宗教和谐共存,并且由于其悠久的历史,也存在多个宗教经典,这些宗教经典在民族身份的塑造中起到重要作用。这一切都呼吁一种适合亚洲语境的圣经诠释进路,从而使亚洲民众对圣经的解读具有亚洲特色,成为亚洲宗教生活的一部分,也会进一步丰富世界的宗教生活。⑥ 中国虽然在政治体制和文化上多元性不明显,但是由于中国多样性的民族构成,多种宗教传统并存以及

① 杨慧林:《编者絮语:读经之"辩"》,载《经文辩读:基督教文化学刊》,北京:宗教文化出版社,第 25 辑,2011 年,第 1—4 页。

② 马丁·海德格尔:《存在与时间》,陈嘉映、王庆节译,北京:生活·读书·新知三联书店,2014 年,第 175—176 页。

③ 张隆溪:《阐释学与跨文化研究》,北京:生活·读书·新知三联书店,2014 年,第 29 页。

④ W. Bruggemann, *A Social Reading of the Old Testament: Prophetic Approaches to Israel's Communal Life* (Minneapolis: Fortress Press, 1994), pp.174 - 196.

⑤ 李炽昌:《跨文本阅读——〈希伯来圣经〉诠释》,上海:上海三联书店,2015 年,第 3 页。

⑥ 同上书,第 4 页。

悠久的历史,中国也呈现出多元化的宗教和多样的经典。这使得所有的中国人的宗教身份是多元的,道教、佛教、儒家在民间信仰中是融合为一的,因此,中国语境下的释经应兼顾诠释者的多元身份,释经路径也应该有中国的特色。

中西方的经典诠释涉及中西经典的对比,这种探讨始于"汉学",随后逐渐向跨学科角度发展。西方汉学从传教士研读"四书五经"开始,随着"四书"译成拉丁文,《诗经》译成法语,西方汉学逐渐兴起。汉学家对儒家经典的翻译即是在西方语境中对中国经典的诠释,从雷木莎(Jean-Pierre Abel-Remusat, 1788—1832)起开始摆脱教会的控制,成为一门专业的学科。① 在国内,朱维铮教授在 20 世纪 80 年代初就已关注利玛窦对中国经典的诠释,②孙尚扬教授进行了基督教与儒学的比较研究。③ 有些学者还提出了对读的路径:李天纲从神学和经学诠释的角度提出"跨文化的诠释"路径,④游斌提出"比较经学"的概念,⑤李炽昌先生从"文本共处"的角度,提出在多经典语境中经典互读的方法,以处理圣经和亚洲处境中的其他文本。⑥ "文本共处"的进路强调多文本语境下,读者对文本的反应,强调汉语神学的建构,对本文的展开及论述颇具启发性,这种"跨文本"互读的路径成为本文的研究方法。

1991 年,李炽昌试图"寻找合乎亚洲处境的诠释圣经的原则与方法",⑦以处理亚洲语境下圣经读者的身份认同,这种诠释方式力图跳出亚伯拉罕宗教的诠释体系,将中国的多元宗教格局囊括其中。几年之后,他提出了"文本/共处"的诠释方法。这种诠释方法是在西方圣经学领域"文本-处境"研究进路的基础上提出来的,西方的"文本-处境"进路处理的是基督教语境下,圣经作为单一文本地位的背景下,读者建构圣经的历史、宗教背景等文本世界,以及圣经编者的文本世界,强调的是传统习俗对圣经文本写作和阅读的作用或影响。

① 张西平:《欧洲早期汉学史:中西文化交流与西方汉学的兴起》,北京:中华书局,2009 年,第684 页。

② 朱维铮:《走出中世纪》,上海:上海人民出版社,1988 年。

③ 孙尚扬:《从利玛窦对儒学的批判看儒耶之别》,载《哲学研究》1991 年第 9 期,第 61—68页。孙尚扬:《基督教与明末儒学》,北京:东方出版社,1994 年。

④ 李天纲:《跨文化的诠释:经学与神学的相遇》,北京:新星出版社,2007 年。

⑤ 游斌:《以"经文辩读"推动宗教对话》,载《中国宗教》2012 年第 5 期,第 33 页。

⑥ 李炽昌:《"文本/共处"的诠释方法:从希伯来传统及中国经典解读耶稣》,载《宗教学研究》2016 年第 4 期,第 194 页。

⑦ 李炽昌:《亚洲处境与圣经诠释》,台湾:基督教文艺出版社,1996 年,第 2—3 页。

但是"亚洲处境由多重多元文本所嵌入且受其渗透浸润"，①多种文本共同处于经典地位，读者无法对圣经一统天下语境下的圣经诠释学感同身受，也无法无视自己的文化传统，因此需要提出适用于多经典文本的圣经学进路。"文本/共处"（"con/text"）的阅读方式强调在处理亚洲的文化宗教遗产与圣经的文化宗教遗产时，读者需要正视自己的多重文本渗透的处境，这些处境正是塑造了读者身份的重要因素。读者需要正确处理自身的文化处境（Text A）和所阅读文本（Text B）之间关系，使二者在互动中确立双方的价值，即强调文本的多元性，处境的多重性，以及文本间的互读。② 此处的文本不仅指书面文本，也指非书面文本，如口述传统、社会处境以及经济、社会和生活体验。③ 在亚洲语境的诠释中，将文化文本与圣经文本放在一起，会使二者产生富有创造力的互动，丰富彼此，加深对两个文本的理解，产生意想不到的效果。④ 在两个文本之间进行"跨越"的目的不是进行比较研究，虽然"跨越"中比较不可避免，但"跨越"的目的是为了丰富两个文本的内涵，⑤从而对两个文本有更深刻的认识。两个文本的高低、先后、强弱等不同会产生不同的诠释，从而给予不同的生命意义。⑥

李炽昌使用"迎、拒、转、合"四个书写策略概括圣经写作群体面对当时处境中的文本时的处理方法。这个书写策略的英文是 4 个以 R 开头的英文词 receive，reject，reverse 和 reformulate，因此也被简称为 4Rs 策略。⑦ 在这个

---

① 李炽昌：《从跨文本阅读到文本-共处的诠释——希伯来智慧书及〈论语〉中的天人维度》，载《圣经文学研究》2018 年第 16 期，第 112 页。

② 李炽昌：《"文本/共处"的诠释方法：从希伯来传统及中国经典解读耶稣》，第 195 页。

③ 李炽昌：《跨文本阅读——〈希伯来圣经〉诠释》，第 7 页。

④ 同上书，第 4 页。

⑤ 同上书，第 8 页。

⑥ 李炽昌：《亚洲处境与圣经诠释》，第 6 页。

⑦ 李炽昌：《跨文本阅读——〈希伯来圣经〉诠释》，上海：上海三联书店，2015 年；李炽昌：《从跨文本阅读到文本/共处的诠释——希伯来智慧书及"论语"中的天人维度》，载《圣经文学研究》2018 年第 16 期，第 108—121 页；Archie Lee, "Cross-textual Hermeneutics and Identity in Multi-textual Asia", in *Christian Theology in Asia: Emerging Forms and Themes*, ed. Sebastian Kim (Cambridge: Cambridge University Press, 2008), pp. 179 - 204; Archie Lee, "Cross-textual Hermeneutics in Asia", in *Asian Theology on the Way, Christianity, Culture and Context*, ed. Peniel J. R. Rajkumar (London: SPCK, 2012), pp.31 - 38; Archie Lee, "Biblical Interpretation in Asian Perspective", *Asia Journal of Theology* 7,1(1993):35 - 39;李炽昌：《"文本/共处"的诠释方法：从希伯来传统及中国经典解读耶稣》，载《宗教学研究》2016 年第 4 期，第 194—203 页。

过程中,圣经作者会"迎"向(receive)当地的某些文化和宗教传承;"拒"绝(reject)某些迦南的宗教风俗;逆"转"(reverse)一些与普罗大众有关或有意义的传承,[1]整"合"(reformulate)有助于大众的传统,形成新的文本。[2] 这样,外来、异质的元素被吸收进自己的系统,成为自我的一部分,丰富发展了自我。[3] 圣经文本在异域文化中传播时,圣经阅读主体使用"迎、拒、转、合"的策略处理圣经文本和异域文化之间的张力,从而处境化地看待圣经传统,在新的语境中重新诠释圣经传统,诠释者从而形成新的身份认同。

这种跨文本诠释的方法在对待异域文化时,不仅需要圣经文本与本地文化文本两种文本的比较对读,在分析二文本的基础上,丰富对两个文本的理解,还需要在亚洲视野中,坚持亚洲神学的立场,通过其他民族的叙事观照自己的传统,建构自己的神学和圣经研究。亚洲语境中的跨文本研究需要"以亚洲的文化—宗教文本(文本 A)为处境,来诠释圣经经文(文本 B)"。[4] 虽然这种跨文本阅读一般应由学者自觉进行,但是如果这种跨文本处理的不只是文本,而是亚洲的某个宗教团体的话,那么这个宗教团体也在无意识地进行跨文本活动,学者需要研究该宗教团体的宗教实践,从而使研究更丰富、立体。"跨文化诠释试图超越比较性的研究和不同宗教徒间的对话",[5]圣经文本通过文化文本的诠释丰富自我,通过"他者"视角加强对自身身份的理解。

"文本/共处"("con/text")进路的提出有助于处理亚洲基督徒和亚洲圣经学者的身份认同问题,纠正因亚洲文化和圣经传统之间的巨大差异而产生的割裂。开封犹太人作为使用圣经的外来群体,身处亚洲语境,也同样面临亚洲语境与犹太教之圣经传统之间的张力,他们看待本教的圣经文本和亚洲文化之他者文本的视角,处理二者张力的策略,是他们确立身份认同的方式,也是本文的研究对象。本文将犹太教的"圣经文本"聚焦于"妥拉文本",将"亚洲文化之他者的文本"聚焦于开封犹太人所处的中国文化处境,他们呈现出来的文化适应的结果体现在碑文以及他们的日常及宗教活动中。本书创造性地应用"迎、拒、转、合"的策略,根据开封犹太人对妥拉文本的处境化诠释路径,从

---

① Reverse 的概念是指反转某些传统,因此 4Rs 策略有时也称为"迎、拒、反、合"。
② 李炽昌:《"文本/共处"的诠释方法:从希伯来传统及中国经典解读耶稣》,第 195 页。
③ 李炽昌:《跨文本阅读——〈希伯来圣经〉诠释》,第 92 页。
④ 同上书,第 4 页。
⑤ 同上书,第 192 页。

"承继""重塑"和"隐匿"的角度看待他们在中国文化语境中对妥拉传统的取舍,探究影响他们做出这些取舍背后的因素,以及更为重要的,通过文本的对话,探析他们的自我身份建构。本书使用"承继"代替李炽昌教授的"迎合"策略,因为"承继"更直接表明开封犹太人对"妥拉"文本的诠释策略,同样地,使用"重塑"代替"转""合"的策略,使用"拒绝"指代"拒"的策略。通过妥拉文本和开封犹太史料与明清时期社会处境文本的对读,可以分析开封犹太人社群所处的政治文化语境对自我身份建构的影响,以及他们为身份认同所做的努力,这种建构过程是开封犹太人在中国生活了两个世纪以后,[①]他们以儒家视角审视他们的伦理和宗教律法,在史料中描绘出儒犹文化相结合的中国犹太教。目前开封犹太人的研究学者更多地关注某一个文本,要么关注圣经文本中他们的宗教活动,要么关注他们的亚洲文化文本的历史处境,但是本书使用两个"文本"对读的方法处理开封犹太人的文化适应问题,以期从这个新路径中获取新的经验。

犹太人对妥拉的诠释随着时代的变迁而发展,即使在同一个历史时期,由于不同的社会处境也会出现不同的诠释,所以本文进行开封犹太人个案研究时,观照同为流散在亚洲的科钦犹太人以及在明末进入中国的天主教,聚焦开封犹太人在中国语境下对犹太教的个性化诠释过程,以妥拉文本为参照,分析他们选择性承继妥拉传统的同时,又如何根据中国文化隐匿部分妥拉传统,并有机地将妥拉传统和中国文化结合起来,重塑某些传统。这种经典的处境化诠释路径对经典诠释学将有所启发。

第四节　中国犹太历史勾勒

虽然学者对犹太人来华的各种时间节点有不同的看法,但是我们仍然可大致勾勒出开封犹太人在中国的历史轮廓。熟知开封犹太人历史是理解犹太人妥拉诠释策略的基础。中国古代犹太历史包括他们离开故土的时间,来华时间、路线,以及在中国定居的时间,具体到开封犹太人,我们关心的主要包括他们到开封及定居开封的时间,在开封的宗教活动,包括修建教堂,整修教堂,修建祠

---

① 根据学者对犹太人来华时期的不同看法,他们在中国生活的时间长度也有不同的计算方式。有些犹太人可能频繁往来于中国和中亚各国之间做生意,但是大多数明清时期的犹太人出生在中国,他们对宗教的认知来自家族和会堂教育的传承,因此缺乏宗教意义上的犹太精英存在。

堂,整修祠堂,庆祝宗教节日等;在开封的社会文化活动,包括参加科举考试,与外教人通婚,与其他民族间的关系,他们的人数变化,同化过程等。

一、 流散异地望故乡

从犹太史的角度看,犹太人主动流散和被动流散都有漫长的历史过程。他们主动流散体现在为了逃避饥荒,比如雅各带领儿子们去埃及投奔约瑟的行为,但是历史上的被动流散多次发生,且大多是在亡国之后。流散他乡的犹太人在文献中常有对故土的描述。但是开封犹太人对于来华历史的记载非常粗糙、模糊,这在与科钦犹太人的对比中非常明显。科钦犹太人是指生活在现今喀拉拉邦(Kerala State)的犹太人,他们虽然不完全住在科钦市,但是由于之前由科钦王公统治,因此称整个地区的犹太人为科钦犹太人。科钦犹太人史料中对历史的记载非常详细,根据他们自己的史料记载,他们是在公元前1000年所罗门王时期到达的印度,在公元后1000年,他们生活在科钦两千年之后,他们的领袖约瑟夫·拉班(Jeseph Rabban)收到了来自科钦王公的铜盘,同时犹太人内部的种姓制度形成。科钦犹太人一直有外来的新鲜血液。16世纪,新的移民潮出现,塞法迪犹太人(Sephardic Jews)大批来到科钦。科钦犹太人对自己的故土的概念十分明确,对离开故土时的状况等都有十分生动的描述,[①]他们将这段历史文字记载于书籍,刻画在会堂墙壁,反复诵念。但是开封犹太人没有这方面的描写,他们流散中国,没有在公开的史料中记载耶路撒冷。这种不同有一部分原因可能是开封犹太人不是直接从耶路撒冷来到中国的,[②]他们经过了中转,而且中转的过程有可能很长,所以在这中间可能会受到中转国的文化的影响,这个中转国很难确定,根据学者的考据,有可能是波斯、印度、阿富汗或也门。不过,虽然开封犹太人没有在史料中直接回望故乡,但是他们祈祷时面向耶路撒冷的方向,节期庆祝时对回到故土的渴望都显露无遗。

二、 社团兴亡史

如果按照学者们的推测,虽然躲避战乱来华的说法既难以证实也很难推

---

① 参见附录四"科钦犹太人壁画内容"。
② 开封犹太人讲述历史的时候没有直接描述他们与故土的直接联系,这也许是因为他们不是直接从故土过来的。

翻,但是人们一般接受犹太人以商旅来华为主的说法。[①] 虽然他们来华时间很早,但是定居中国,形成社团属于比较往后的事情了。

不同的学者依据不同的标准对开封犹太人在华史进行历史分期。高望之根据社团的形成、同化及消亡的不同阶段,将开封犹太人在华史分为三个时期:元前时期(犹太人来到开封一直到 1368 年元朝灭亡)、明清早期(1368 年到 18 世纪末)以及 19 和 20 世纪。[②] 高望之认为,元前时期是犹太人保持犹太性最强的时期,同时也是享受蒙元优惠的民族政策的时期。明清早期虽然是文献资料最丰富的时期,但是也是同化发生的主要阶段,同化的主要标志有:犹太人慢慢地不会讲希伯来语;中国习俗和思想的渗透;汉姓在犹太人中的强化;与非犹太人结婚(17 世纪的时候,有三分之一的妻子不是犹太人)。但是高望之也承认,这一时期的犹太人的犹太性仍然非常明显。虽然经历了与外族通婚,但是他们的外貌特征与汉族不同。利玛窦记载的艾田的长相,以及骆保禄(Jean Paul Gozani, 1659—1732)的记载都认为他们与回族很不相同。[③] 第三个阶段就是消亡的阶段,主要标志是犹太人不会希伯来语,没有会堂,没有经卷,没有宗教仪式,外观上也与其他人无异。[④] 高望之在第二个阶段强调犹太人的同化,但是从宗教学的角度来看,这也正是犹太教具有中国特色的典型时期。李渡南根据碑文内容,以会堂重建时间来厘定社团的发展,认为社团有两个高潮期,分别是 1421 年到 1512 年,以及 1642 年到 1723 年,之后进入没落期。

伊爱莲根据犹太人与外界联系的紧密度以及他们犹太性强弱进行分期。开封犹太人与境内外犹太社团都保持联系的时期是从 12 世纪早期到达中国到 15 世纪中期;15 世纪开始与境外犹太人失去联系;17 世纪早期中国境内其他地方的犹太人消失,开封犹太人处于完全孤立的状态,他们在被同化的同时又践行犹太信仰;他们的犹太身份一直保持到 18 世纪以后,到 20 世纪。[⑤]

---

① 一些非正式文献也记载"在杭州的糖商都是有钱的犹太人和穆斯林",参见 Leslie, *The Survival of the Chinese Jews: The Jewish Community of Kaifeng*, p. 14。

② Gao Wangzhi, The assimilation of the Chinese Jews, Compiled in Needle, M. Patricia. *East Gate of Kaifeng: a Jewish World inside China* (Minnesota: University of Minnesota China Center, 1992), p. 18.

③ Needle, M. Patrica. *East gate of Kaifeng: a Jewish world inside China* (Minnesota: University of Minnesota China Center, 1992), p. 21.

④ Needle, *East gate of Kaifeng: a Jewish world inside China*, p. 21.

⑤ Eber, "Kaifeng Jews: The Sinification of Identity", p. 22.

　　如果从宗教学视野研究开封犹太人以及他们对妥拉传统的继承发展，那么从宗教性的角度进行分期是比较理想的方法，可以分为社团形成发展期、鼎盛期、没落期和消亡期四个阶段。

　　最初以商旅身份来华的犹太人偶尔出现在人们的视野中，但宋朝时期形成犹太社团已经成为学者共识。① 特别是 1163 年犹太会堂建成，犹太人的宗教生活以会堂为中心进行。《清明上河图》绘制的宋朝都城开封的城市场景可以看到骆驼商队在城中穿梭，同时漕运兴盛，连接了南方的泉州等地，中间也许有犹太人的身影。蒙元时期对犹太人的政策已经见诸历史，促进了犹太社团的发展。元史中记载了元王朝对犹太人的政策，比如对犹太人收税，②征兵，③禁止用自己方式屠宰牛羊，④以及禁止近亲结婚和叔娶寡嫂⑤的规定。也是在蒙元时期，1279 年会堂得以重建。元朝犹太人在中国的活动还可以从《马可波罗行记》以及天主教神父的记载中得到验证。天主教传教士，包括方济各会的意大利传教士约翰·蒙特·科维诺（John of Monte Corvino）、泉州主教安德烈·佩鲁贾（Andrew ［Andreas］ of Perugia）、罗马教皇使者马黎诺里（Jean de Marignolli）等，以及阿拉伯旅行家伊本·巴图塔（Ibn-Battutah），也都提到过中国的犹太人，如杭州的"犹太门"。

　　社团形成之后稳步发展，逐渐进入鼎盛时期。鼎盛时期不仅指犹太人数增加，以及践行犹太信仰，还包括犹太人将儒家文化与犹太信仰有机结合，⑥形成中国犹太教的时期。明弘治二年（1489 年）为会堂重建立碑，开封犹

----

① 约旦·佩珀（Anson H. Laytner and Jordan Paper, *The Chinese Jews of Kaifeng: A Millennium of Adaptation and Endurance*, pp. viii, xi.）、哥特斯坦（Goldstein, *The Jews of China: Volume One: Historical and Comparative Perspectives*, p. xii.）都这样认为，虽然社团形成的具体时间仍有分歧。佩珀认为社团形成于 11 世纪末，哥特斯坦认为形成于 12、13 世纪。

② 1329 年 4 月 19 日对犹太人收税仍沿用旧制，参见 Leslie, *The Survival of the Chinese Jews: The Jewish Community of Kaifeng*, p. 12。

③ 1354 年 5—6 月有关于征兵的规定，参同上书。

④ 禁止犹太人用他们的方式屠宰牛羊起因是犹太人不吃别人屠宰的牛羊肉，所以政府下令禁止犹太人自己宰杀牛羊，参见 Leslie, *The Survival of the Chinese Jews: The Jewish Community of Kaifeng*, p. 12。

⑤ 1340 年 11 月 24 日禁止近亲通婚以及叔娶寡嫂，参同上书。

⑥ 有学者将这种结合称为同化，甚至认为这种同化行为在鼎盛时期到来之前的几个世纪就产生了，参见 Laytner, and Paper, *The Chinese Jews of Kaifeng: A Millennium of Adaptation and Endurance*, p. xii。这种说法将同化作为持续性动作看待，探讨的是文化适应过程，与某些学者使用同化这一概念表示犹太人失去犹太特征，完全汉化的概念不同。

太人在官场如鱼得水。[①] 在这一时期非常重要的事件是犹太人俺三在 1421 年
得赐赵姓,改名为赵诚,从此,开封犹太人进入汉姓宗族时代。明朝初期,不允
许犹太人改用汉姓,由于俺三揭发周王谋反有功,从俺三开始,犹太人可以改
姓赵姓,这既是他们融入汉族的标志性事件,同时也是他们地位提高的表现。
伊爱莲认为,由于这种家族氏的连结使得他们得以保存犹太信仰,连结他们的
不再是社团,而是家族。[②] 佩珀认为,犹太教和中国文化的结合促成了开封犹
太教的形成和繁荣。[③] 犹太社团的鼎盛从一开始就是与犹太社团的汉化和家
族性连接在一起的,所以,社团在秉承犹太传统的同时,已经具备了儒家文化
的特征。同时,他们在宗教上遇到困难时还可以从其他地区犹太人获得帮助,
比如,1619 年的会堂大火烧毁了经书,犹太人便从西域的犹太人手中获得新
的经书。[④] 17 世纪作为开封犹太社团的鼎盛时期,而在中国其他地方,犹太社
团已不复存在。[⑤]

　　犹太社团的没落是与犹太社团与外界隔绝密不可分的。李渡南认为犹太
社团在 12 到 16 世纪已经与外界失去联系,这种论断的基础是现存的开封犹
太人的材料是从 1489 年开始的。[⑥] 笔者认为这种论证不够充分,因为即使犹
太社团与外界仍然有联系,他们在碑文这种公共的场合中也不会写明的。18
世纪中期清朝实行闭关锁国的政策,切断了犹太社团与外界的来往,所以,19
世纪早期开始,便没有西方来的拉比。[⑦] 19 世纪中叶,犹太人由于贫穷,卖了
很多圣物以及会堂的木头谋生,同时,他们不再施行割礼。[⑧] 割礼作为圣经中
上帝与以色列民族立约的标志,从亚伯拉罕时期就已开始施行,作为犹太民族

---

　　① 当时,除了开封犹太人,其他地方的犹太人也进入中国的政治领域,如"宁夏金萱,先祖任光
禄寺卿,伯祖胜任金吾前卫千兵。"(一四八九年碑)

　　② Eber, "Kaifeng Jews: The Sinification of Identity", p. 26.

　　③ Laytner and Paper, *The Chinese Jews of Kaifeng: A Millennium of Adaptation and Endurance*, p. xii.

　　④ 转引自 Leslie, *The Survival of the Chinese Jews: The Jewish Community of Kaifeng*, p. 36.

　　⑤ 1605 年,根据利玛窦的叙述,所有的犹太社团里面,只有开封犹太社团还存在。

　　⑥ Leslie, *The Survival of the Chinese Jews: The Jewish Community of Kaifeng*, p. 20 - 21.

　　⑦ 所以有些学者将 18 世纪前半叶作为社团没落的时间节点,参见 Zurcher, "Eight Centuries in the Chinese Diaspora The Jews of Kaifeng", p. 36。

　　⑧ Needle, *East gate of Kaifeng: a Jewish world inside China*, p. 21.

的外在身份之一，摒弃了割礼习俗意味着犹太性的淡化。① 犹太社团没落时期正值西方传教士来华，到访开封的时期，因此传教士留下了很多详细的记载。1866 年 2 月，丁韪良(W. A. P. Martin)去开封时，犹太移民有三四百人，但他们已不识希伯来文，不再聚会礼拜，不再实行割礼，开始与外邦人通婚。② 1867 年施约瑟(Samuel Isaac Joseph Schereschewky)去开封时发现，犹太人家里有偶像，有祖宗牌位，他们的面相、衣着、风俗习惯均与汉人无异。③

　　社团作为整体结束，意味着犹太人不再集体举行宗教仪式，但是作为个体的社团结束的标志是 1860 年会堂被洪水淹没，再未重建，没有拉比，没有人认识希伯来文，没有人懂犹太传统。

三、 开封犹太人会堂与经书浮沉

　　犹太人的宗教生活在物质空间上围绕会堂进行，在精神上以妥拉为中心。开封犹太人的宗教生活也是以会堂为中心的。虽然犹太人参加科举制度之后，在外地做官，很难参加开封会堂的活动，但是他们返乡之后，仍可继续宗教生活。同时，这些在朝为官的犹太人在促进会堂重建、整修等方面也发挥重要的作用。

　　关于建造会堂的时间，学者一般认为碑文中记载的是真实的。碑文中说，建造会堂的时间为 1163 年，④在俺都拉⑤的主持下建造。犹太会堂有三要素：读妥拉的地方(bimah)，圣龛盒(ark)和永明灯⑥，这些要素都体现在开封犹太人的会堂中。根据 1722 年孟正气神甫绘制的开封犹太寺内外部图和会堂内

---

　　① 犹太人不再施行割礼习俗也有可能是源自外因，由于与外界隔绝，没有割礼执行人(Mohel)为他们施行割礼。

　　② 江文汉：《中国古代基督教及中国犹太人》，第 166 页。

　　③ 同上书，第 168 页。

　　④ 这一说法基本为学界接受。如果按汉代入华说，那么他们是在来中国一千年之后才建立的会堂，但是如果是按宋朝 960 - 1127 年入华说的话，也就几百年的时间。1163 年开封在金的统治之下，但是他们仍然沿用宋的年号。

　　⑤ 俺都拉，伊斯兰说法为 Abdullah。许理合认为俺都拉和五思达为同一人，即犹太拉比，参见 Zurcher, "Eight Centuries in the Chinese Diaspora The Jews of Kaifeng", p.30。但根据行文推断，五思达应该是"掌教""拉比"的含义，俺都拉指的是修建会堂的掌教的姓氏。

　　⑥ Nancy Shatzman Steinhardt, The Synagogue at Kaifeng: Sino-Judaic Architecture of the Diaspora, Compiled in Goldstein, Jonathan. *The Jews of China: Volume One: Historical and Comparative Perspectives*. p.5.

宗教用品图,我们可以看到会堂主殿中有摩西之椅,这是会堂的中心,是读经的地方。[①] 会堂中的圣龛盒放置妥拉、永明灯等都显示出开封犹太人的犹太性。会堂还设有摩西和亚伯拉罕的偏殿,并且还有其他供聚会的场所,在朔望日犹太人会读经,进行特殊的宗教活动。这就实现了会堂的三个功能:崇拜、学习和社团聚会的场所。[②]

会堂除了犹太特征鲜明外,更有中国文化的印记。会堂的外形是典型的中国式建筑样式,这是犹太流散史中的常规做法,即借鉴当地的建筑风格以建造会堂。与中国的殿宇相似,犹太会堂也会挂置匾额、楹联等中国特色的建筑装饰。[③] 他们于1421年即俺三更名为赵诚的那年,在殿中放置了万岁牌。当然,他们在万岁牌上悬挂希伯来文的金字匾额,内容为《示玛》,听祷文"义撒尔(以色列),听哉! 我等之主耶和华为独一之主,福哉其名,荣哉其鉴,临于永远。"[④]

开封犹太人会堂由于洪水、大火[⑤]等自然或人为灾害[⑥],从蒙元统治时期的1279年到1800年,经过四次重建或整修,并有三次立碑以作纪念。[⑦] 关于会堂废弃不用的时间,学者有不同的观点。斯坦哈特(Nancy Shatzman Steinhardt)认为1800年会堂已废弃不用,[⑧]但伊爱莲认为会堂在1849年洪水之后就没再使用。[⑨] 1900年,怀特主教购买会堂为圣公会使用,犹太会堂落入异教人之手。

---

① 摩西之椅与天主教堂中的主教座椅相似,所以传教士最初的描绘中,特别强调摩西之椅与主教座椅的相似之处,参见荣振华等:《中国的犹太人》,第42页。

② Krinsky, *Synagogue of Europe*, p.5; Joseph Gutmann, *The Jewish Sanctuary* (Leiden: E.J. Brill, 1983), Compiled in Jonathan Goldstein, *The Jews of China: Volume One: Historical and Comparative Perspectives*, p.4.

③ 以下两幅会堂图引自荣振华等:《中国的犹太人》,第121、122页。

④ 江文汉:《中国古代基督教及中国犹太人》,第160页。

⑤ 万历年间(1573—1620年)会堂遭遇大火,除了一部妥拉之外,全部被毁。根据孟正气的书信,精确的年份可能是1619—1626年间。

⑥ 开封由于地势比较低,黄河泛滥的时候(1841年、1849年和1860年),开封容易被淹。但1642年的洪水是由于李自成起义军围困开封,作为军事手段掘开黄河大堤而形成,记载见于1663年碑:"明末崇祯十五年壬午……汴没于水。汴末而寺因以废,寺废而经亦荡于洪波巨流之中。"洪水过后,教众仅余二百余家,他们从会堂中取经书,后来考订《全经》一部,《方经》数部,《散经》数十册。

⑦ 1489年、1512年和1663年。

⑧ Steinhardt, "The Synagogue at Kaifeng: Sino-Judaic Architecture of the Diaspora", p.7.

⑨ Eber, "Kaifeng Jews: The Sinification of Identity", p.24.

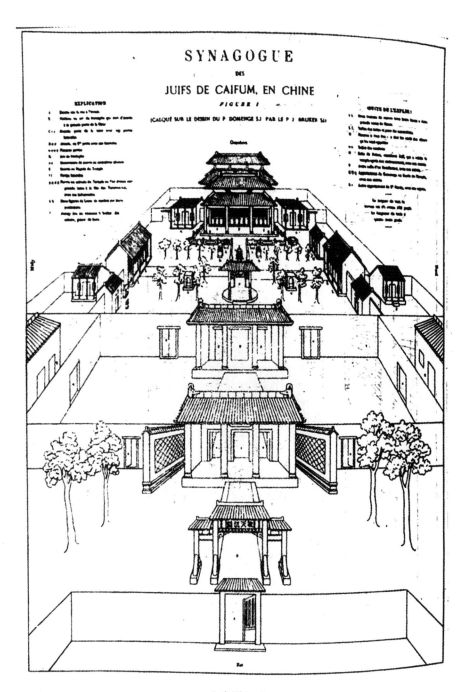

会堂图（一）

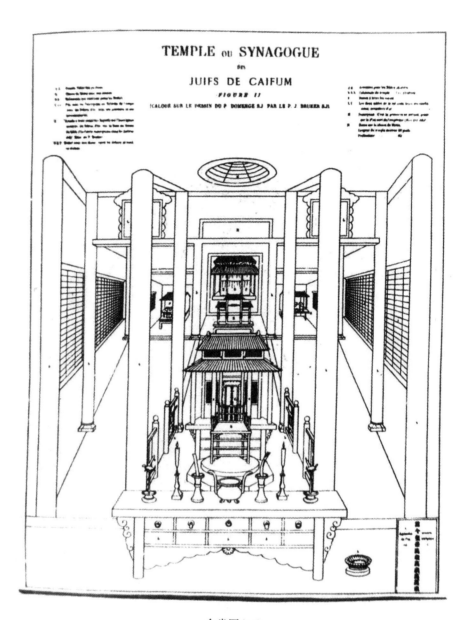

会堂图（二）

作为犹太人精神生活中心的妥拉经卷，最终也遭受了被出售，流落于异教人之手的命运。从开封犹太人遗留的实物，在华传教士的书信记载及前期学者的研究成果看,开封犹太人的妥拉经卷,他们称之为大经、①道经、②或正经③等,并且每逢安息日和其他节期会读一段经书。每逢安息日读经时,诵经人将妥拉放在摩西之椅上,旁边有一名提词人,一名满喇,满喇负责提词人发生错误时进行纠正。④ 他们将妥拉经卷放在圣龛盒中,并在摩西之椅上诵读。根据骆保禄⑤和孟正气⑥书信的记载,开封犹太人使用的经卷包括妥拉经卷、《前先知书》《约书亚记》《列王记》(他们称作《散作》)、⑦《以斯帖记》(他们称为"历史书")、礼拜书等。⑧ 戴进贤在《开封府犹太教圣经小志》中认为,开封犹太人保存有《马加比书》两卷,诵读此经与其他诸经同一。⑨ 根据迈克尔·帕拉克的研究,开封犹太人使用过的妥拉经卷或抄本现存于纽约、达拉斯、伦敦、牛津、剑桥和维也纳等地。⑩ 开封犹太人曾经写过两本关于圣经的著作,包括赵映乘的《圣经纪变》和赵映斗《明道序》十章(一六六三年碑),但都遗失,无法了解具体内容。

遇到灾祸,妥拉经卷被毁的情况,他们要么从其他犹太社团借到经卷,填充本地会堂,要么会抄写经卷。自 1642 年从大水中捞起了十卷经文和二十六件手稿之后,开封犹太人就开始经文的抄写工作,但是妥拉抄写有很多明显的错误。根据犹太教规定,在公众场所的读经是不允许有错误出现的。所以学者猜测,妥拉抄写员有可能不是犹太人,他们平时大多写中国汉字,或者抄写员不懂或者懂很少希伯来语,他们只是机械地进行抄写。⑪ 1653 年犹太会堂重修之后,他们将十三卷经文放在会堂中使用,并一直沿用了二百多年,⑫有

---

①　荣振华、李渡南等编:《中国的犹太人》,第 85 页。

②　见一五一二年碑("道经相传,有自来矣。")和一六六三年碑("殿中藏《道经》一十三部")。

③　见 1489 年碑,"正经一部,五十三卷,有自来矣。"

④　管宜穆(Jerome Tobar):《开封"摩西五书"古老的历史及现状》,载荣振华、李渡南等编:《中国的犹太人》,第 200 页。

⑤　荣振华、李渡南等编:《中国的犹太人》,第 85 页。

⑥　同上书,第 100—101 页。

⑦　一六六三年碑记载犹太人有《方经》、《散经》各数十册。

⑧　荣振华、李渡南等编:《中国的犹太人》,第 100—101 页。

⑨　邹振环:《明清之际耶稣会士对犹太人古经古教的追寻》,载《河南大学学报(社会科学版)》2012 年 5 月第 3 期,第 88 页。

⑩　迈克尔·帕拉克:《中国犹太人经卷抄本》,第 110 页。

⑪　Michael Pollak, "A Preliminary Study of Twelve Detached Skins from a Centuries-Old Chinese Torah Scroll", cited in *Studies in Bibliography and Booklore*, Vol. 21(2001), p.89.

⑫　迈克尔·帕拉克:《中国犹太人经卷抄本》,第 110 页。

些经卷有被水泡过的痕迹。这十三卷中的十二卷经卷献给十二支派,[①]他们在经卷上有特别的标注献给哪个支派,[②]另外一卷献给摩西。[③]

开封犹太人最初非常珍视经书,传教士要求阅读经书或后期要购买经书时,他们都坚决拒绝,认为"出卖五经,就是出卖上帝"。但是后来他们因为各种原因将经书示人,允许抄阅,以至最后将妥拉卖给传教士。经书的命运同会堂一样,走向没落。

第五节　术语界定

本书频繁出现的概念包括"中国犹太教""中国化"等,因此,厘清概念内涵可以更清晰理解研究对象及开封犹太人的宗教本地化过程。

一、 中国犹太教

在本书中,"中国犹太教"这一称谓特指河南开封犹太社团的信仰。虽然这一社团最终同化于中国文化,但是他们在中国存续期间的宗教信仰既保持了犹太教特色,又烙上了中国文化烙印,具有流散犹太教的地域特色,所以将他们称为"中国犹太教"或"中国特色犹太教",这种犹太教具有明显的儒家文化痕迹。由于这一犹太社团从金朝到清朝时期在中国存续,所以也可以称呼他们为中国古代犹太人或开封犹太人,以区分近代来华的犹太人。

"中国犹太教"这一称谓方式与"犹太教在中国"不同。从犹太人的身份认同、政治认同、社会认同、文化融合等各个要素进行衡量,可以看出中国犹太教是中国宗教大家庭的一员,中国犹太人或开封犹太人是中华民族的一份子,他们一方面强调宗教信仰上的犹太特征,一方面强调政治上作为当朝子民的归属。当然,对于来中国经商的犹太人来说,他们来中国伊始也是以侨民的身份居住在中国,但随着居住中国时间愈久,融入中国文化愈深。蒙元时期,穆斯林开始在中国有了归属感,他们以中国为家,不再是侨民的身份。[④] 作为同为

---

① Pollak, "A Preliminary Study of Twelve Detached Skins from a Centuries-Old Chinese Torah Scroll", p.84.

② ibid, p.86.

③ ibid, p.84.

④ 何孝荣等:《明朝宗教》,南京:南京出版社,2013年,第237页。

色目人的犹太人,他们在蒙元时期与穆斯林的处境相似,而且这一时期中国犹太教也已进入发展时期,因此,最迟到鼎盛时期的明朝,中国犹太人的归属身份已经形成。"犹太教在中国"则指以外国人身份在中国居住的犹太人,包括二战前的上海犹太社群,二战期间在上海的犹太难民,19世纪末到20世纪50年代的哈尔滨犹太人、天津犹太人、青岛犹太人等。

开封犹太人研究中使用社团这一学术称谓,以群体的观念看待这一宗教现象,并且将所有的犹太人,特别是犹太儒生,作为研究对象,并没有排除某些姓氏家族之外的人群。大部分宗教具群体性的特点,这要求研究中国宗教时需要在社会现象中观察它们,[1]因此,开封犹太社团的研究中同样需要以群体为研究对象,开封犹太社团是真实类型的社团,而非制度化类型。[2]在研究中国犹太教史时,也是以社群的形成及消亡作为犹太人同化的标志。

开封犹太社团与犹太家族紧密相关,但是二者之间有很大的区别。虽然明清时期的犹太人多以家族的方式进行宗教活动,甚至有学者认为,开封犹太人获得汉姓之后,社团的功能已经弱化,家族之间的联系才使得信仰得以保持。[3]开封犹太人采用汉姓以后,在一定程度上削弱了犹太性,但是却在另一个方面增强了作为犹太教的方面,拥有会堂、领袖的犹太教更好地适应了中国的大环境。在会堂不复使用的情况下,他们可以继续保持自己的犹太信仰。

精英阶层在地方社团发展中有重要的作用,精英创造出社会认同。明代以来的犹太社团,其内部成员都是拥有相同社会地位的精英世家形成中国的犹太家族。韦尔将开封犹太精英分为内圈和外圈。内圈指"七姓",他们使用"清真后人"、"教人"、"教中"相称呼;外圈为开封地方精英,他们不包含在七姓之内,但由于相似的教育背景等原因而与内圈有所关联,如刘昌、曹佐、王原等。[4]这些内圈的地方精英,不只专注于教内的事务,还会参与儒学教育等社会活动。

二、 中国化

与中国化相似的概念有非常多,这些概念是不同的团体或学者在不同时

---

① 李天纲:《金泽:江南民间祭祀探源》,北京:生活·读书·新知三联书店,2017年,第540页。

② 德罗尔·韦尔(Dror Weil):《开封犹太后裔在十四世纪到十七世纪中的文化认同》,引自钟彩钧、周大兴主编:《犹太与中国传统的对话》,中央研究院中国文哲研究所,2011年,第267页。

③ Eber, "Kaifeng Jews: The Sinification of Identity", p.26.

④ 德罗尔·韦尔:《开封犹太后裔在十四世纪到十七世纪中的文化认同》,第293—294页。

期针对不同情况提出来的,只是后来的团体或学者在创造或者使用这些术语的过程中没有参考前者,因此出现多种术语交叉使用的状况,有学者对此现象做了研究。杨慧林从原文化与新文化的关系,信仰主体的文化自觉等方面对适应化(accommodation 或 adaptation)、本地化(inculturation)或涵化(acculturation)等进行区分。① 他认为,适应化的策略是宣教主体所采取的策略,从基督教的视角看待异质文化。本地化则强调信仰主体的主动性,是"本有文化将另一文化中的某些新元素吸收为己有"。"涵化"是指"外来影响改变原有的文化",造成"文化的疏离与割让"。根据主体自觉的多寡,适应化与本地化之间也会有细致的区分,被动的本地化也被看作适应化的延续。这种区分方式规范了术语的使用,只是很多时候学者在运用的时候区分度不大。本色化(indigenization)、本土化(localization)、处境化(contextualization)的概念区分主要是学术的立场和教会的立场的问题。② 本色化运动是 20 世纪初为了拿掉洋教的帽子而推行的运动,是在反对帝国主义的背景下提出的。1922 年中华基督教协会成立,标志着基督教本色化运动的兴起,随后本色化运动根据中国的国情,本色化的重心也发生改变。三四十年代抗日战争前后的处境化主题是救亡图存。从学理上来说,本土化是基督教在发展过程中与本地文化相互对话,丰富发展自我的过程。处境化关注的更多的是生存价值等普世的观念,是某种宗教在保持自己的核心精神和主要教义不动摇的前提下,努力融入另一民族的语言系统、传统文化、风俗习惯和社会现实等所构成的生存环境之中,以便获得理解与接纳,得到广泛的传播。③ 这是一种从普世价值的观念角度下的定义。以上观点都是从宗教的角度所下的定义。儒化(Confucianization)是学者研究古代史时用到的概念,强调外来宗教或文化对儒家文化的适应过程。浦安迪在使用这一术语时,指的是开封犹太人被同化,犹太人忘记了教义知识,不进行宗教实践而产生的结果。④

---

① 杨慧林:《"本地化"还是"处境化":汉语语境中的基督教诠释》,载《世界宗教研究》2003 年第 1 期,第 64—74 页。

② 张志刚、唐晓峰主编:《基督教中国化研究》第 1 辑,北京:宗教文化出版社,2013 年,第 18 页。

③ 赵士林、段琦:《基督教在中国:处境化的智慧》,北京:宗教文化出版社,2009 年,第 2 页。

④ Andrew H. Plaks, "The Confucianization of the Kaifeng Jews: Interpretation of the Kaifeng Stelae Inscriptions", Cited in Jonathan Goldstein, *The Jews of China: Volume One: Historical and Comparative Perspectives*, p.36.

　　从以上概念可以进行学术推理,从而延伸出中国化(sinolization)的概念。中国化的概念处于处境化或本地化概念的下层,特指中国语境中的处境化。所以中国化的概念更有中国立场,是处境化概念在中国具体语境中的处境化使用。宗教的处境化一般是自然而然发生的,除非是一些极端型宗教,受外界影响较少,他们的处境化过程就会非常缓慢。来到中国的外来宗教中,基督教是广受学者关注的派别。有学者认为,基督教的中国化是由于基督教的普世性与具体处境之间的关系而产生的,①这种处境化过程是基于基督教的特点。中国化过程中很多基督教思想家都选择处境化的策略,因此他们表现出很多思想上的共性,比如强调基督教爱的精神,强调信徒个人的道德修养,并且都关注现实,尊重中国的文化传统和价值观念。② 解放神学、过程神学和德日进神学的影响,特别强调宗教实践。所以,这种重视实践的做法与中国传统中的知行合一也相契合,属于中国神学的组成部分。20 世纪中国的基督教思想家们以社会现实为观照,从自己的视角诠释神学,创建了汉语神学,这种处境化的处理方式是基督教中国化的一种尝试。

　　对这种文化适应的研究也跟随现在的研究风潮出现了不同的研究视角。比如从生态学的视角,探讨中国宗教生态中的和谐统一与中国文化中兼收并蓄的思想,这种视角扩大了研究的范畴,将宗教、社会、文化等各元素看作宗教生态中的关联要素进行分析,是一种独特的思维方式。柯毅霖使用境际化(inter-culturality),即跨文化性来描绘本地化的动力。③ 这是一种将宗教视为跨文化传播活动的视角,没有区分传播的主体和受众,也没有区分不同的文化群,而是将宗教传播视为人类一种普遍的文化传播活动,是福音主体性的视角。

　　但是以上两种诠释都是以局外人的视角审视宗教团体及其信仰。从局外人和局内人的视角来看,会有不同的结论。局外人评估宗教团体对社会发展的作用,局内人则要对自己的教义作出处境化的诠释,从而由内而外地实现融合。因此,从信仰主体出发,更容易发现中国文化与宗教典籍之间的相似融合与对立冲突,更容易从经文分析处境化的策略。

　　当然,信仰主体对教义诠释角度、程度不同,中国化的具体实践也会不同。

① 张志刚、唐晓峰主编:《基督教中国化研究》第 1 辑,第 1 页。
② 赵士林、段琦:《基督教在中国:处境化的智慧》,第 31 页。
③ 柯毅霖:《福音在中国本地化的神学反思》,黎明辉译,载《神思》第 47 辑,第 22、27 页。

但是总体来说,中国语境中的很多概念与基督教或犹太教等外来观念相契合,因此,这些概念成为中国化过程中宗教实践关注的话题。同时,由于中国文化与外来文化力量的强弱对比不同,信仰主体的本地化策略也会受到这些外部因素的影响。明清时期的经典处境化策略是在政治因素弱化的环境下产生的,他们更多的是受到文化因素以及宗教因素的制约而实行处境化策略,这与后期基督教传入中国时依靠坚船利炮,诸多政治因素的参与形成鲜明的对比,从而更容易看到文化和宗教元素对处境化策略的影响。因此,犹太教在这一时期的中国化实践成为本书的研究对象。

第六节　研究基础

本研究以开封犹太人的直接性史料为基础,以妥拉为对读文本,通过间接性史料的佐证和相关研究的启发,发掘犹太人在史料中对妥拉遗产的承继、重塑及隐匿,试图还原他们真实的信仰生活,探讨他们对中国处境的适应策略。

一、 碑文与直接性史料为文献基础

本文的文献基础主要是开封犹太人遗留的文物史料,包括明清时期的四通碑文:弘治碑(一四八九年碑)、正德碑(一五一二年碑)、康熙碑(一六六三年碑)以及一六七九年碑(康熙十八年《清真寺赵氏牌坊并开基源流序》,简称为祠堂述古碑记),楹联十七副,牌匾二十三方,族谱,他们遗留的墓地,使用过的书卷(祈祷书、正经、方经、散经)等,这其中又以向公众宣告信仰的公众性材料碑文、楹联和匾额为主。本文选取这些史料为研究基础主要是基于以下四点:

其一,史料形成时期既是开封犹太社群的繁荣时期,也是开封犹太人寻求和维护一种张力平衡,在保持自己犹太特色的同时,适应外部压力,建构身份的时期。开封犹太人遗留的文物史料集中于明清时期,在明清之前的元朝,开封犹太人的主体是由元政府迁移过来的中亚地区的"回回",但是在明朝施行闭关锁国政策,犹太人切断了与外界的一切联系,犹太教无法从外部获得滋养,他们的发展受到儒家文化的影响更加明显。明朝初期推行同化政策,明政府要求色目人(对犹太人、伊斯兰教徒等人的统称)与中国人结婚,不准本类自相嫁娶。洪武元年(1368 年)甚至颁布诏书,不允许色目人穿胡服,说胡语,姓胡姓。这种强制性同化政策之下,犹太人自我身份建构时需要逐渐向主流文

化靠拢,他们的儒家文化特征愈发明显,本土化态势日益突出。他们遗留的碑文和楹联正是反映了这一时期的状况,反映出他们是与中国文化相结合了的犹太教。

其二,这些公众性文物史料的目的是向外界介绍自己的宗教信仰,这从一个侧面反映出他们适应寄居地文化的策略。史料以碑文为主,关于立碑的原因学界有很多猜测。维之认为,立碑的目的是让犹太人后代知道会堂的历史和一些祈祷的仪式,这是他们的一种宗教传承方式。[①] 他认为,碑文不是记录开封犹太人的历史,而是记录他们的犹太教知识,[②] 以及记录他们的祈祷文(Kiddush),[③] 展示出开封犹太人遵照圣经诫命生活的状态。帕拉克认为,立碑是由于犹太儒生与普通犹太人在宗教信仰上的冲突,所以儒生需要证明两种宗教间的相似点。[④] 这两种论点都经不起推敲,因为不管他们是要记录他们的祈祷文,还是解决犹太教和儒教之间的冲突,他们都会采取私下、内部的方式进行解决,而且他们私下的宗教仪式使用的语言是希伯来语,他们不会使用汉语和这种公共场合立碑的方式,向本族人传递信仰或是向公众宣布犹太教和儒教之间的融合。德罗尔·韦尔认为,碑文是会堂与信徒间的互动,借以向政府宣布犹太社群的意识形态与正统思想相一致。[⑤] 笔者认同威尔的说法,开封犹太人儒生通过立碑,或者社群通过接受汉人儒生的楹联、匾额的馈赠和碑文中对犹太教信仰的介绍,向公众宣告自己的信仰,向外界介绍犹太教,以利于外界接受犹太教,使得犹太教免于被贴上异端邪说的标签,以期与同时期的白莲教等教派相区别。同时,立碑也是犹太人遵循中国在寺庙旁立碑的风俗习惯,入乡随俗的做法。碑文的作者儒生们基于深厚的儒家文化功底,擅长在寺庙前立碑撰文,儒生们悬挂的楹联、匾额也彰显他们对犹太教与中国文化相融合的认知,因此碑文内容显示出犹太性和儒家文化的融合,表明明清时期的开封犹太人已经形成了有中国特色的犹太教。

其三,这些史料能够真实地反映出散居犹太人的文化适应策略。一方面,碑文内容既符合中国传统的碑文格式,又向外界介绍了犹太信仰。碑文在描

---

① Weisz, *The Kaifeng Stone Inscriptions*, p. xvii.

② Ibid., p. xviii.

③ Ibid., p. xxiv. i.

④ Michael Pollak, *Mandarins, Jews, and Missionaries*, p.343.

⑤ 德罗尔·韦尔:《开封犹太后裔在十四世纪到十七世纪中的文化认同》,第299页。

述会堂建立和修缮之前,讲述了宗教的历史、先祖的作为,为他们宗教的正统性提供依据。[①] 之后,他们又描述了犹太人来开封的历史,建造、重修会堂的经过,他们的日常生活和宗教生活状况,最后碑文以对皇帝的感恩和称颂结尾。碑文的作者和读者对象都是读书人,描绘的也是读书人眼中的犹太教。碑文虽没有覆盖犹太教生活的方方面面,但是却反映出他们的犹太特征。同时,这些碑文、楹联、匾额等史料是研究开封犹太人这一社群在中国历史上留下独特一笔的仅存的重要证据之一。另一方面,史料中的四通碑文的学术价值不同,最早的两通碑文即一四八九年碑和一五一二年碑学术价值最高,为本文的主要研究对象,一六六三年碑和一六七九年碑作为对照和参考。一四八九年碑的作者金钟和一五一二年碑的作者左唐都是犹太人,[②]且二人身居高位。金钟为开封府儒学增广生员,左唐为四川布政司右参议,他们通过科举走上仕途,能够非常娴熟地运用儒家概念表述犹太思想。与后两通碑文相比,这两通碑文内容原创性较强,写作时间较早,所述内容的可信度更高,能够更加真实地反映开封犹太人在儒家文化为主导的中国处境中的生存状态,因此是本文的主要研究对象。有学者认为一四八九年碑分为三个部分:犹太教历史和教义,开封犹太人历史,以及儒家思想概述,分别由三个人书写。[③] 笔者认为,虽然碑文内容有明显的区分,但是由于金钟是犹太儒生,他极有可能既精通犹太教又精通儒家文化,所以作者应该是金钟一个人。一四八九年碑和一五一二年碑写于明朝,二者相隔不过二十三年,后者更多从儒家的视角表述犹太信仰,是对一四八九年碑的补充。两通碑文写作时,犹太社群中的有些犹太儒生在朝居高位,他们致力于会堂的重建和妥拉的抄写,同时,由于这些犹太儒生精通儒家文化,他们在碑文中很好地融合了儒家和犹太教的思想。一六六三年碑由刘昌所书,他是与开封犹太人关系较亲密的汉人,撰写碑文时,主要参考了一四八九年碑和一五一二年碑的碑文内容并结合了开封犹太人的回

---

① Eber, "Kaifeng Jews: The Sinification of Identity", p. 32.

② 关于金钟和左唐的犹太身份,学界确有不一样的声音,但是大多数学者认同他们的犹太身份,参见浦安迪(Andrew Plaks):《中国犹太人的儒化:开封石碑碑文释解》,钟志清译,载《犹太研究》2008年第6期,第136页。笔者认为,如果从"七姓八家"的金姓和左姓,同时从文献中关于犹太儒生的记载来看,金钟和左唐是犹太人的可能性非常大。即使二者的犹太身份仍然存疑,但是由于他们的碑文是犹太会堂立碑的碑文,同时碑文对希伯来圣经妥拉的复述特别精确,所以仍然可以作为探讨妥拉传统可靠的文献材料。

③ Weisz, *The Kaifeng Stone Inscriptions*, p. xix.

忆,所以一六六三年碑和前两通碑文有一些重复的地方,对犹太教的描述并无新意,但是碑文更多从儒家的视角描写儒犹相通之处,儒家特色更鲜明。虽然有些学者基于刘昌的汉人身份质疑一六六三年碑的学术价值,但是从碑文内容与前两通的重合之处来看,刘昌确实参考了前两通碑文,又加入了更多的儒家文化内容,同时,由于刘昌与犹太人关系密切,而且碑文面向大众,因此碑文内容的可信度是应该肯定的。刘昌作为一名非犹太人,从非犹太人的视角看待中国的犹太教,可以窥见中国公众对犹太人的接受程度,所以,从这个层面上讲,这通碑文也有独特的学术价值,因此成为本文研究的参考来源和参照。一六七九年碑主要记载赵氏家族在历次会堂重建中的功德,对信仰的陈述不多,因此本研究很少引证。还有些史料如儒生所赠送的楹联、匾额等,它们悬挂在公众视野之内,同样为犹太人所接受,楹联、匾额的作者虽然既有犹太人也有汉人,但是内容与前两通碑文内容相近,所以本研究在引用这些文物史料过程中没有区分作者的身份,而统一视为被犹太人所接受的史料。这些公共性史料跨越明清时期,反映出开封犹太社群儒化程度日益加深,但其犹太特征依然明显,是儒犹文化相结合的中国特色的犹太教。

其四,这些公众性史料的叙事从历史的真实性来讲也许有待商榷,但是从信仰宣告和历史叙事等角度考察具有重要的价值。有学者认为这些汉文碑刻写成于明清时期,因此碑刻中记载的“有关明代之前的资料,既没有多大价值,也不具任何权威性”。[①] 也许碑刻所记史实不具有真实性,但是以碑刻文本考察他们的论述视角,却可以窥探他们的写作立场,他们的历史叙事方式以及他们对儒家文化的看法等方面内容,有助于还原他们的宗教信仰。

本研究所引碑文以陈垣对碑文的标注为基础,[②]在碑文诠释时参考了现有的碑文译本。最早将碑文译为英语的是怀履光主教,他的译本中体现出非常强的儒家和基督教文化的特色。[③] 维之的译本跳脱怀履光译本的影响,体现出更多犹太教的痕迹。[④] 在写作过程中,笔者参考了不同译本对原文的理

---

① 荣振华、李渡南等编:《中国的犹太人》,第 15 页。

② 陈垣:《开封一赐乐业教考》,第 65—108 页。碑文经过历史学家的考据、断句等,在某些方面存在一些争议的地方,但是这些方面对本书的研究影响不大。

③ White, *Chinese Jews*, 1966.

④ Tiberiu Weisz, *The Kaifeng Stone Inscriptions: The Legacy of the Jewish Community in Ancient China*, New York: iUniverse, Inc., 2006.

解,并在适当地方标注了自己的解读。维之在译文注释中强调了圣经的影响,这些注释对本研究有很大的启发。

二、 妥拉为对读文本

本研究的对读文本"妥拉"指的是希伯来圣经中前五卷书,即"摩西五经"。本研究选用妥拉作为对读文本是基于妥拉在犹太教中的地位,以此窥探开封犹太人调适自己的宗教信仰以适应当地文化的策略,以及新语境下信仰的重构。开封犹太人属于拉比犹太教的范畴,受《塔木德》影响很大,而拉比犹太教也是建基于圣经犹太教发展而来,《塔木德》也是对希伯来圣经的妥拉的诠释,因此妥拉作为犹太教的经典文本,成为本研究的对读文本。从源头上来讲,犹太教的经典著作非塔纳赫(תנ״ך)莫属。塔纳赫包括妥拉(תורה)、先知书(ביאים)和圣著(תובים),学者称之为希伯来圣经,基督教称为《圣经·旧约》。① 学者一般将希伯来圣经中的前五卷书称为五经、摩西五经或律法书(the Torah),或者音译为妥拉。妥拉有"训导,训诫"的含义,从圣经时代后期开始,犹太传统使用"妥拉"来指代圣经的第一部分,即《创世记》《出埃及记》《利未记》《民数记》和《申命记》。② 妥拉中"妥拉"一词的含义不是指现代意义上的妥拉文本,如《申命记》四章 44 节中的妥拉指的是一部分妥拉,《出埃及记》十二章 49 节中妥拉一词即为律法的意思。从公元一世纪开始,这五卷书就已经写在一个长卷上,以示它的完整性。③ 传统来讲,这五卷书被看作整体,一方面是由于摩西被认为是前五卷书的作者,另一方面是正典化的结果。④

虽然关于摩西的律法书是五经还是六经仍有争议,但是传统上来讲,犹太教和基督教都将五经作者归为摩西,称为妥拉或五经,很多学者将五经作为完整的文学作品进行分析。马丁·诺斯(Martin Noth)认为五经/四经主要关注以色列早期的历史,他将五经分为五个"大主题",包括出埃及,到达适合耕种的土地(arable land),先祖的预许,旷野引领和西奈神启,这些大主题勾画出了框架,

---

① 基督教不同教派的《圣经·旧约》的书目不同,所以与塔纳赫也只是模糊的近似。

② Adele Berlin and Marc Ziv Brettler (ed.), *The Jewish Study Bible* (Oxford and New York: Oxford University Press, 2004), p.1.

③ Berlin and Brettler (ed.), *The Jewish Study Bible*, p.1.

④ 妥拉正典化的时间一般认为是波斯统治时以色列人从巴比伦回到耶路撒冷之后。圣经中对此描述最早见于公元前五世纪尼希米回到耶路撒冷的记载,但是妥拉经卷首次出现于(王下22—23)约西亚改革时期。

然后整个框架又有"小主题"来填充,比如埃及十灾,巴力神崇拜等。[1] 柯林斯关于主题的含义有不同看法,认为五经的主题包括三个特征:子孙、神人关系和土地。[2] 本研究对妥拉的分类方式以犹太教的五经说为标准,没有采用四经说或六经说。[3] 按照传统犹太教的说法,妥拉是上帝的言语,是上帝给摩西的律法。现在对妥拉的研究也更关注当下与历史、读者与文本的互动关系,关注妥拉在会堂中的使用。本研究在论证过程中以学者的妥拉诠释为基础。

以妥拉对读开封犹太人遗留的文物史料可以窥探开封犹太人在中国语境中的释经传统。妥拉作为犹太人圣经的律法书,影响遍及信仰认同、宗教仪式、日常生活等各个领域。"对妥拉/训导的爱和致力于妥拉的学习是犹太圣经学习和诠释的特点。"[4]拉比犹太教时期的经典《塔木德》是对妥拉的诠释,"妥拉有七十个面。"(大民数记13:15)所以,妥拉没有官方的诠释一说。妥拉成书之后,犹太人在不同的时期对妥拉有不同的解读。每一代都应该有自己的释经,按照当时的历史语境进行诠释,中国语境下对经文的诠释应该有自己的特色。开封犹太人也尊崇妥拉,妥拉对开封犹太社群具有非凡的意义。开封犹太人的所有碑文和楹联以及传教士的记载都明确说明开封犹太人有妥拉经卷,他们称之为大经、道经或正经等,并且每逢安息日(Shabbath)和其他节期诵读一些指定的经书。开封犹太人的妥拉经卷共五十三卷,这样有些合并诵读的分章他们会分开诵读。根据骆保禄的记载,这个不同之处在于《申命记》的划分,开封犹太人将《申命记》划为十个分章,[5]而在其他地方,划为十一个分章。[6] 因为妥拉就是开封犹太人所称为的"道经",他们的会堂被称为"道经

①　Martin Noth, *A History of Pentateuchal Traditions*, trans. B. W. Anderson, Englewood Cliffs: Prentice-Hall, 1972.

②　David J. A. Clines, *The Theme of the Pentateuch* (JSOT Press 1978).

③　马丁·诺斯强调四经的传统,而冯·拉德(von Rad)强调六经的传统。参见 Martin Noth, *A History of Pentateuchal Traditions*, trans. B. W. Anderson, Englewood Cliffs: Prentice-Hall, 1972. 以及 Gerhard von Rad, *The Problem of the Hexateuch and Other Essays*, England: Hymns Ancient & Modern Ltd, 2012。

④　Berlinand and Brettler (ed.), *The Jewish Study Bible*, p. ix.

⑤　荣振华、李渡南等编:《中国的犹太人》,第85页。

⑥　自一六四二年从大水中捞起了十卷经文和二十六件手稿之后,开封犹太人就开始经文的抄写工作。一六五三年犹太会堂重修之后,他们将十三卷经文放在会堂中使用,并一直延用了二百多年。根据骆保禄和孟正气书信的记载,开封犹太人使用的经卷包括摩西五经(他们称之为道经、正经、大经、天经或五书)、《前先知书》、《约书亚记》、《列王纪》(他们称作散作)、《以斯帖记》(他们称为历史书)、礼拜书等。

寺"，居住的胡同被称为"道经寺胡同"，道经在他们宗教生活中的重要性不言而喻。开封犹太人没有诠释妥拉的著作，但碑文可以体现他们对希伯来圣经的处境化解读。从碑文的角度研读妥拉，可以感受到儒生诠释妥拉的努力，他们竭力在犹太教和主流文化中寻找平衡。

妥拉在犹太教和开封犹太人生活中的重要地位足以使妥拉作为对读文本，与中国的文化文本进行对照，以此探究开封犹太社群对宗教信仰的处境化处理。本研究拟以妥拉的现有定本为基础，以现代犹太学者对妥拉的解读为参照，从犹太教和妥拉传统①的视角，对开封犹太人史料中遗存的妥拉概念进行分析。

第七节　本书框架及创新之处

本书分为六个部分。这些章节从妥拉传统的角度分析了开封犹太社群在公众性史料中体现出的对传统的承继、隐匿及重塑，并探讨其背后成因，同时辅以科钦犹太人的对比研究，以期更深刻理解开封犹太教的特色及内涵。

"导论"部分主要梳理了目前学界对开封犹太人的研究，提出本研究拟在跨文本诠释路径的基础上，以开封犹太社群的直接性史料为文献基础，以妥拉为对读文本，探讨开封犹太社群处境化策略的必要性和可行性。

第一章主要论述开封犹太人对妥拉传统的承继，从开封犹太人对妥拉中上帝观的承继，探讨开封犹太人史料中上帝的译名以及上帝的无像特征；通过史料中尊经释经传统，探讨开封犹太人对妥拉观念的承继；史料中塑造的祖师亚伯拉罕和以斯拉是他们在中国"道统"体系中呈现的妥拉形象；通过史料中展现的开封犹太人的礼拜、节期庆祝等宗教礼仪，窥探开封犹太人对妥拉宗教律法的承继；开封犹太人日常生活中的饮食及从政传统等也继承了他们的妥拉传统。

第二章主要探讨开封犹太人在对中国文化适应过程中更能体现他们处境化策略的方面，主要体现在对摩西形象的圣人化重述，亚当、挪亚的中国形象的比附，历史叙事的选择性重述，祭祀的处境化处理和伦理关系的儒化这五个

---

① 此处的妥拉传统不是指一系列连贯的、固定的、正典化的诠释及实践，而是指一系列犹太评论，所有这些评论构成了传统的一部分。参见 Carol Delaney, *Abraham on Trail: The Social Legacy of Biblical Myth* (New Jersey: Princeton University Press, 1998), p.102。

方面。一,开封犹太人在史料中将摩西塑造成儒家文化中的圣人形象,这一形象与妥拉中摩西的形象有很大的差别,带有更多的儒家文化特色;二,妥拉中的亚当、挪亚的形象以中国史料中的盘古、女娲比附,有利于公众了解他们的信仰;三,史料中的历史叙事更多彰显中国文化的特征,这与妥拉中的叙事不同;四,祭祖、祭孔传统不仅体现在他们的日常行为中,更在史料中展现,这一典型的儒家化的做法更能体现他们的处境化策略;五,他们将妥拉中的伦理律法以儒家的"五伦""三纲五常"的形式体现,更有儒家特色。

第三章主要探究在史料中没有体现,但是对犹太人来讲非常重要的妥拉传统,如出埃及传统,神人关系,以及一些习俗,比如割礼和利未婚等。出埃及传统对犹太身份建构具有重要意义,虽然开封犹太人私下的宗教生活中庆祝逾越节,熟知出埃及传统,但是他们并未在史料中体现出埃及叙事、神的征战功能、选民观念及十灾叙事等内容。参与历史的神的形象也未出现在史料中。他们的一些习俗如割礼和利未婚等具有鲜明的犹太特征,但是与儒家文化相抵触,因此在史料中并没有体现。以上所隐匿的妥拉传统主要是为了避免引起当权者和大众的反感而实行的处境化策略。

第四章进行与科钦犹太人的比较研究。本部分从科钦犹太人独特的历史叙事、种姓制度、宗教生活等方面,与开封犹太人的历史叙事、科举制度进行对比,并从与其他社团的联系,宗教生活使用的语言以及他们的节期庆祝等几个方面来论述他们宗教生活的异同。两个社团虽然同为宗教处境化的结果,但是由于不同的历史背景,从而产生特征不同的犹太教。

结语部分对开封犹太社群对妥拉传统的承继、重塑及隐匿进行整体性的总结,重申开封犹太人社群研究对犹太人流散史研究和汉语神学建构的意义。

此外,本书末尾以"附录"的形式将开封犹太社群的上帝命名方式以表格形式进行统计,并附上开封犹太社群历史上的大事记,所引碑文的全文,科钦犹太人壁画译文,以及开封犹太人交流史。

本书的创新之处主要体现在两个方面。首先是研究方法的创新,本文引入跨文本分析的研究进路分析开封犹太社群。将妥拉文本和开封犹太人所处的亚洲文本做对比分析,从妥拉文本的视角对读开封犹太人社群的公众性史料、社会背景等大文本,这一方面可以丰富开封犹太人研究的史料,研究开封犹太社群对妥拉文本的选择性承继,另一方面可以丰富亚洲语境下的妥拉文本的解读方式,更深刻理解开封犹太人和中国古代犹太教。其次是内容方面的创新,这主要体现在三个方面。其一,梳理了开封犹太人史料中体现出来的他们对妥拉传统的承继,将开封犹太人的上帝观、释经传统、先祖形象以及对律法的承继进行了详尽的分析,并探究了承继时与妥拉传统细微的变化。其二,重点分析了开封犹太人将妥拉传统融入中国文化的处境化重塑过程,研究了开封犹太人有中国特色的摩西形象,亚当、挪亚的中国形象比附,历史叙事,祭祀活动和伦理关系,探究了犹太教儒化的鲜明特征;其三,通过史料与妥拉的对比分析,探讨了史料中缺失的重要的妥拉传统,包括出埃及传统,神在历史中的参与,以及割礼及利未婚等习俗,显示出开封犹太人在适应中国文化过程中的特意"隐匿"。

第一章　妥拉传统的承继

　　明清时期的开封犹太社群以碑文、楹联等形式向外界宣告自己信仰时,他们的信仰之基——妥拉的内容也有所彰显。我们深入研究碑文内容便会发现,史料中没有全盘反映妥拉的内容。开封犹太人根据明清时期的社会环境,在史料中"迎"合即彰显了一部分妥拉传统,"转"换一些当地的传统,与妥拉传统相融"合",形成容易为公众接受的表现形式,他们还"拒"绝即隐匿了一部分妥拉传统。在史料中展现的开封犹太人的信仰是基于中国文化语境,以儒家文化为立脚点,具有儒家特色的犹太教,体现出开封犹太人在犹太思想和儒家文化之间寻找平衡的努力。本章集中论述开封犹太社群史料中关于"迎"合妥拉传统的内容,即史料中体现出来的对妥拉传统的承继,妥拉中对上帝的描述,史料中展现的犹太人的经书和重要的犹太人物等方面的内容,碑文中的犹太教宗教礼仪与律法,犹太人日常生活对妥拉训导的遵守。史料对妥拉传统的"合"(重塑)和"拒"(隐匿)将在接下来的章节中论述。

第一节　开封犹太人承继的上帝观

　　上帝观能够直观地反映犹太人的信仰状况,[①]妥拉作为犹太教信仰的源头,通过审视妥拉中的上帝观,可以窥见开封犹太人对信仰的坚持。上帝观包含上帝存在论、上帝属性、神人关系等诸多方面的内容,本节聚焦的是开封犹

---

　　① 开封犹太人没有在汉语中使用固定的名词指称信仰对象,但是本书将使用"上帝"这一称谓。这不仅仅为了行文的方便,也是由于学术界以"上帝"为通用名称,公众也通常以"上帝"来指称外来宗教的信仰对象,而且"上帝"来自中国典籍,是中国的固有概念,这样更能体现本研究超越教派以及中国本土立场的特征。

太人史料文献中体现的他们对上帝的命名以及"无像"崇拜,这些都是"迎"合妥拉传统所体现出的内容。

一、 上帝的名①

虽然开封犹太人在私下宗教生活中部分使用希伯来语和波斯语,但是他们在用汉语向外界介绍自己的宗教信仰时,不可避免地要遇到上帝的称谓问题。通过史料中对上帝的称谓方式与妥拉传统进行对读,我们可以明显地发现他们"迎向"妥拉传统,继承了妥拉中的命名方式。这种命名方式与基督教对神名的汉译有很大的不同。

圣号命名是人们对至高者性质和属性认知的表现,圣号翻译是译入语语境下对圣号的重命名,这一过程受圣经传统、宗教信仰以及译入语文化等多重影响。圣号汉译历史悠久,②基督教传入中国以来,③汉语语境中圣号的命名以音译法和意译法两种方式为主。音译法有景教的"阿罗诃"(Alaha),天主教的"雅威"(YHWH)、④"陡斯"(Deus),⑤基督新教的"耶和华"(YHWH)、"阿多乃"(adonai)等译名,这种译法在最初的选词上具有随机性,但约定俗成之后就成为固定译名,例如基督教圣经汉译本就固定了圣名音译。意译法是从汉语经典中选取具有对等关系的词汇进行翻译,面对浩如烟海的汉语经典,每个对应的词汇背后是丰富的文化语境,这给译者的选词上带来较大的困难,并由此引发基督教派内或教派间的冲突。⑥ 很多学者聚焦基督教派圣号命名历

---

① 作者以《犹耶圣号命名的差异性及其原因分析》为题,探讨上帝的名的问题,发表于《宗教学研究》2023 年第 3 期,第 176—181 页。

② 此处主要讨论汉语语言中的圣号翻译,少数民族的圣号翻译不在此讨论范围。

③ 基督教(Christianity)在文中使用时指代基督宗教三大派别,即天主教、基督新教和东正教。本书引入天主教与犹太教的圣号命名进行比较。

④ 天主教思高译本中从《出埃及记》开始有很多地方将 YHWH 译为"雅威"(如出 5:1,2;6:3),但《创世记》中却翻译为"天主",这一做法值得思考。

⑤ 天主教传教士在日本将 Deus 翻译为"大日如来",引起了宣教风波。参见李天纲:《从"译名之争"到"圣号论"》,载《经典的翻译与诠释"国际学术讨论会论文集"》,复旦大学,2006 年,第 58 页,未刊。

⑥ 自 1583 年利玛窦来华以来,圣号翻译成为困扰在华传教士的问题,利玛窦与龙华民在从经学或注疏学角度翻译圣号产生异见(参见曾庆豹:《明末天主教的译名之争与政治神学》,载《道风:基督教文化评论》2013 年第 38 期,第 122 页),最后 1740 年由教廷裁决使用"天主"这一称谓。1807 年基督新教传教士马礼逊来华之后,英美传教士因为教派之争而对圣号译名有不同的看法,美国传教士对中国传统文化持排斥的态度,故而使用"神"的译名,英国传教士认为中国文化中本来就包含最高真理,故而使用中国文化中固有的"上帝"译名。(李炽昌编:《圣号论衡:晚清(万国公 (转下页)

史,通过对"译名之争"(Term Issue 或 Term Question)历史的分析,①来探讨天主教选取译名"天主",基督新教确定"神"和"上帝"两个译名的过程;也有学者通过关注《万国公报》上的论战来考察中国基督徒对"译名之争"的看法,②或考察某一词汇的源流。③ 由此可以看出,圣号汉译不单是一个翻译问题,更是一个神学和政治问题,它能反映出译者对于宗教多元化的神学立场和对"他者"所持的文化态度。④

　　本节拟从比较的视角,选取同处明朝时期的天主教传教士为参照,以开封犹太人遗留的汉语史料为文本基础,分析犹太儒生⑤与天主教传教士在圣号汉译上的异同,同时通过考察开封犹太人对希伯来圣经圣号命名传统的承继、拒绝与整合,并分析表现及成因。选取明末传教士为比较对象主要是基于以下三个原因:其一,二者同处中西文化平和交流的明朝,他们的信仰宣告方式和传教策略受宗教和文化因素影响较大,政治、军事因素影响较少,这更容易分析他们的宗教本地化策略。以利玛窦(Matteo Ricci, 1552—1610)等耶稣会士为代表的明朝天主教传教士,尊重本地文化礼仪,易儒服,采取"合儒"、"补儒"的策略,从儒家典籍中寻找天主存在的依据,传教取得一定的成功。开封犹太人虽然在同时期已经处于衰落时期,但是他们自社团成立以来,同样处于儒家思想占主流的社会环境,而且,当时中国处在吸收西方词汇的初期,所以他们的圣号命名策略没有受到西方传教士的影响。当时处于明朝末年,社

　　(接上页)报)基督教"圣号争论"文献汇编》,上海:上海古籍出版社,2008 年,第 13—14 页。)

　　① 关于译名之争的研究汗牛充栋,以下著作可作为参考:Irene Eber, Sze-Kar Wan, & Knut Walf, et al., *The Bible in Modern China: The Literary and Intellectual Impact*, Nettetal: Distribution, Steyler Verlag, 1999, pp. 135 - 61; Irene Eber, "Term Question" in *The Jewish Bishop and the Chinese Bible: S. I. J. Schereschewsky, 1831 -1906*, Leiden: Brill, 1999, pp.199— 233;程小娟:《God 的汉译史:争论,接受与启示》,北京:社会科学文献出版社,2013 年,第 11 页。

　　② 李炽昌编:《圣号论衡:晚清〈万国公报〉基督教"圣号争论"文献汇编》,上海:上海古籍出版社,2008 年,第 13—14 页。

　　③ 最新的文章可参见纪建勋:《明末"天主"的源流及其比较文化学考察》,载《北京行政学院学报》2020 年第 4 期,第 120—128 页。

　　④ 李炽昌:《在亚洲命名 God——多种文化处境中的跨文本阅读》,载《希伯来圣经的跨文本阅读》,上海:上海三联书店,2014 年,第 109 页。

　　⑤ 开封犹太人史料大多为犹太儒生书写,因此,他们的命名策略体现了犹太儒生的宗教信仰状况,作为当时中国犹太教的主流,他们被看作中国犹太信仰的代表。部分史料由汉人儒生代笔,但是鉴于史料的公共性质,这些汉人儒生史料与犹太儒生史料的相似性,以及它们被开封犹太人广泛接受的程度,笔者没有特意区分史料作者,而将这些史料统一看作开封犹太人信仰的代表。

会思想解放,宗教上"三教并立",他们都是在"多神论"语境下宣告"一神论"信仰。因此二者在相对独立的情况下进行圣号命名,具有一定的可比性。其二,二者都在信仰宣告和传播方面取得一定的成功。明朝时期,犹太人人数达到顶峰,当时传教士入乡随俗的政策也使得他们的传教大为成功,在儒家士大夫中发展了不少信徒。其三,儒生成为他们信仰传播或碑文撰写的对象,这种相似的信仰宣告或传播对象也影响到他们圣名汉译时的策略选择。

本节没有将开封犹太人的命名策略与 19 世纪末期基督新教的命名策略相比较,原因如下。其一,基督新教传入中国的时间与犹太碑文写作时间相差较远,明朝的社会状况与 19 世纪末相比有了很大的改变。宗教传播及信仰方面受文化因素影响减弱,政治、军事力量的影响增强。其二,基督新教的传播对象下沉,他们在民间传播更广泛。这与开封犹太人史料的阅读对象有很大的差别。面向儒生时,信仰宣告更关注对信仰对象的理性认识,而在民间传播时,则更关注"天堂地狱"等宣传。基于以上差异性,基督新教的命名策略没有纳入本文的讨论范围。

(一) 妥拉中的神名

名字对人的身份认定起着重要的作用,对上帝的身份认定也是如此。上帝的名字蕴含上帝的能力,将上帝的名字说出口可以表示祝福或诅咒。所以,在《出埃及记》二十章 7 节中说,"不可妄称耶和华你神的名,因为妄称耶和华名的,耶和华必不以他为无罪。"①从现代圣经学的角度审视希伯来圣经,会发现上帝命名的多样性,这主要是由于妥拉成书经历了漫长的历史,而且作为早期作品,体裁多样性是妥拉的一大显著特征。古译本的编撰者、修订者或者文士都不会去改变专有名词的形式,也不会修正译文中明显的不一致及形式间的内在矛盾之处。研究五经的学者注意到了五经中以 Elohim、Yahweh、El 等不同的名称来指代上帝的问题,②并由此而发展出不同的底

---

① 本书所用词汇"圣经"均指希伯来圣经,既基督教信仰中的《旧约》部分。虽然基督教中的天主教、基督新教和东正教在《旧约》的卷数、书目排列等方面与希伯来圣经有些微的区别,但由于目前没有以犹太教立场,为犹太人翻译的希伯来圣经中文版,所以在引用经文和对圣经文本进行考察时,本书均引用基督新教的和合本圣经。

② Joseph Blenkinsopp, *The Pentateuch: An Introduction to the First Five Books of the Bible* (New York: The Anchor Bible Reference Library, 1992), p.3.

本说。① 威尔豪森认为 J 本使用了耶和华(Jahve)这个名字,根据希伯来语的读音为 YHWH,E 本使用了埃洛希恩(Elohim)这个名字。上帝还有其他的名字在圣经中出现,伯纳德·朗(Bernhard Lang)根据希伯来文的圣经和主要的英译本圣经列举出了 40 个以色列神的称谓,②其中既有单个名词,也有组合名词的称谓方式。而耶和华和埃洛希恩这两个名字是使用最频繁的。

(二) 犹太人史料中的神名

开封犹太人翻译其他专有名词时使用异化法,但是对神名的翻译却使用归化法。他们用汉语介绍犹太教信仰时,③遇到犹太教中的专有名词,一般使用音译或音译意译混合等不同的翻译策略。④ 比如"以色列"音译为"一赐乐业"(一四八九年碑),⑤人名"摩西"和地名"西奈山"也使用了音译法。"摩西"有"也摄"(一四八九年碑)和"默舍"(一五一二年碑)两种翻译方式,"西奈山"有"昔那山"(一四八九年碑)和"西那山"(一六六三年碑)两种译法。"亚伯拉罕"音译为"阿无罗汉"(一四八九年碑、一五一二年碑、一六六三年碑),在楹联中也使用"阿罗"这种简称。可是,他们在翻译圣名时,却摒弃了音译的翻译策略,使用归化的翻译方法来命名,开封犹太人史料中没有音译上帝的

---

① 1883 年,德国圣经学者威尔豪森(Julius Wellhausen)发表了他的《以色列绪论》(*Prolegomena to the Hisory of Israel*),他以底本说为代表的来源批判(source criticism)开始走进学者的视野。20 世纪末的时候,底本说受到质疑,新的五经研究形式开始兴起,这主要是一种文学批评的理论,被称为新批评。学者将关注点放在文本本身,不再关注写作的背景,作者的意图,他们认为这些可以被获悉,也可以从文本信息中推测出来,这也是一些文学理论学派,如形式主义、结构主义、解构主义学派的特点,他们对新旧约的研究已经影响了几十年的时间。参见 Blenkinsopp, *The Pentateuch*, p. viii。

② Berhand Lang, *The Hebrew God: Portrait of an Ancient Deity* (New Haven and London: Yale University Press, 2002), pp. 259 - 264.

③ 由于开封犹太人不止同化于汉人,也包括周边的回族、满族等,所以希伯来圣经的翻译文本应该包括汉语、回语和满语等。开封犹太人没有翻译妥拉,这可能跟他们的宗教生活方式有关。这可以从《可兰经》翻译中得到启发。在中国穆斯林的宗教生活中,他们重视诵读而忽视对经文汉译的理解,所以中国很久没有汉语或其他民族语文的译本问世。在 17 世纪初到 18 世纪上半叶,中国穆斯林学者从事一些翻译活动,主要是节译或意译的方式进行。

④ 此处的"音译意译混合"指的是在音译部分发音之后,用汉语翻译剩余部分的内容。

⑤ 浦安迪(Andrew Plaks)认为他们不是随意转译成这四个字的,而是有其深刻含义在里面。"赐"和"乐业"均来自一四八九年碑中"凡归其化者皆赐地以安居乐业之乡",这一译名可以理解为"一(神)赐予快乐的事业",或者"一(人,如皇帝)赐予快乐的事业",从而表明开封犹太人对朝廷的态度。参见浦安迪:《中国犹太人的儒化:开封石碑碑文释解》,第 139 页。

名,而是从中国文化中选取适当的译名使用。① 他们史料中的神名"迎合"了妥拉中神名多元化的特点,并遵循犹太传统对神名的诠释,但同时,他们的神名又具有儒家特色。

1. 史料"迎合"妥拉中上帝的命名方式

首先,开封犹太人史料继承了妥拉传统中的数量的多样化。希伯来圣经中对以色列上帝的称谓有很多,伯纳德·朗根据希伯来文版圣经和主要的英文版圣经列举了四十个以色列神的称谓。② 开封犹太人使用圣名时也没有特别强调名字的统一问题,通过对开封犹太人的圣名统计可以窥见这一圣号命名的特点。③ 虽然18世纪和19世纪的来华传教士探访开封犹太人时,对他们使用的圣名汉译做过一些粗略的统计,但是由于史料的不完整以及传教士汉语水平的限制,统计中存在某些误差。骆保禄统计开封犹太人的直接史料中的圣名时认为,除了一处"上帝"的用法之外,其他都是与"天"相关的称谓。骆保禄的统计忽略了"主""道"等其他的称谓方式。并且,他将"敬天""告天"这些动宾结构与"皇天""真天"等并列,误认为动宾结构词组也是对圣名的命名。④ 其实,"敬天""告天"体现的是天人关系中人对天的"崇敬",不能作为上帝的汉译名称。骆保禄神名统计中出现错误是由于作为外籍传教士,骆保禄的汉语水平受限,他无法区分这些类似短语间的细微区别。20世纪初,西班牙神父管宜穆(Jerome Tobar)在耶稣会士原有资料的基础上,补录了匾额和楹联,他的统计显示开封犹太人使用了十八种名称来命名信仰对象。这些名称包括"天(天主)、真天、皇天、上天、昊天、昊天上帝、皇穹、帝、

---

① 学者关于开封犹太社群的圣名汉译研究比较少,并且多集中在某一种具体的译名与犹太信仰中的对应关系上。S.K. Kim 基于传教士的史料,在博士论文中认为开封犹太人使用"天"来指称 Elohim,参见 S.K. Kim, *Strange Names of God: The Missionary Translation of the Divine Name and the Chinese Responses to Matteo Riccci's Shangti in Late Ming, 1583 - 1644.* Doctoral Dissertation, New Jersey: Princeton, 2001。浦安迪从哲学的层面探讨开封犹太人的"天"与"道"的关系,参见浦安迪:《中国犹太人的儒化:开封石碑碑文释解》,第139页。但二者没有从整体上研究开封犹太人的命名策略,以及这种策略与当时的社会环境、开封犹太人的宗教适应策略等方面的关系。

② Lang, *The Hebrew God*, pp. 259 - 264.

③ 古代圣经译者在翻译希伯来圣经不同经卷,甚至同一本书中的同一个专有名词时也会使用不同的译名(约瑟夫斯[Flavius Josephus]和杰罗姆[Jerome]的译本即是如此),但那是基于妥拉文本的翻译,开封犹太人没有翻译妥拉,而仅是在公众性资料中使用不同的称谓方式。

④ 荣振华、李渡南等编:《中国的犹太人》,第49—50页。

上帝、清真、志清无象、无相、造化、造化天、长生主、道和天道、名旦"。① 这个统计依据的来源更丰富，但是统计结果还可以更加完善。"无相""清真"分别来自匾额"教宗无相"和"清真教主"，它们呈现的是上帝的特征，而不应该是上帝的命名方式。本节圣名汉译统计数据依据 2011 年出版的《古代开封犹太人中文文献辑要与研究》，与 2005 年出版的《中国的犹太人》中的相关史料相比，对圣名的统计更加完整、准确。② 统计结果见附录一。③ 统计结果显示，开封犹太人使用的圣名数量庞大，有十七种之多。

其次，史料还迎合了妥拉传统中多元化的命名方式。由于妥拉对信仰对象的称谓多元化，再加上诗歌等行文的安排，使得妥拉中上帝的命名方式呈现多样性。希伯来语妥拉中单个专有名词的指称包括 YHWH、El（主要在《诗篇》中使用），Elohim 和 Adonai 等，组合名词的指称有 El Elion、El Shaddai 等。④ 在组合名词的指称中，一般使用 El 为中心词，加以修饰的用法。例如，上帝作为一切造物的无法企及的超越时，被称作"El Elyon"（"至高的神"），而"全能的神"被称作"El Shaddai"。⑤ 以斯拉和但以理时代，以色列人生活在偶像崇拜民族中，他们又命名为"天上的神"。⑥ 开封犹太人也使用单个专有名词命名法和组合名词命名法这两种命名方式。汉语中的单个专有名词的命名方式包括"天""道""上帝""主"等，组合名词的命名方式有"长生主""常生主""造化天""昊天""昊天上帝"等，这都体现出上帝命名方式的多元化，而且各种命名方式之间切换的方式比较随意。除了使用专有名词，如"天""道""上帝"等作为圣名的译名之外，史料还使用尊崇对象的特征指代圣名，这就使得圣名

---

① 荣振华、李渡南等编：《中国的犹太人》，第 262—263 页。关于"名旦"的出处，笔者没有找到管宜穆神父的资料来源。

② 李景文：《古代开封犹太人：中文文献辑要与研究》，北京：人民出版社，2011 年；荣振华、李渡南等：《中国的犹太人》，郑州：大象出版社，2005 年。

③ 统计研究发现圣名译名与作者、史料的书写时间等没有太大的关系，因此对开封犹太人的圣名汉译分析时未对以上要素进行区分。

④ 希伯来圣经原文中的上帝名称指代术语不只有一个含义。单个专有名词 Elohim、Elohum、YHWH、El 等都有各自的涵义。Elohum 既指独一至高的耶和华真 God，又指包含耶和华在内的所有的 gods。Elohim 强调的是神性，不是独一性。

⑤ 当然跳出翻译的角度来，转从历史语境的视角探析这几个上帝的希伯来名，我们会发现上帝的名字的产生都有历史渊源。El Elyon 是古耶路撒冷地区上帝（God of Salm）的名字，El Shaddai 由亚伯拉罕最先使用（创 17：1），体现了亚伯拉罕时期对神的命名。

⑥ Graves, "Thoughts on the Term Question", *The Chinese Recorder*, 8(1877), p.142.

名称更多样,内涵更丰富。比如,艾应奎在 1653 年所书楹联"化化无穷造化天"中的"造化天"强调创世的特征,"生生不已长生主"中的"长生主"强调信仰对象的永生的特征。李炽昌教授认为,①开封犹太人不止用一个名称来指称天,是对天作为无像之神的回应。② 同时,这种多样性也体现了中国命名系统的影响。中国人的名字不只一个,中国人有名、字、号等,道无常名,所以上帝的名字也不只有一个。并不是一个名字对应一个上帝,而是一个上帝可以有不同的名字。③

最后,从 YHWH 和 Elohim 的译名可以看出开封犹太人承继了犹太传统中神名的诠释。选用 YHWH 和 Elohim 为例主要是基于威尔豪森的底本说的分类,而且这两个圣名在希伯来圣经中非常有代表性。希伯来圣经中的 YHWH 在圣经中出现了约七千次,按照犹太教传统,自希腊化晚期以及罗马时期开始,YHWH 的名字过于神圣不能直接读出来,他们将 Adonai 的元音加在 YHWH 下面,只读元音的发音。根据耶稣会士骆保禄的记载,开封犹太人在私下使用希伯来语指称信仰对象时,会使用 Ha Shem、Adonai、Elohim 等称谓。④ 这与希伯来圣经中称谓方式相同。并且,骆保禄特别强调开封犹太人的发音与传教士相同。⑤ 开封犹太人的文献指称 YHWH 时,他们使用儒家文化中"主"或"皇天"来指代,这种命名方式与希伯来圣经传统更接近,与基督教传统(和合本)音译为"耶和华"不同。一四八九年碑的作者金钟为犹太儒生,他在碑文中说"愚惟三教,各有殿宇,尊崇其主",⑥用"主"(Adonai)的含义

---

① 李炽昌:《无像崇拜与破坏神像:圣经禁像传统在中国的诠释》,载《宗教学研究》2016 年第 1 期,第 184—191 页。

② Andre H. Plaks, "The Confucianization of the Kaifeng Jews: Interpretations of the Kaifeng Stelae Inscriptions", in *The Jews of China: Volume One: Historical and Comparative Perspectives* (ed. Jonathan Goldstein; New York: M.E. Sharpe, Inc. 1999), pp.40-41.

③ 李炽昌使用中国名号通用的原则来解释中国对上帝命名的多元化特征,参见李炽昌:《上帝的中国名字——圣经中上帝称谓的中文翻译》,载卢龙光、王立新编《圣经文学与文化:纪念朱维之百年诞辰论集》(天津:南开大学出版社,2007 年),第 52 页。

④ 荣振华、李渡南等编:《中国的犹太人》,第 60 页。他们的发音方式可能由于受波斯的影响以及与外界联系逐渐减少而有所误读,比如他们会将 Adonai 误读为 Othaoi,或 Etunoi,参见荣振华、李渡南等编:《中国的犹太人》,第 142 页。

⑤ 同上。

⑥ 关于此处"三教"的称谓,学者有不同的看法。儒教是否是宗教这一问题是中国思想史上热点,自西方传教士兴起的"礼仪之争"开始,直到 20 世纪 70 年代,儒教之争仍在继续,而且没有得出结论。李申认为,我们现在的宗教概念,在古时称为"家"(李申:《黄老、道家即道教论》,载《世界宗教研究》1999 年第 2 期,第 30 页)。但是也有学者认为明朝延续了宋明理学将儒 (转下页)

来指代信仰对象。同时,在行文中提到"一赐乐业"的"主"时,他说,"在清真,
则有一赐乐业殿,尊崇皇天。""皇天""主"都译出了 YHWH 作为专有名词的
含义。

Elohim 作为指代以色列信仰对象的专有名词,基督教圣经一般翻译为
"神"(或"上帝")。但是在开封犹太人文献中,"神"不是他们信仰的对象,却是
作为他们信仰的对立面而使用,一般与"鬼"连用,比如"不塑于形象,不诣于神
鬼,不信于邪术"(一四八九年碑),"神鬼无济,像态无祐,邪术无益"(一四八九
年碑)。这种用法与妥拉中的要求相符合,妥拉要求以色列人不可求问巫术,
"不可偏向那些交鬼的和行巫术的;不可求问他们,以致被他们玷污了。"(利
19:31)这种用法也与中国文化相符合,因为中国文化中"神"与"鬼"连用,表示
"神鬼""鬼魂",但是中国语境中"神"与人的"灵"连用,表示人的"精神",这些
都与希伯来圣经中 Elohim 的含义不同,因此,开封犹太人的圣名命名中没有
使用"神"的说法。

2. 史料中神名的儒家特色

明清时期儒生所留下的史料不可避免地会带有儒家特色,他们对上帝的
命名也体现出这一特点。儒家特色的上帝命名方式出现在公众性史料中,不
仅为开封犹太人接受,也为大众所接受。

圣名命名的儒家特色首先体现在"天"和"道"的译名上。"天"的称谓有悠
久的历史,夏商周时期以天为崇拜对象,称呼为"天"或"上帝""帝",①为众神
之长,后来也有"昊天上帝"等称谓。这些称谓后来被儒家文化吸收,并发展出
不同的内涵。天是儒家体系中经常出现的概念。孔子多次提到"天"的概念,
《论语》中共出现十八次。天在儒家体系中有不同的涵义,根据天出现的语境,
天具有五个特征,即主宰之天、造物之天、载行之天、启示之天和审判之
天,②具有三个功能,即天生人物,天监临人物,天操赏罚。③"天"在史料中既
单独使用,也以组合的形式出现,是开封犹太人使用最多的圣名。史料中的

（接上页）学看作儒教的做法,因此,明朝儒生称儒学为儒教。我认为,此处的"教"不是现代意
义上的宗教,而是用来"教化"的一门体系。本书所使用的"儒教"的称谓是开封犹太人视角中的儒
教的概念。所以后文将"孔子"与"皇天"等并列,强调教化的源头,而不是信仰对象。

①　夏周时期,"天"和"上帝"是同实异名的概念,天逐渐成为至上神的概念,成为人们崇拜和国
家祭祀的对象。参见李申:《中国儒教史》(上),上海:人民出版社,1999 年,第 11 页。

②　傅佩荣:《儒道天论发微》,北京:中华书局,2010 年,第 23—30 页。

③　罗光:《中国对天——帝的信仰(续)》,载《辅仁大学〈神学论集〉》1977 年第 31 期,第 55 页。

"天心""天命"、"天道""皇天""昊天"等圣名命名方式之间存在细微差别,强调圣名的不同特征。天作为一个上位概念,平时使用时需要区分不同的内涵。开封犹太人在使用天的概念时,各种涵义的天的概念混合出现。犹太儒生艾复生书于 1688 年的楹联"道源于天五十三卷备生天生地生人之本"中"天"出现两次,第一个"天"是宗教上的概念,表示"道"的来源,即妥拉中的"训导""律法"等;第二个"天"就不再是宗教涵义的天,而是被创造的对象,自然之天。

"道"也是开封犹太人常用的一个汉语译名,在史料中也有多重涵义。道最初是儒家的说法,在孔子看来,道就是正确行事的方法,自己不赞成的行事方式为非道或无道。① 道的来源在于天,"道之大原出于天,天不变,道亦不变"(《天人三策》),这些道被称为天道。一五一二年碑的碑文名称即为《尊崇道经寺记》,妥拉被称为"道经",犹太会堂碑称为"道经寺",开封犹太人认为所有的犹太人,都尊崇"道"(一五一二年碑)。在开封犹太人的史料中,"道"既可以指"训导""律法",如上一副楹联中的"道",也可以指抽象化的宗教概念,如碑文中"凡在天下,业是教者,靡不尊是经而崇是道也"(一五一二年碑)。所以,"道"也成为上帝的一个代称。

其次,"天"与"天子"的关系在儒家思想中是重要的一环,开封犹太人对这一关系的处理非常儒家化。碑文讲到"在儒……尊崇孔子……在清真……尊崇皇天"(一四八九年碑),将孔子与皇天处于并列的位置,使得儒教的经典来源孔子,与犹太教的经典来源皇天处于平行的位置。② 此处"皇天"一词的使用不是指信仰对象之意,而与孔子、释迦牟尼并列,强调经典的来源。③ 一四八九年碑也有类似的说法:摩西"虔心感于天心,正经一部,五十三卷,有自来矣"。此处的"天心"即是"正经"的来源。碑文在处理天与天子的关系时,也不乏祝颂皇帝的词句,如一四八九年碑中"祝颂大明皇上,德迈禹汤,圣并尧舜"。

---

① 李申:《中国儒教论》(郑州:河南人民出版社,2005 年),第 356 页。

② 儒教作为教派,教主是孔子,也是经典的来源,教义和崇奉的对象为"天地君亲师",经典为儒家六经(亦有"四书五经"以及"十三经"不同的说法),教派及传法世系即儒家的道统论,参见任继愈:《论儒教的形成》,载《中国社会科学》1980 年第 1 期,第 70 页。孔子在此处作为教主的形象出现,这与春秋时期的思想家、教育家的孔子截然不同。作为教主的孔子是经过宋明理学改造之后的孔子,参见任继愈:《论儒教的形成》,第 61 页。但是此处的教祖形象应该更强调孔子是经和道德规范的来源。

③ 但是这种将孔子与皇天并列的做法在某些基督徒看来是无法接受的,他们也无法接受将孔子与耶稣并列的做法,他们认为二者都应该尊敬,可是二者的身份不同。参见姚兴富:《耶儒对话与融合——〈教会新报〉(1868—1874)研究》(中国社会科学院博士论文,2003 年),第 31 页。

《论语》曾说"夷狄之有君,不如诸夏之亡也",即是强调认同华夏君臣关系的重要性。中国文化区别异类的标志,不是以血统,更多的是以文化认同。认同儒家文化,遵守儒家纲常伦理的族群才可以构成华夏民族的一部分。因此,开封犹太人表明"忠君"的立场,在"三纲"中强调"君"的地位。他们在会堂内竖起万岁牌,供奉当朝天子的同时,在万岁牌上方用希伯来语写着"听祷文"(Shema)("以色列啊! 你要听:耶和华——我们的上帝是独一的。")以及《诗篇》一四四篇中"为他的荣耀祝福,伟大的、英雄的和威严的众神中之神"。[①] 这种视角既避免了政治上的冲突,又表达了自己的犹太信仰。

　　最后,圣名命名的儒家特色还体现在史料对天人关系的描述上。儒家天人合一的概念与圣经中天人两分的概念截然不同。圣经传统整体上强调人与天的清晰界限,[②]但摩西通过"诚意祈祷,虔心感于天心"(一四八九年碑),神授十诫,(亚伯拉罕)"悟天人合一之旨"(一六六三年碑),"使人尽性合天"(一六六三年碑),又是非常儒家化的表达。

(三) 基督教视角观照下的犹太圣名汉译

　　圣名汉译的历史悠久,基督教视野下的圣名争论异常激烈。中国的圣名译名问题早在翻译圣经之先就已存在。基督教的一支景教在唐朝时传入使用"阿罗诃"称呼上帝,自 1583 年利玛窦来华以来,圣名翻译成为困扰在华传教士的问题,利玛窦与龙华民(Nicholas Longobardi)对从经学或注疏学角度翻译圣名存在异见,[③]最后由 1740 年教廷裁决使用"天主"这一称谓。1807 年基督新教传教士马礼逊(Robert Morrison)来华之后,英美传教士因为教派之争而对圣名译名有不同的看法,他们基于中国本土文化中是否有关于上帝的知识而产生两种不同的译名系统。美国浸信会传教士对中国传统文化持排斥的态度,故而使用"神"的译名,英国伦敦传道会传教士认为中国文化中本来就包含最高真理,故而使用中国文化中固有的"上帝"译名。[④] 由于圣经中上帝的称

---

①　荣振华、李渡南等编:《中国的犹太人》,第 109,124 页。

②　但在某些章节又有含糊不明之处,如《创世记》十八章中向亚伯拉罕显现的使者以人的形象出现。

③　曾庆豹:《明末天主教的译名之争与政治神学》,载《道风:基督教文化评论》2013 年第 38 期,第 122 页。

④　李炽昌:《圣号论衡:晚晴〈万国公报〉基督教"圣号争论"文献汇编》,上海:上海古籍出版社,2008 年,第 13—14 页。另参见 Irene Eber, *The Bible in Modern China, The Literary and Intellectual Impact* (Nettetal, Germany: Distribution, Steyler Verlag, 1999), pp.135 –(转下页)

谓很多，他们在汉译圣名时也会使用音译法异化翻译某些圣名，比如天主教将 YHWH 音译为"雅威"（思高本），新教徒音译为"耶和华"（和合本），或者"上主"（现代圣经译本）。但是圣名汉译不单纯是一个翻译问题，它更是一个神学和政治问题，反映出译者对于宗教多元化的神学立场和对"他者"所持的文化态度。[①]

与基督教的"译名之争"相比，开封犹太人的圣名汉译没有遇到这些问题，他们没有为上帝固定某一译名，而是使用中国文化中的多个既有概念进行命名。虽然他们与基督徒一样，是在多神教语境下为一神命名，但他们的圣号命名没有受到西方传教士的影响，他们没有像基督徒一样固定中国文化中的"上帝"或"神"等译名作为圣名的专有译名，并以此圣名与其他教派区别开来。他们援引中国儒家经典或文化中多个既有概念为信仰对象进行命名。开封犹太人没有出现圣名汉译的困扰，这与基督教神名翻译有很大的不同，犹耶圣号命名中的差异性既根源于两种宗教的差异性，也反映出中国语境中二者身份认同的区别。下文将从"一神主义"与"一神信仰"的差异，外传性质的差异，身份认同的差异，有无教派之争以及文化强弱对比等五个方面进行分析。

1. "一神主义"与"一神信仰"的差异

基督教排他的"一神主义"与犹太教兼容的"一神信仰"在很大程度上决定了圣名汉译的数量和命名方式。虽然基督教中的天主教传入中国初期，强调中国文化中也有上帝的信仰，但是基督教作为绝对一神论（radical monotheism）宗教，天主教传教士将中国儒家视为"有限的伦理"，[②]将"三教"的神性特征祛除，转而从文化、伦理甚至律法的角度诠释其他宗教信仰。他们

（接上页）161; Eber, *The Jewish Bishop and the Chinese Bible*, pp.199-233。学者注意到了圣名汉译的问题，并对基督教不同派别以及不同时期的命名方式进行研究。这既包括对天主教的"译名之争"(Term Question)的研究，也包括对基督新教教派的译名研究。1840 年开始，基督新教传教士面对上帝的译名问题，最终确立了两个译名：神和上帝。学者也关注晚清基于中国受众对译名接受在《万国公报》上的论战，也注意考察某一词汇的源流。李炽昌教授探讨了在亚洲语境下基督教上帝命名的问题，他指出"译名之争"的根源在于西方传教士和学者秉持的 God 只有一个统一的概念和名称的假定，在亚洲多元宗教文化存在的语境下，God 的名字不应该是统一和固定的。这一论述解释了亚洲语境下的 God 多元命名的现象，并指出了基督教寻找绝对真理这一根本原因，这一论述为研究开封犹太社群的圣号命名提供了思路。

① 李炽昌：《在亚洲命名 God——多种文化处境中的跨文本阅读》，载《跨文本阅读——〈希伯来圣经〉诠释》，第 109 页。

② 李天纲：《跨文化的诠释：经学与神学的相遇》，北京：新星出版社，2007 年，第 65 页。

没有从神学的角度平等看待不同的宗教派别,达成"一神"与"多神"的调和,①反而有针对性地批判佛教,采取"补儒易佛"的策略,从文化伦理的角度对儒家进行诠释。他们基于一神论,强调圣名的唯一性,从 1632 年到 1740 年,天主教内部展开神的译名之争,最终确立了"天主"的译名。

反观之,犹太人的"一神信仰"使得他们在犹太教的信仰对象之外,承认其他信仰的存在。犹太儒生虽然也引用儒家经典中的名号为信仰对象命名,但是他们却承认儒家之外的佛教、道教等信仰,对其他三教持一视同仁的态度,这也与当时的"三教合一"思想相符合。具有宗教兼容性的"一神信仰"对圣号命名的影响主要体现在犹太人圣号汉译的模糊性上,具体体现在圣号汉译的一词多义性以及指称切换的随意性上。一方面,开封犹太人在使用同一个译名时,所指代的内涵是不固定的。以"天"和"道"为例。犹太儒生艾复生书于 1688 年的楹联"道源于天五十三卷备生天生地生人之本"中"天"出现两次,第一个"天"是宗教上的概念,表示"道"的来源;第二个"天"就不再是宗教涵义的天,而是被创造的对象,自然之天。"道"既可以指"训导"、"律法",如上一副楹联中的"道",也可以指抽象化的宗教概念,如碑文中"凡在天下,业是教者,靡不尊是经而崇是道也"(《尊崇道经寺记》)。另一方面,开封犹太人对圣号的切换非常随意。虽然不同译名强调不同的特征,比如艾应奎在 1653 年所书楹联"化化无穷造化天"中的"造化天"强调创世的特征,"生生不已长生主"中的"长生主"强调信仰对象的永生,但在使用时对此却没有区分。有学者认为,开封犹太人现存资料中不止用一个名称来指称天,是对天作为无像之神②的回应③。同时,他们的命名方式也受到中国命名体系的影响。中国人的名字不是只有一个,有名有号,所以上帝的名字也不只有一个,并不是一个名字对应一个上帝,而是一个上帝可以有不同的名字。④

---

① 纪建勋:《论"利玛窦规矩"对"沙勿略"方针的承嗣与开新》,《基督教学术》2015 年第 14 辑,第 73 页。

② 关于无像之神的论述,参见李炽昌:《无像崇拜与破坏神像:圣经禁像传统在中国的诠释》,载《宗教学研究》2016 年第 1 期,第 184—191 页。

③ Andre H. Plaks, "The Confucianization of the Kaifeng Jews: Interpretations of the Kaifeng Stelae Inscriptions", in *The Jews of China: Volume One: Historical and Comparative Perspectives*, pp. 40 - 41.

④ 李炽昌使用中国名号通用的原则来解释中国对上帝命名的多元化特征,参见李炽昌:《上帝的中国名字——圣经中上帝称谓的中文翻译》,载卢龙光、王立新主编《圣经文学与文化:纪念朱维之百年诞辰论集》,第 52 页。

2. 外传性质的差异

基督教作为外传宗教督促传教士寻找最容易接受的译名进行传教，而犹太教重"行"轻"理"的教义既没有传教的需要，也没有对"名"的汉译要求。

在华耶稣会传教士为圣号命名时需要考虑多神语境中信众的接受度，寻找适合传教对象接受的译名。因此，确定统一译名以及从本土文化中甄选汉语译名都是为传教考虑，易于异教徒理解和接受。

然而，犹太教在中国没有传教的义务，他们书写碑文的目的也不是作为传教的手段。[1] 作为伦理一神教（ethical monotheism），犹太教信仰一神，不干涉其他人的宗教信仰。犹太教是注重"行"的宗教，根据碑文记载，他们认为"人与日用之间，不可顷刻而忘乎天"（一四八九年碑），信仰体现于日常之中，他们有"每月之祭四日斋"、"四季之时七日戒"（一四八九年碑）的礼仪，他们认为犹太教的信仰"不外于五伦"（一四八九年碑），强调"礼"与"祭"，因此不关注名的争辩，并且没有为信仰对象固定圣名，也没有限定圣名的内涵。儒家文化以多种方式称呼最高实体，因此为了迎合儒家文化，开封犹太人的史料更多的是从儒家文化借鉴称呼。

3. 身份认同的差异

来华传教士即使旅居中国多年，仍然是外国人的身份，但是开封犹太人在社团形成时期已经在中国生活很多世代，参加科举考试，参与政治、经济文化生活，形成了中国身份认同。

西方传教士来华传教和其他宗教传统融入中国是两种截然不同的现象，明朝传教士的根基在国外，他们不必成为中国人，因此他们对待中国文化的态度不是加入中国文化，而是秉持"中学西源"说，认为中国文化的基本内容来自西方，中国的三教是西方哲学和基督教教义的变种。[2] 无论是"合儒"还是"补儒"的政策，他们最终的目的是要"超儒"。他们的出发点是论证耶稣基督的合理性，孔孟只是工具而已。[3] 虽然他们有时会披着儒家的外衣，但核心却是基督教的。

---

[1] 开封犹太人汉语文献的写作目的一方面是遵循中国文化传统在寺庙前立碑，追溯会堂历史，另一方面是向大众介绍犹太教宗教历史、教义等。而在社团内部，他们使用希伯来语称谓圣名，他们的宗教信仰无关圣名汉译的问题。

[2] 李天纲：《跨文化的诠释：经学与神学的相遇》，第 54 页。

[3] 同上书，第 65 页。

犹太人则已经在政治和文化上认同中国。和历史上传入中国的其他宗教一样,犹太人在很大程度上与母国切断了联系,他们在中国长期居住,需要与中国文化长期共存。虽然,在犹太商人往来中国与中亚腹地的初期,犹太文化还不能算作中国文化传统的一部分,但是在中国漫长历史中,开封犹太人都是被纳入正统统治之下,虽然地位稍有不同。他们在蒙元时期属于等级较高的色目人,汉明时期又积极参政,其民族主义思想逐渐淡化,取而代之的是与统治者保持政治上的一致性,对王权的效忠,国家的主流文化成为他们尊崇的文化。同时,犹太人参加科举考试,形成儒家文化认同。他们遵循中国古代社会"学而优则仕"的观念,所以"求观今日,若进取科目而显亲扬名者有之"(1512年碑),这些儒生在书写对外介绍信仰的史料时会采用儒家词汇表达犹太信仰,这是他们信仰的自然流露。

4. 教派之争的差异性

基督教教派之争的复杂性导致圣名的汉译不只是神学与翻译问题,更是政治问题。基督教中的圣名之争更多的是来自西方传教士的国籍及宗派之争,因此,上帝、神、天主各种译法的不同反映出基督新教的派别及天主教的传教策略及势力消长。犹太教在华的发展不受外部势力的影响,并且在华犹太人人数少,没有发展出不同的教派,因此没有教派间关于译名的争论。

5. 文化强弱对比差异

基督教在文化上的强势地位使得某些传教士的译名政策没有顾及中国文化。西方文化依托西方先进的科学技术,成为与中国相对的强势文化,利玛窦持有"中学西源说",认为中国文化的源头在西方。美国传教士甚至认为中国文化中没有与基督教的至高者相一致的概念,他们要引入一种全新的信仰方式,全然改变中国的信仰,因此使用"神"进行圣名翻译,体现出一种文化霸权。① 开封犹太人碑文写作时期在传教士来华的四百二十年前,当时中国国力相对强盛,犹太文化与中国文化相比处于相对弱势的地位,因此他们在译介自己的宗教信仰时,需要附和主流文化,从中国文化体系中找到上帝的对应说法,希望犹太信仰可以为外界理解和接受。

基督教受希腊哲学的影响,有寻找真理的传统,因此在圣名翻译方面,也

① 李炽昌:《上帝的中国名字——圣经中上帝称谓的中文翻译》,第53页。

倾向于寻找唯一正确的译名。比如,《出埃及记》三章 10 节译为"I am who I am"或者"I will be what I will be"(和合本:"我是自有永有的。")显示出基督教受希腊哲学的影响。詹姆斯·梅伦伯格(James Muilenburg)认为,这种非常哲学化的译名是错的,因为希伯来人当时不会有这样哲学性的思考,他们认为上帝是行动的、活着的上帝,所以应该翻译为"我使一切发生"。① 在中国的语境中,开封犹太人不会提出确定神的译名的问题,因为"真理之问"不是儒家的特色,只是"基督教中心论"影响下的思维方式而已。只要能够讲明教义和宗教礼仪,就已经向外界宣告了犹太教,达到了立碑的目的。因此,开封犹太人不需要纠结译名的问题。

(四) 犹太圣名形成原因探析

开封犹太人圣名命名中的多样性、模糊性及儒家特色,也可从犹太教的特点、儒家文化的影响及当时的社会状况的角度进行分析。

第一,犹太教重"行"轻"理"的教义。犹太教是注重"行"的宗教,即使中世纪迈蒙尼德(Maimonides)将犹太信仰梳理为十三条,这种教理的影响仍有限,犹太人的宗教中心仍是日常行为,开封犹太人也是如此。一四八九年碑记载,"人与日用之间,不可顷刻而忘乎天",他们有"每月之祭四日斋""四季之时七日戒"(一四八九年碑)的礼仪,他们认为犹太教的信仰"不外于五伦"(一四八九年碑),强调"礼"与"祭",因此不关注这种名的争辩,没有为信仰对象确定一个圣名,也没有限定圣名的内涵。

第二,儒家文化的影响。犹太人当时"求观今日,若进取科目而显亲扬名者有之"(一五一二年碑),这些犹太儒生在书写对外介绍信仰的史料时采用儒家词汇表达犹太信仰,可以看作犹太信仰的自然表达。同时,部分史料或者由汉人儒生代书,或者由汉人儒生馈赠,也带有明显的儒家文化的痕迹。碑文中写道,"生者自生,化者自化"(一四八九年碑),从这句套用儒家经典的诗句可以想见碑文中对造物神的看法完全是儒家的,并且特别受到宋儒的影响,程氏兄弟即认为上帝是自然而然的天理。② 作为宗教的儒家和犹太教之间有很多相似之处,其中之一即是"他们有一位至上神"。③ 儒家的这位至上神在中国

---

① James Muilenburg, "The Old Testament and the Christian Church", in *Christianity and Chinese Religions* 3(1959), p.1.

② 李申:《中国儒教论》,第 442 页。

③ 同上书,第 48 页。

历史中有不同的称谓:上帝、天、昊天上帝、皇天上帝,等等。① 因此,接受系统儒家教育的儒生在指称妥拉中神时,也使用儒家文化中不同的称谓方式。

第三,"三教合一"思想的影响。② 三教合一观点在中国有很深的历史渊源,不同朝代具有差异性。唐代的三教鼎立和三教融合是三教立足本教,充实发展本教思想的时期,然而三教间并未融合。宋元之前的三教合一强调三教在道德教化方面的一致性,但是没有三教义理方面的融合。宋朝的三教合一体现在教义上的互相借鉴、互相补充,形成了以儒为主,佛道为辅的"三教合一"局面。儒学在与佛道的互相排斥、冲突中形成了宋学。③ 碑文写作的明清时期的三教合一是以儒家为主,佛道为辅的构架,三者结合在一起,形成中国社会的道德体系。宋明时期的宗教氛围非常浓厚,很多"民间宗教"涌现,比如明教、罗教、摩尼教、天理教、白莲教等。碑文写作时期,三教合一思想盛行,④民间信仰中"三圣合庙"的现象很普遍,⑤不仅出现了林兆恩创建的"三一教",意图使三教归儒;佛道也提倡三教合一,向儒教靠拢争取自身的合法地位。⑥ 精英阶层对三教合流进行了理论探讨,明清儒者称为"会通"。⑦ 明清时期的民间宗教"不以某一教为尊,而是采用三教合一的理念"。⑧ 人们要么三教共信,要么偏信一教或二教,三教间的边际模糊。⑨ 民间信仰中包含儒、佛、道中的许多共同因素,这些共同因素是自然存在的,并非融合后才形成的。明清时期,儒释道三圣常常被供奉于一处,这种现象在佛寺或道观最为普遍,当然这一做法在儒家内部有不同的意见。有的名儒反对将孔子与释老并列,认为释老这些异端不可与孔子相提并论。⑩ 儒家是非常外延型的宗教,儒学以

① "昊天上帝"一直是上帝的名称,后来明代嘉靖年间改为"皇天上帝",一直沿用到清代,参见李申:《中国儒教论》,第70—71页。

② Jordan Paper 认为三教的概念是传教士为了传教的目的而杜撰出来,参见 Jordan Paper, *The Theology of the Chinese Jews, 1000 - 1850* (Waterloo, Ont.: Wilfrid Laurier University Press, 2012), p.39。笔者认为这种看法不对,因为在碑文中已经出现三教的名称,这是远在传教士之前。

③ 漆侠:《宋学的发展和演变》,石家庄:河北人民出版社,2002年,第140页。

④ 李天纲:《金泽:江南民间祭祀探源》,第358页。

⑤ 同上。

⑥ 李申:《中国儒教史》(下),上海:人民出版社,2000年,第791页。

⑦ 李天纲:《金泽:江南民间祭祀探源》,第361页。

⑧ 刘平:《明清民间宗教之"三才"思想研究》,载《宗教哲学》2016年第76期,第37页。

⑨ 牟钟鉴:《儒道佛三教关系简明通史》:北京:人民出版社,2018年,第394页。

⑩ 肖来:《明代文庙从祀研究》,云南大学硕士论文,2016年,第46页。

开放的态度接受其他的教派,所有的人,不分民族、种族,都可以信仰儒教,践行儒家的生活方式,所以出现儒生同时研习其他教派的做法。开封犹太人的史料中虽然没有很明显的三教合一的思想,但一四八九年碑写道,"愚惟三教,各有殿宇,尊崇其主。"他们认为三教相分但是又相通,三教的地位是平等的,都承载着真理,只是表现的形式不同,以此演化出开封犹太人的一赐乐业教与三教间的平等关系。三教之"主"从而有自己的名字,儒教的孔子,释的尼牟,道教的三清,因此犹太教有皇天。祭祀、斋戒、冠婚死葬等制度都依据儒家而来(一六六三年碑)。佛教、基督教都附儒,但是他们之间互相指摘,认为自己是正统。犹太教没有与佛教发生冲突,犹太人承认三教的客观存在,承认"三教平等",并在儒释道之外加上清真(犹太教)(一四八九年碑),而这种努力向儒家靠拢的做法,正是佛教传入中国初期的做法,基督教传入中国初期也是如此。明代以来,儒释道之间的斗争没有以前那样激烈。开封犹太人承认诸教和谐的关系的论述是在这种平和的环境中展开的,儒家士大夫也积极回应,显示出他们之间融洽的关系。

犹太人此处的"教"的概念,不是西方话语体系中的"宗教",更多的是"教化"之意,强调"四教"在社会道德功能上的相似性,而规避了讨论至高者存在等形而上的问题。使用"天"为圣名也显示出中国宗教的影响,因为无论儒、道、佛还是民间宗教,都有针对天的信仰和崇拜。开封犹太人在碑文中的这种本土化翻译的称谓显示出开封犹太人扎根中国土壤,形成中国特色的犹太教。

开封犹太人浸润在中国传统文化中,他们虽然没有系统地论证妥拉中的"上帝"就是儒家经典中的"天",但是史料使用直接叙述的方式默认儒家经典与妥拉中的统一性;他们十七种之多的圣名命名方式,延续了希伯来圣经中的多元化命名,同时也与中国多元的宗教文化相同,中国文化兼容并包的特征不强调上帝名字的统一性和固定化;开封犹太人对上帝的命名方式有效地结合了妥拉传统和中国文化传统,融入了儒家特色,比附儒家思想中的命名。他们这种特殊的圣号命名也有助于他们的身份建构,使得他们的命名不同于与伊斯兰教命名的"安拉",基督教命名的"天主""上帝""神"等。

开封犹太人与传教士最主要的不同体现在对待"多神宗教"和异域文化的态度上。二者虽然同属于一神教,但是开封犹太人更倾向于承认宗教多元化,秉持多元文化的立场。一神教的排外性在中国的宗教背景下不会有太多的排外性质,他们的中国特性更明显,异域的一神排外性却隐匿起来。儒家虽然有宗教性,但是它不是建制性的宗教,信徒的身份比较松散,它的约束更多体现在礼教和世俗传统上。信奉儒教的人只要不放弃履行儒教的基本义务,他们也可以信奉其他的宗教。但是传教士对待异族宗教秉持一种居高临下的态度,将他们视为"异教徒""野蛮人",并试图以自己的宗教体系去破坏"他者"的宗教系统。① 在后现代的语境中,一神论的排他性的话语受到人们的质疑。开封犹太人遵循希伯来圣经传统,在中国的语境中创造了一种在中国三教之外的另一种宗教,所以没有特别强调神的独一性,没有对绝对真理的探求,这种方式与妥拉中的方式相同,他们为一神信仰在多神信仰中的诠释提供了范例。基督一神教在翻译圣经文本时的冲突在开封犹太人的语境中自然化解。

　　开封犹太人和天主教传教士同处明朝中西方平和的文化交流语境,在不同的层面上取得了宗教传播或宗教信仰的成功,虽然圣号汉译的差异性显著,但是他们以不同的方式成功地探索出宗教本地化的路径。二者对待多神宗教、异域文化的态度、外传性质、身份认同方面的差异、教派之争以及文化力量对比等造成了圣号汉译的数量、指称方式等方面的不同。开封犹太人融入中国文化,以中华文化一份子的身份坚守自己的信仰,他们承继的希伯来圣经的传统更丰富,"一神信仰"的立场使得他们更倾向于承认宗教多元化,这与传教士对待异族宗教的排外态度截然不同。二者对待异族信仰的差异使得他们在中国语境中的遭遇大不相同,开封犹太人在遵循希伯来传统的前提下,尊重异教传统,自然融入儒家文化,没有遇到基督一神教与中国的文化冲突。虽然他们的出发点不同,思维路线有异,但是他们都与中国的多元文化展开对话,证明了"入乡随俗"宗教政策的有效性以及不同宗教间沟通的可能性,也为宗教本地化提供不同的路径,是中国汉语神学的重要组成部分。

二、 无像的上帝

　　开封犹太人的圣名命名彰显了妥拉中圣名命名的特点,虽然他们在史料中使用了中国文献中的名字,但他们保留了妥拉中的神与外邦神的一项重大区别:他们的神是无像的。

---

① 李炽昌:《在亚洲命名 God——多种文化处境中的跨文本阅读》,第110页。

（一）妥拉中神的无像传统

妥拉中神的无像性是以色列信仰与很多宗教信仰相区分的标志。世界上大多数宗教信仰的对象都是有塑像的,妥拉的神是从古代近东多神宗教中发展起来的,亚伯拉罕和先祖们最初选择耶和华作为他们的崇拜对象,但并没有排斥异邦的神为邪神,后来犹太一神信仰确立,特别是妥拉正典化之后,确立了耶和华的独一神地位,犹太教的一神与古代近东多神之间产生张力。这一无像崇拜与犹太教发源地西亚的宗教完全不同,将自身"从一般宗教世界中分离出来"。① 无像之神的崇拜与周围环境的冲突有时非常激烈。从人类学和符号学的角度来看,神像禁律是"反常的",但是关于神像禁律的意义,学者至今没有发现令人满意的解释。② 虽然先知书及申命学派的文本试图确立无像崇拜,但是希伯来人的民众信仰中有神像崇拜的做法。③

妥拉中明确规定上帝是无像的。妥拉中的诫命曾说:"不可为自己雕刻偶像,也不可做什么形象,仿佛上天、下地、和地底下、水中的百物。"(出 20:3;申 5:8)。耶和华与以色列人立约时,是从火中与以色列人说话,没有具体的形象(申 5:4),所以以色列人不可拜有形的偶像。妥拉中说,在外邦人中,"你们必侍奉人手所造成的神,就是用木石造成、不能看、不能听、不能吃、不能闻的神。"(申 4:28)妥拉对禁止拜偶像的律法规定非常严格,因为偶像是耶和华所憎恶的(申 27:15),拜偶像是神眼中为恶的事(申 4:25),上帝会"厌恶"拜偶像的人(利 26:30)。

（二）史料"迎合"无像传统

开封犹太人在偶像崇拜盛行的环境中坚持"无偶像论"。④ 开封犹太人碑文写作的时代,儒释道三教盛行,并出现"三教合一"的潮流,各种孔庙、寺院、道观竖立着琳琅满目的雕像,家庭中也供奉祖先的画像。无像之神的信仰来到中国之后一般会与中国的信仰环境产生张力,同时这种无像之神的信仰关

---

① W. Schmidt, *The Faith of the Old Testament* (Philadelphia: The Westminster Press, 1983), p. 77.

② 李炽昌:《希伯来圣经中无像的神和中国的神像宗教》,载《跨文本阅读——〈希伯来圣经〉诠释》,第 131 页。

③ 同上书,第 150 页。

④ 伊斯兰教与犹太教同为亚伯拉罕系宗教,他们同期在中国的碑文也特别强调"造物之主"的"无像"的问题,参见孙贯文:《重建礼拜寺记碑跋》,载《文物》1962 年第 8 期,第 36—39 页;余振贵、雷晓静编:《中国回族金石录》,银川:宁夏人民出版社,2001 年,第 122 页。

联到宗教容忍问题。信仰无像之神的太平天国在中国掀起了"破坏神像运动"，捣毁所看到的塑像。但是开封犹太人在这种偶像崇拜的环境中，没有因为中国的寺庙中神像林立而竖立雕像或破坏雕像，没有因为中国祭祖传统中挂祖先的画像而模仿，而是坚信神的无像性。李炽昌教授区分了"无偶像论"和"破坏偶像主义"以对二者进行研究。他强调开封犹太人可以与周围环境和平共处，是一种"无偶像论"的信仰，他们关注自己信仰的"无偶像"并在宗教实践中奉行，但是容忍别的宗教的偶像崇拜传统；而后世来华的传教士，甚至太平天国运动，都是奉行"破坏偶像主义"，抵制周围的偶像崇拜，并对皈依的信徒强烈要求破坏掉他们的雕像，从而与中国传统文化形成冲突。[①]

　　开封犹太人的"无偶像信仰"反映在他们的史料中。他们从正面强调犹太教信仰不依赖形象，"不塑乎形象"（一四八九年碑），将塑像与"神鬼""邪术"并列，认为"神鬼无济，像态无佑，邪术无益"（一四八九年碑），而后解释塑像"若夫塑之以像态，绘之以形色者，徒事虚文，惊眩耳目，此则异端之说，彼固不足尚也"（一五一二年碑）。[②] 犹太人艾复生所题写的楹联也多处提到无像的概念，如"统天地人物以为道不尚名象，合君亲师友以立教非涉虚空"以及"由阿罗而立教法宗无象，自默舍而传经道本一中"。他们的无像概念也被外教人所接受，很多汉人儒生赠送他们的匾额也以无像作为标题，如1658年的匾额"教宗无相"与1670年的匾额"无象法宗"，沈荃的楹联也写道："对太空以爇栴檀都忘名象，溯西土而抗嗜欲独守清真。"

（三）坚持无像传统的成因

　　这种无像观念深入人心，并与中国文化完美衔接，究其原因，是开封犹太人秉持的"无偶像信仰"立场使得他们坚持自己的无像传统，但并没有干涉或抵制周围民众的偶像崇拜。开封犹太人无敌意与非对抗的"无偶像论"形成的原因之一在于，犹太文化与寄居国文化的力量对比中始终处于下风，无法使强势的寄居国文化做出改变，因此只能坚持自己的信仰立场。原因之二在于，犹太教没有宗教外传的义务，因而没有皈依者带来异教中偶像崇拜的威胁，不需

---

　　① 李炽昌：《无像崇拜与破坏神像：圣经禁像传统在中国的诠释》，载《宗教学研究》2016年第1期，第189页。
　　② 这与《诗篇》中的内容非常相似："他们的偶像，是金的，银的，是人手所造的。有口却不能言，有眼却不能看。有耳却不能听。有鼻却不能闻。有手却不能摸。有脚却不能走。有喉咙也不能出声。造他的要和他一样。"（诗115:4—8）

要进行偶像破坏。原因之三在于,儒家文化具有包容性。开封犹太人在中国生活的时期与中国文化进行了友好的互动,儒家文化没有强迫外族必须进行偶像崇拜,因而开封犹太人可以自由地维持自己的信仰方式。原因之四在于,顺应了明朝时期改塑像为木主神牌的潮流。以儒家至圣孔子为例,文庙中孔子的祭祀形象有三种:墙壁上绘像,按人形的塑像以及木主神牌。明太祖朱元璋开始有改塑像为木主的主张,嘉靖年间,文庙的祭祀最终由塑像改为木主神牌。① 自宋儒开始对佛道的排斥就连绵不绝,明朝时期曾有儒释道三教之争。明朝修建文庙时,曾经裁撤佛寺。佛教的塑像习俗也在被排挤之列。名儒顾应祥曾说:"孔子塑像,不知起于何时,议者咸谓中国无塑像,塑像起于释老。"②虽然这种改塑像为神牌的主张与开封犹太人的无像信仰原因不同,③但是开封犹太人的无像信仰在客观上顺应了这一潮流,所以开封犹太人的无像崇拜没有受到儒家的抵制和排斥。

本小节从妥拉传统对读的角度探讨了开封犹太人在汉语中对上帝的命名以及他们对"无像"崇拜的坚持,表明开封犹太人在中国语境中对犹太核心信仰的坚持。妥拉中上帝命名的多样性与儒家文化语境相符,开封犹太人也选用儒家文化中的多种方式为上帝命名。开封犹太人同时将"无像"的信仰贯彻始终,即使在中国圣像崇拜的大背景下仍然可以坚持无像崇拜,这是对妥拉传统中无像的上帝信仰的承继。他们的犹太性也通过上帝的命名和无像崇拜彰显出来。

第二节 史料"迎合"妥拉中的尊经释经传统

妥拉,开封犹太人称作"正经"(一四八九年碑)、"道经"(一五一二年碑,一六六三年碑)、"全经"(一六六三年碑)。据碑文记载,他们使用的道经共五十三卷,④由"正教祖师"摩西于西奈山求得(一四八九年碑),开封犹太人

---

① 明朝改塑像为神牌的做法经历了多个朝代才终于促成,中间经历过塑像与神牌并存的局面。

② 顾应祥:《静虚斋惜阴录》卷十一《杂论二》,载《北京图书馆古籍珍本丛刊》64,北京:书目文献出版社,2000 年,第 136 页。

③ 明朝改塑像为神牌,更多是源自纠正前朝遗留的政治目的,将塑像作为"胡风"(元朝的做法)加以清除。

④ 一般来说,妥拉分为五十四卷,这种五十三卷的划分方式是受到波斯犹太人的影响。

抄录"道经一十三部"(一六六三年碑)。他们将道经供奉在会堂,其中十二部奉献给十二位先祖,另外的一部奉献给摩西。碑文记载这部经再传至"正教祖师"以斯拉,以斯拉向民众诠释妥拉,教导犹太人遵守。妥拉在犹太教中的重要性在前文介绍妥拉作为对读文本的有效性时已有论述,此处不再赘述。开封犹太人尊经、读经及释经的热忱在儒家文化尊经的氛围下更是浓厚。

一、 妥拉中的尊经及释经传统

犹太教有悠久的尊经、读经及释经传统。犹太人将诵读妥拉作为宗教仪式的重要内容。犹太人经常诵读妥拉经卷。公元前 398 年,以斯拉向民众宣读摩西的律法(尼 8:8),可以推测,那个时候摩西五经或者至少是摩西律法已经成书,从在公众场合读经和释经可以看出以色列人对律法的坚守。以色列人的读经传统渗透到日常生活中,并以律法的形式规定下来。13 世纪时,拉比犹太教规定从住棚节过后的第一天开始读妥拉,每个安息日诵读一个分章,在住棚节当天正好读完上一年的最后一个分章。拉比犹太教还规定了特别节期和节日的读经分章。在此之前,犹太教即有每个安息日和特殊节期攻读妥拉的习俗。按照一年五十四周的分法,每周读一个分章,所以妥拉被分为五十四卷,以供闰年每周诵读。平年只有五十二个周,所以有些短的分章被合并诵读,以保证一年内读完。妥拉之外的其他经典也在特殊的节日中诵读。律法渗透到日常生活的方方面面,民众用律法指导生活。

二、 开封犹太人的尊经及释经传统

开封犹太人的尊经主要体现在守护妥拉经卷上。他们认为会堂中必须有经卷,"寺不可无典守者"(一四八九年碑),经文写在特大幅的羊皮纸上,不加标点,[①]装订成册,保存在至圣所中。虽然犹太会堂几经天灾人祸,道经也遭遇不测,但终在信徒的努力下抄录,保存下来。按照犹太信仰,"卖经如卖了主一样",[②]所以,西方传教士最初购买妥拉经卷未果。后来社群没落,犹太人才

---

① 这些至圣所中的书卷不加标点,犹太人解释是因为原本的摩西五经就是不加标点的。后来加标点是为了后人的朗读,他们个人手中的读经是加了标点以代替元音的。这样更方便人们的诵读。参见荣振华、李渡南等编:《中国的犹太人》,第 46 页。

② 荣振华、李渡南等编:《中国的犹太人》,第 113 页。

开始售卖妥拉经卷。一四八九年碑记载,15 世纪会堂"道经三部",后"取宁波本教道经一部"。万历年间(1573—1620),会堂遭遇大火,[①]会堂被毁,除了一部妥拉经卷之外,经卷全部被毁,随后他们将道经抄录,重新供奉于会堂中。1642 年开封遭遇洪水,[②]此次洪水是由于李自成起义军围困开封,作为军事手段而掘开黄河大堤。洪水过后,教众仅余二百余家,他们从会堂中取经书,后来考订全经一部,将道经"奉入尊经龛之中"(一六六三年碑)。除了妥拉之外,他们还有其他的经书,被称作"方经"、"散经"等,一六六三年碑记载他们持有"方经、散经各数十册"。"方经"是妥拉部分内容的抄录,"散经"是律法、祈祷文等材料。除了妥拉之外,他们还保有其他的希伯来经卷。戴进贤在《开封府犹太教圣经小志》中认为,开封犹太人保存有《马加比书》两卷,诵读此经与其他诸经同一。[③]

他们热心守护经卷,外人来访时也不轻易将经卷示人。西方基督教传教士曾经为了查阅或购买开封犹太人的经书多次到访开封,希望证实这支与外界隔绝的犹太人所使用的经书是没有被恶意篡改的原文,从而解释疑惑,解决争端。[④] 但是开封犹太人尊崇道经,不轻易领外人去看。1613 年,艾儒略(Giulio Aleni, 1582—1649)去"礼拜寺"时,引领者不肯将道经示他。到后来,开封犹太社群才慢慢将妥拉示人。1608 年,耶稣会士徐必登(Antonio Leitao)曾带回摩西五经首尾几节的抄本,抄本中的希伯来文没有母音符号,证明它确是古本。[⑤] 道经内容与通行经书无异。后来更多的传教士赴开封追寻古经,或者去查阅、抄录,或者购买经卷。[⑥]

开封犹太人曾经用"道经"为会堂命名,以此作为他们与伊斯兰教相区分的标志。在外界看来,犹太人和伊斯兰教徒都是"回回",他们之间的区别特别

①　同上书,第 166 页。精确的年份可能是 1619 年。
②　"明末崇祯十五年壬午……汴没于水。汴没而寺因以废,寺废而经亦荡于洪波巨流之中。"(一六六三年碑)
③　邹振环:《明清之际耶稣会士对犹太人古经古教的追寻》,第 88 页。
④　骆保禄等:《关于开封一赐乐业教之吉光片羽》,载徐宗泽:《中国天主教传教史概论》,上海:上海书店出版社,2010 年,第 17—48 页。
⑤　利玛窦、金尼阁:《利玛窦中国札记》,何高济译,北京:中华书局,1983 年,第 159 页。
⑥　关于经卷的历史,参见李景文:《古代开封犹太族裔经书存失之考察》,载《周口师范高等专科学校学报》1999 年第 1 期,第 75—77 页;Michael Pollak, *The Torah Scrolls of the Chinese Jews: The History, Significance and Present Whereabout of the Sifrei Torah of the Defunct Jewish Community of Kaifeng*, Dallas: Bridwell Library, Southern Methodist University, 1975。

小,他们都每周做礼拜,不吃猪肉,戴着帽子,最明显的区分是帽子的颜色不同,因此,外界以"蓝帽回回"称呼犹太人,以"白帽回回"称呼伊斯兰教徒。1512年开封犹太人重建会堂时,犹太人为了与伊斯兰教的清真寺相区分,将犹太会堂称为"尊崇道经寺",他们在碑文中说"尊崇(道经)如天"(一五一二年碑),由此可见道经的重要位置。

开封犹太人也遵循犹太教的读经传统。传教士记载,开封犹太人每逢安息日读一段经书。他们从至圣所中取出经卷,头戴面纱,在会堂诵读。读经来自上帝的要求:"这律法书不可离开你的口,总要昼夜思想,好使你谨守遵行这书上所写的一切话。"(书1:8)开封犹太人认为经文需要诵读,"诵者易晓"(一六六三年碑)。

开封犹太人有专门的人释经。为了使每位犹太人都能明白经文的内容,他们聘请了十四位"正经熟晓,劝人为善"的"满剌"(一四八九年碑)给教徒讲经,"经有真谛,解者不敢参以支离;经自易简,解者不敢杂以繁难"(一六六三年碑),所以"凡在天下,业是教者,靡不尊是经而崇是道也"(一五一二年碑)。一六六三年碑写道:"无一人不可见道,则无一人不知尊经矣。"尊经的传统世代流传:"其与圣祖制经之义,祖宗尊经之故,虽上下数千百年,如在一日。"(一六六三年碑)犹太人赵氏兄弟曾对道经做过介绍,如赵映乘的《圣经纪变》(一六六三年碑)以及赵映斗《明道序》十章,但均已遗失。由于犹太人没有将妥拉译成寄居国语言的传统,[①]因此开封犹太人没有将妥拉译成汉语,他们使用的道经是希伯来原文,开封犹太人也没有关于妥拉的诠释性著作流传,但碑文中的记载体现出他们对希伯来圣经的诠释。他们认为道经和道是互相依存的关系:"道匪经无以存,经匪道无以行。使其无经,则道无载。"(一五一二年碑)

三、 原因探析

开封犹太人的尊经及释经传统既承袭了犹太教的传统,也与儒家传统相一致。儒学的基础是儒经,[②]儒经是圣人所著,传达天意的书。对儒经的注疏

---

① 但是历史上犹太人也会因为各种原因将妥拉译成其他国的语言,比如最早的希腊文的"七十士子"译本,后来其他语言的译本等。

② 李申:《中国儒教论》,第317页。

是贤士的著作,是圣贤传达圣人之意的书。[1] 儒学即是对儒经的诠释。儒家奉"四书""五经"为经典,经后世注疏,形成儒学经学传统,成为儒学发展的经典依据。孔子整理五经(《诗经》《尚书》、"三礼"、《周易》《乐经》)而著《春秋》,确定了五经文本,以及释经原则。宋儒朱熹汇集《论语》《孟子》,并从《礼记》中摘出《大学》《中庸》两篇,形成"四书","四书"日益成为儒家经典。而后随着注疏传统的进一步发展,形成"十三经"。[2] 虽然诸子也有自己的经书,但是远没有儒家经典的地位,儒家经典是儒生信奉的真理。犹太教尊经的传统由教徒抄写妥拉可见一斑。根据贤哲的解释,这是说每个以色列人都要有抄写妥拉经卷的义务。为了完成这一义务,以色列人可以自己抄写经卷,可以找专业的抄经人来抄写(Sofer),也可以为这个社群买一个经卷。

开封犹太人的这种尊经、读经及释经的传统来自对妥拉传统的承继,他们在宗教仪式中使用的都是希伯来语或波斯语,但是碑文中的记载也可以看出他们的这些传统。

第三节   史料承继妥拉中的祖师形象

妥拉的叙事从上帝创世讲起,到进入迦南之前结束,历史绵长,人物众多,除去上帝作为历史的主角之外,妥拉中还有很多重要的人物,这些人物在开封犹太人的史料中以人物谱系的方式重现,这种人物谱系呈现方式既与拉比传统相似,又与中国儒家的道统相符。开封犹太人史料中的重要人物包括人类的始祖亚当、女娲,[3]洪水叙事中的挪亚,三先祖亚伯拉罕、以撒和雅各,[4]接受诫命的摩西,传承诫命的亚伦、约书亚,[5]以及使律法重新回归民众的以斯拉。拉比犹太教经典《阿伯特》也以族谱的方式述说妥拉的传承,这种诉说方式与儒家的道统观点相似。《阿伯特》记载:"《妥拉》,摩西受自西奈,传之于约书

---

①　李申:《中国儒教论》,第 48 页。

②　十三经包括《周易》《尚书》《诗经》《论语》《孟子》《孝经》《尔雅》《仪礼》《周礼》《礼记》《左传》《公羊传》《穀梁传》。

③　在一五一二年碑文中女娲首次被提到,另参见一六六三年碑和楹联("自女娲嬗化以来西竺钟灵求生天生地生人之本,由阿罗开宗而后中华衍教得学儒学释学道之全")。但是非常重要的第一通碑文一四八九年碑没有提及。

④　以撒、雅各仅在一五一二年碑中提及。

⑤　亚伦、约书亚仅在一五一二年碑中提及。

亚,约书亚传众长老,众长老传众先知,众先知则传之与大议会众成员。"[①]韩愈《原道》中提出:"尧以是传之舜,舜以是传之禹,禹以是传之汤,汤以是传之文、武、周公,文、武、周公传之孔子,孔子传之孟轲,轲之死不得其传焉。"[②]这种道统的观点在之后贯穿在儒学发展的历史之中。儒家尧舜周孔相传的谱系在开封犹太人的史料中变成了从亚当到以斯拉的谱系,可以看出开封犹太人对拉比犹太教传统的传承,但是又与拉比犹太教传统不完全一致,他们在这种谱系书写中融入了儒家传统的因素。

开封犹太人的谱系与儒家传统的谱系也有些微的差别。儒家传统中圣人、祖先都成为崇拜的"神鬼",但是开封犹太人并没有这样看待亚伯拉罕、摩西等人物,他们特别强调了"神鬼无济",这种把神鬼排除在外的思想,虽然不合儒家,但是符合妥拉传统。

开封犹太人史料中对诸多人物的着墨不同。史料对摩西的描写最为详细,且与妥拉中的形象差别最大,亚当和挪亚的写作以中国文化中的盘古和女娲的形象进行比附,因此将放在下一个章节,探讨史料对妥拉处境化处理的论述中进行的分析。本章主要分析史料中所承继的立教祖师的形象:亚伯拉罕和以斯拉。其他的人物如以撒、雅各、亚伦和约书亚只是在一五一二年碑中有所提及,但没有做详细描述,也没有与中国文化中的人物作对照,本章也不作探讨。

一、"立教祖师"亚伯拉罕形象重现

亚伯拉罕作为族长,在开封犹太人的叙事中作为"立教祖师"而出现。此处对亚伯拉罕的研究,是从经的角度,而不是从史的角度考察。不是从两河流域的历史、考古等角度来探讨亚伯拉罕的真实性的问题,而是从宗教的角度,从犹太人对亚伯拉罕的记忆的角度,以正典化后的五经文本中《创世记》11:26—25:12为文本基础,来看亚伯拉罕的身份以及与神的关系的问题。亚伯拉罕的地位主要体现在他是以色列的信仰创立者和以色列民族的第一人。

(一) 妥拉中的亚伯拉罕形象

亚伯拉罕是以色列宗教的创立者。妥拉中,耶和华被称为"亚伯拉罕的

---

① 阿丁·施坦泽兹(Adin Steinsaltz)诠释:《阿伯特:犹太智慧书》,张平译,北京:中国社会科学出版社,1996 年,第 13 页。

② 韩愈:《韩愈选集》,孙昌武选注,上海:上海古籍出版社,2013 年,第 261—262 页。

神"（创 24:12,27,42,48;26:24;28:4,13······），从亚伯拉罕开始,耶和华才成
为以色列民族的神。很多学者从不同的学科视角探讨亚伯拉罕的身份,他的
宗教创立者的身份是不容忽视的一点。比如早期的斐洛（Philo Judeaus）从古
希腊哲学的视角研究亚伯拉罕,他认为亚伯拉罕的特征包括他是一个外邦人,
他是真信仰的典范,他没有靠出身,而是靠精神和信仰,同时他是理性与启示,
自然与妥拉的和谐统一,他认为亚伯拉罕是所有皈依者的榜样。① 约瑟福斯
（Josephus Flavius）从世界主义（universalism）的角度,将亚伯拉罕描绘成一
个外邦人,万国之父的形象,他淡化亚伯拉罕与上帝之约,不提妥拉,淡化割礼
等要素。他认为亚伯拉罕首先是一个一神论者,是一个自然哲学家,他是文化
承载者,是道德模范,在捆绑以撒中表现出对孩子的爱和对上帝的忠诚。② 迈
蒙尼德和斐洛、约瑟福斯类似,也强调亚伯拉罕的哲学传统,拒绝偶像崇拜和
上帝的自然属性。③ 他在多神宗教中奉行一神崇拜。④ 拉比犹太教认为亚伯
拉罕践行了整个妥拉。拉比犹太教对亚伯拉罕的认识集中在他的破坏神像主
义,他的一神信仰,他在试探下的虔诚信仰,他的热情好客以及对上帝的爱。
他们把亚伯拉罕视为大祭司（archpriest）和大拉比（primal rabbi）。⑤

　　亚伯拉罕是以色列民族的创立者。他的以色列民族创立者的身份主要体
现在妥拉中追溯上帝的身份时,会说"我是你父亲的上帝,是亚伯拉罕的上帝,
以撒的上帝,雅各的上帝"（出 3:6）,从族谱的角度阐述亚伯拉罕的身份。亚
伯拉罕是一个外邦人,流浪者的形象,他在迦南没有归属感,因为他的家在美
索不达米亚的吾珥。⑥ 亚伯拉罕是妥拉中施行割礼的第一人,是第一个犹太
人,他是在外邦人中生活的犹太人的典范。亚伯拉罕的宗教有三个方面的内
容:信仰上帝,秉行公义,并施行割礼。

　　从亚伯拉罕开始,上帝与以色列人有了特殊的关系。妥拉中除了从亚伯
拉罕的视角看待宗教信仰之外,更重要的是从上帝的视角审视耶和华与亚伯
拉罕的关系。之前神的预许是给所有的人类,从亚伯拉罕开始,预许只给亚伯

---

① Kuschel Karl-Josef, *Abraham: Sign for Hope for Jews, Christians and Muslims*, New York: The Continuum Publishing Company, 1995, pp.43 – 44.

② ibid. p.48.

③ ibid. p.66.

④ ibid. p.16.

⑤ ibid. pp.54 – 55.

⑥ ibid. p.14.

拉罕和他的子孙。① 上帝对亚伯拉罕的预许主要体现在三个方面：子孙（创 12：2），土地（创 14：13，12：7），以及对所有人的祝福（15：18—21）。从亚伯拉罕开始，这种预许是有条件的。② 这些条件大多数情况下表现为对上帝的信心，这在捆绑以撒（Akedah）（创 22：16—18）的叙事中可以清楚地表现出来。

（二）史料中的亚伯拉罕形象

史料中对亚伯拉罕的描写比较丰富。三通碑文都有关于亚伯拉罕的描写，由于从亚伯拉罕开始，妥拉集中描写以色列人的历史，因此开封犹太人碑文中也没有从中国文化中找到与之相对应的形象。亚伯拉罕在碑文中被称为"阿无罗汉"，是"盘古阿耽十九代孙"（一四八九年碑）。阿无罗汉的译名采用音译加注释的方式，阿无为音译，罗汉取自佛教用语，指佛陀得道弟子修行的最高境界；③有学者认为开封犹太人将亚伯拉罕提升到罗汉的高度，拔高了亚伯拉罕的形象。④ 如果从罗汉免于轮回之苦的特征来看，妥拉中的亚伯拉罕确实不具备这些特征，但是碑文中使用罗汉的称谓，其意不是说明亚伯拉罕具有罗汉的特征，而是因为碑文中将上帝与佛陀相对应，⑤因此亚伯拉罕与佛陀弟子形成身份对应关系。这只是在向熟悉佛教的大众介绍亚伯拉罕时的一种称谓策略，并没有将佛陀的特征赋予亚伯拉罕。

史料对亚伯拉罕的描写集中在亚伯拉罕与神的关系，作为立教祖师的角色方面。亚伯拉罕的宗教是在部落时代的一种宗教形式，没有后期宗教中的宗教仪式，所以不是后世意义上的宗教，是没有经的宗教。而摩西的宗教是有固定的宗教教条的宗教，先是在西奈山，后来在耶路撒冷的圣殿内的宗教，并且有了经的内容。所以，摩西是一个民族的领袖，而亚伯拉罕是部落的首领，基于亚伯拉罕的信仰形成了普世性的道德。亚伯拉罕并没有遵守后来形成的

---

① ibid. p.48.

② R.W.L Moberly, "The Earliest Commentary on the Akedah", *Vestum Testamentun*, 3 (1998), p.318; Henry Hanoch Abrahamovitch, *The First Father Abraham: The Psychology and Culture of a Spiritual Revolutionary*, Maryland: University Press of America, Inc., 1994, p.113.

③ 宋明儒学经过"三教合一"思潮，在儒学框架体系内吸收了佛道的思想，所以后来的儒生在表达自己思想时，不可避免地会有佛道的词汇。但在碑文中体现更多的是儒家的影响，而不是佛家的影响。

④ R. Patai, "The Seed of Abraham, Jews and Arabs in Contact and Conflict", in Karl-Josef Kuschel, *Abraham Sign of Hope for Jews, Christians and Muslims*, p.16.

⑤ 参见一四八九年碑碑文："愚惟三教，各有殿宇，尊崇其主……在释则有圣容殿，尊崇尼牟（照碑上原文）……在清真，则有一赐乐业殿，尊崇皇天。"

律法，比如安息日，或者十诫中的其他律法，他只遵守了割礼。但是后世称亚伯拉罕为犹太教的创立者，这应该是后圣经时代的重新定义。当然，将宗教的创立归为某一个人，从现代历史学的观点来看是过于简单的做法。但是历史上这种事情也是非常多的，比如将儒家的创立归于孔子等，所以犹太人为自己的信仰找到了三位祖师，亚伯拉罕被称为立教祖师，摩西和以斯拉被称为正教祖师。

　　史料中关于亚伯拉罕形象的描写承继了妥拉传统的诸多方面，这主要体现在两个方面。一方面，史料强调亚伯拉罕创立的一神信仰及无像崇拜。亚伯拉罕在多神崇拜中唯独求告耶和华的名（创 12:8），显示出耶和华的至高无上的地位，史料也认为只有上帝是"轻清在上，至尊无对"（一四八九年碑），其他的"神鬼"都"无济"（一四八九年碑），只有犹太教才是"正教"（一四八九年碑），因此亚伯拉罕"一心侍奉，敬谨精专"（一四八九年碑）。亚伯拉罕将他的神与周围的神区分开来，周围的人崇拜偶像，但是亚伯拉罕特别强调他的神"不塑于形象"，因为"像态无祐"。这种无像的神的概念是以色列宗教的核心，也在史料中反复出现。亚伯拉罕将自己选定的神作为子孙后代的神，他是犹太教的立教之人，是犹太教的立教祖师。[1] 开封犹太人给亚伯拉罕建了圣祖殿，和摩西的圣祖殿并列。但是他们的主殿中只有摩西之椅，没有亚伯拉罕的椅子，这应该是受到犹太教教规的影响。另一方面，亚伯拉罕与神之间的互动关系也有所体现。一四八九年碑说亚伯拉罕"参赞真天"，在人与"真天"之间参与调和，他能够"悟此幽玄"，领悟"生者自生，化者自化"（《论语》）的涵义，还能够悟"天人合一之旨"。[2] 这种"天人合一"在妥拉中主要体现在上帝与亚伯拉罕的沟通：立约的时候，上帝以火的形式出现（创 15:17）；上帝要灭掉所多玛和蛾摩拉的时候，亚伯拉罕与上帝讨价还价（创 18:23—32）。同时，上帝要求亚伯拉罕"你当在我面前做完人"（创 17:1），"遵守我的道，秉公行义"（创 18:19），所以亚伯拉罕"一心侍奉，敬谨精专"（一四八九年碑）。碑文强调亚伯拉罕与天的互动是通过"悟"而获得，以达到"天人合一"的境界。

---

　　① 一四八九年碑认为立教祖师是亚伯拉罕，但是一六六三年碑却认为宗教创立在亚当时期。根据妥拉的记载，亚当虽然是亚伯拉罕的始祖，是人类的始祖，但是跟以色列宗教没有关系。亚伯拉罕才是以色列的立教祖师，摩西也是继承了亚伯拉罕的衣钵，继续发扬教法而已。

　　② 浦安迪根据一四八九年碑记载的"天道不言"，否认天人合一的交流。参见 Plaks, "The Confucianization of the Kaifeng Jews", p.41。

将亚伯拉罕的谱系放在中国始祖的谱系当中,以中国的纪年方式叙述历史又是非常处境化的做法。一四八九年碑和一六六三年碑记载亚伯拉罕是"盘古阿耽十九代孙",一五一二年碑强调亚伯拉罕的"道"传自中国的始祖女娲。在中国古代,私设历法是非法的,因此犹太人以中国正统的历法作为自己的历法。这首先表现在一四八九年碑的世界起源以开天辟地代替上帝创造说,把上帝造的亚当与盘古并列,并将他们的年代并入中国的年历中。[1] 亚伯拉罕创教的时间为周朝一百四十六年,史料中出现的宋孝隆元年,元至元十六年己卯,永乐二十一年等都是中国的历法。犹太人的正统观也体现在一四八九年碑中所记会堂建于宋孝隆元年,但当时金已经统治开封三十八年,开封犹太人仍然使用宋朝的年号。[2]

开封犹太人注意到了亚伯拉罕在宗教上的地位,这与儒家文化中为"教"确立"教祖"和圣徒的做法相同,他们放置最大的香炉供奉亚伯拉罕,以强调亚伯拉罕的教祖地位。[3] 但是他们从以色列民族的角度写亚伯拉罕的民族地位,从神人关系的角度看上帝对亚伯拉罕和以色列民族的预许等这些方面,而与开封犹太人在中国生活不相关的要素并没有体现在碑文中,这些要素主要体现在两个方面。一方面,亚伯拉罕作为以色列民族的始祖,在碑文中没有直接的显现。亚伯拉罕被放在人类族谱的角度,只是从亚当到以斯拉这条很长的族谱上的一代人,没有将他作为以色列民族的祖先。另一方面,上帝对亚伯拉罕的预许是妥拉中重要的内容,这些预许包括亚伯拉罕会生养众多,拥有迦南地并且要实行割礼。这些预许的内容在史料中没有体现,史料中体现更多的是由于皇帝的政策,而安居乐业。妥拉中以色列民族的兴盛是由于以色列人追随上帝的路与上帝缔结盟约,由于亚伯拉罕在上帝眼中为"义"(创 15:6)。

(三)犹耶比较视域中的亚伯拉罕形象

耶稣会士贺清泰(Lois de Poirot, 1735—1814)在乾嘉年间以白话翻译《圣经》,贺氏译经对象不是耶稣会传统的传教对象士大夫阶层,而是以俗语为主要语言类型的市井小民,因此他以北京俗语译经,向"引车卖浆"者解释其中

---

[1] Jonathan N. Lipman, "Living Judaism in Confucian Culture: Being Jewish and Being Chinese", in *Judaism in Practice: From the Middle Ages through the Modern Period*, ed. Lawrence Fine; Princeton: Princeton University Press, 2001, p.268.

[2] 江文汉:《中国古代基督教及中国犹太人》,第 78 页。

[3] 荣振华、李渡南等编:《中国的犹太人》,第 41 页。

奥秘。他的诠释以注解方式呈现,全书一百五十万字,副文本占四分之一左右,其中注解占三十多万字,并著有译序,表明译作的读者对象、翻译策略以及使用白话译经的种种原因。注解以"议论"①的形式阐释经文,或引用儒家术语说明经文中费解之处,以便普通人理解这一外来信仰;或使用预表论,为耶稣时代作注释。这种注疏方式一方面源自天主教源远流长的注经传统,另一方面表明贺氏在儒家语境中的释经策略。

贺清泰的白话圣经以《古新圣经》命名,书目编排与天主教使用版本略有不同,②但内容并无差异。亚伯拉罕作为天主教信仰中举足轻重的人物,在圣经中占了诸多章节。贺清泰的第一本书《化成之经》第十一章到第二十五章中关于亚伯拉罕的注解主要围绕解答读经疑惑,③品评亚伯拉罕言行,调和儒犹矛盾等方面。贺氏的注解在运用西方传统释经方式之外,更多的是结合儒家文化语境,添加译者见解,注解下的亚伯拉罕的儒家形象便跃然纸上。

贺清泰《古新圣经》注释对亚伯拉罕的重构主要体现在比附儒家文化,将亚伯拉罕塑造成儒家有德行的"贤人"形象,强调儒家五伦、孝道等传统价值,特别是从各种角度为亚伯拉罕"德行"有亏之处开脱,强调"完人"形象,在儒家框架中,更强调天主教传统中的"忠信榜样"的构建。

1. "五伦"中的"贤人"④

贺清泰使用"五伦"的概念,强调如果"颠倒五伦",就会受到天主的惩罚。⑤ 他塑造的亚伯拉罕是融入在五伦之中,对父母"孝",对兄弟"谦让",夫妇和睦,对友"仁爱",同时对上帝"忠"的义人形象。

亚伯拉罕的"孝"在离开本家,去往预许之地的叙事中得到体现。亚伯拉罕离开本家的行为,在"父母在不远游"的儒家思想看来是大逆不道之事。贺清泰在注释中对此作了说明。他首先强调亚伯拉罕是个"孝顺"的儿子,

---

① 李奭学:《近代白话文·宗教启蒙·耶稣会传统——试窥贺清泰及其所译〈古新圣经〉的语言问题》,载《中国文哲研究集刊》2013 年 3 月第 42 期,第 51—108 页。

② 贺清泰以武加大版本为基础翻译圣经,但是他将一些比较大的书分成若干部分,并自己加上书名。

③ 比如解释亚伯拉罕名字的含义(李奭学、郑海娟主编:《古新圣经残稿》(第一册),贺清泰译注,第 63 页),割损礼(同上书,第 64 页),使用"预表论"解释耶稣为救世主(同上书,第 63 页),解释古新教的关系(同上书,第 64 页)等。这些疑难问对对扫清教外人士疑问至关重要。

④ 李奭学、郑海娟主编:《古新圣经残稿》(第一册),贺清泰译注,北京:中华书局,2014 年,第 67 页。

⑤ 同上书,第 58 页。

因为他首先征得了老父亲的同意，而且，亚伯拉罕考虑到他哥哥常年在家里，"能服侍老父母"，[1]使他无后顾之忧。这种诠释强调孝亲，迎合了儒家传统下的孝道，更易为市井小民所接受。另外，他又引入了天主教中"天主权"大于"父权"的观念，将"对天主忠信"放在"望父母孝顺"之前[2]，认为"父亲的权但在引领儿童于善，遵从天主的旨意"。[3] 因此，亚伯拉罕离开本家的行为，是遵照"天主"的命令，因此也属于正当的行为。贺氏注释中虽没有正面描写亚伯拉罕的"孝"，但他从受众的疑虑之处进行诠释，解释了亚伯拉罕的孝道。

　　亚伯拉罕对兄弟的谦让体现在与侄儿罗得分离时（创 13:8），亚伯拉罕说"因为我们是骨肉，不可相争"，他自愿将好的产业让给罗得。在长辈有序的清朝，亚伯拉罕作为罗得的叔叔，这更难能可贵，体现亚伯拉罕看重的是"彼此亲爱和睦"。[4] 对于亚伯拉罕同意撒拉随便处置夏甲的叙事，贺清泰做注，褒扬亚伯拉罕不沉迷于私欲，谨守"夫妻和睦之道"。[5] 在接待三位客人的时候，亚伯拉罕谦逊地站立旁边，"仁爱勤劳、厚待宾客"，是位"谦逊仁爱的贤人"。[6]

　　贺清泰没有处理亚伯拉罕与君主的关系，但是他挪用上帝与亚伯拉罕的关系进行指称，比如天主"赏"给亚伯拉罕迦南地，[7]这个"赏"字是皇帝与臣民之间的惯用语，贺清泰使用君臣的关系来指称上帝和亚伯拉罕的关系。同时，他还使用"主子"称呼上帝等，[8]体现了将上帝为"君"、为"主"的思想，将五伦中的"忠君"替换为忠于上帝。

---

① 李奭学、郑海娟主编:《古新圣经残稿第一册》,第 49 页。

② 同上书,第 49 页。

③ 同上书,第 49 页。

④ 同上书,第 51 页。亚伯拉罕和罗得是叔侄关系,但是贺清泰后来使用"弟兄"来称呼他们的关系。

⑤ 同上书,第 60 页。贺清泰论述夫妇和睦时,特别强调"夫为妻纲"的伦常关系。译文中,撒拉称亚伯拉罕为"我的主子",对于这一点,贺清泰在注释中因此褒扬撒拉的贤德(同上书,第 67 页)。"主子"的说法在贺清泰的译本中与"奴才"对应,亚伯拉罕称呼上帝为"主子",亚伯拉罕的仆人被称为"奴才",这些极具时代特色的称谓,用在夫妻关系上更彰显了时代的烙印。贺清泰特意做注,褒扬撒拉这种以丈夫为主子的做法,对他的传教工作应该是大有裨益的。首先,这符合三纲五常中的"夫为妻纲",符合主流文化。其次,褒奖撒拉的谦卑有利于维护教徒的家庭和谐。

⑥ 同上书,第 67 页。

⑦ 同上书,第 51 页。

⑧ 同上书,第 66 页。

2. 无瑕的完人

无瑕的完人是贺氏努力塑造的形象。由于圣经章节含义的模糊性,这给了贺氏诸多诠释的空间。《圣经》塑造的人物形象有血有肉,富含七情六欲,且不乏缺点,亚伯拉罕也不例外。理雅各说,"亚伯拉罕虽称盛德之士,然亦不免有软弱之情、习染之蔽。观其前之指妻为妹……则知其概矣。"[①]这种有微瑕的亚伯拉罕更符合圣经中的形象。但是贺清泰却不这样认为,关于上文理雅各提到的亚伯拉罕"指妻为妹",贺清泰在注释中不厌其烦地解释,"那时候的说法,说侄女是妹子",[②]"古时候,祖宗的后代算的是他的儿子,叔叔的女孩称为自己的妹妹",[③]所以亚伯拉罕不算说谎。亚伯拉罕在已经与撒拉结婚多年之后,仍故意称其为妹,这种解释显得苍白无力。但是这种释经方式带有明显的宗教印记,作为后世榜样的亚伯拉罕不可有明显的瑕疵。

当然,贺清泰塑造的这种完人形象不只包括亚伯拉罕,也包括撒拉、罗得等。撒拉偷听天使预许,偷笑之后,撒谎说没有笑,贺清泰说撒拉是因为"面子上下不来"[④]才撒谎。撒拉赶走夏甲的儿子,贺清泰从教育孩子的角度为撒拉开脱,认为这是正确的做法,因为"倘若做父母的人查一查他儿女同什么人往来,日后能免多少羞耻"。[⑤]罗得将女儿献出给所多玛人淫乱,贺清泰用"如梦话一般"[⑥]而说出的话等为他开脱。

将亚伯拉罕塑造成完人的做法符合儒家思想中圣人的榜样模型,贺清泰注释中多次使用"圣人"称呼亚伯拉罕。[⑦] 虽然圣人之意与儒家的圣人在信仰体系等诸多方面不同,但其德行无瑕是一致的。

3. 忠信的榜样

贺清泰译文及注释虽然在很多方面迎合中国传统文化,但是他更强调的是天主教体系及价值传统。《天主教要理》在诠释信经时,特别强调在以色列

---

① 理雅各:《亚伯拉罕纪略》,载黎子鹏编注:《晚清基督教叙事文学选粹》,新北:橄榄出版有限公司,2012 年。

② 李奭学、郑海娟主编:《古新圣经残稿》(第一册),第 49 页。

③ 同上书,第 76 页。

④ 同上书,第 68 页。

⑤ 同上书,第 79 页。

⑥ 同上书,第 71 页。

⑦ 贺清泰使用"圣人"称呼很多先祖,如亚伯拉罕和雅各伯,但是他使用"圣徒"称呼玛窦。参见李奭学、郑海娟主编:《古新圣经残稿》(第一册),第 94、95 页。

先人的信德中,亚伯拉罕是榜样,不管是撒拉怀孕的叙事,还是献祭以撒,都是因为信德,[1]并因此成为"所有信者的'父亲'"。[2] 贺清泰在注释中也多次强调亚伯拉罕的信德,他"依靠天主全能"(第 49 页)、"笃信依靠天主"(第 50 页),亚伯拉罕的"义",贺清泰翻译为"忠义"、"忠心"、[3]"忠信"[4]。他在《创世记》12:1上帝要求亚伯拉罕离开本家的叙事中加注,特别强调上帝向亚伯拉罕说话,没有直接说要求亚伯拉罕去什么地方去,是为了试探亚伯拉罕的信德,并为他的忠"报答他,抬举他,立他做圣教里头凡有信德人的父亲"。[5] 由于上帝祝福亚伯拉罕,因此亚伯拉罕深信不疑,不拿所多玛王的财物,免得所多玛王说,他使亚伯拉罕富足。贺清泰在此注释,强调亚伯拉罕所说出自他的信德,因为亚伯拉罕坚信上帝的恩赐,所以"轻看世俗国王的赏"。[6]

亚伯拉罕对上帝的"忠信"还体现在亚伯拉罕恭敬上帝。亚伯拉罕与罗得分开之后,上帝向他显现,祝福他之后,亚伯拉罕为耶和华筑了一座坛。贺清泰强调亚伯拉罕对上帝的"恭敬",只要受了上帝的恩,必"砌立祭台"。这与《天主教要理》对亚伯拉罕的描述相同。[7]

贺氏在儒家语境中塑造的亚伯拉罕形象既符合儒家伦理体系,是儒家的圣人形象,又强调了天主教价值体系中亚伯拉罕的信德。

(四) 亚伯拉罕形象差异及成因

犹耶塑造的亚伯拉罕的形象差异主要在于,犹太人对亚伯拉罕形象构建时相对淡化儒家意味,更强调亚伯拉罕在犹太教中的宗教地位及对希伯来圣经传统的继承,而天主教的形象塑造遵循天主教传统,服务传教使命,儒家特色意味更浓郁一些。这显示出不同教派由于各种因素的影响,会强调亚伯拉罕身份中的不同侧面:以贺氏为代表的天主教强调亚伯拉罕的伦理德行及信德,犹太教强调亚伯拉罕立教祖师的身份。

1. 亚伯拉罕形象差异

二者塑造的亚伯拉罕形象差异主要体现在译名选择、宗教地位和身份构

---

① 《天主教要理》,石家庄:中国河北信德社,2012 年,第 40 页。
② 同上。
③ 李奭学、郑海娟主编:《古新圣经残稿》(第一册),第 56 页。
④ 同上书,第 49 页。
⑤ 同上书,第 49 页。
⑥ 同上书,第 55 页。
⑦ 《天主教要理》,石家庄:中国河北信德社,2012 年,第 584 页。

建的差异。

首先，译名选择的不同体现佛教影响之差异。贺清泰使用音译法翻译亚伯拉罕的名字，将亚伯拉罕的名字译为"亚巴郎"或"亚巴拉杭"，汉字选择没有特别多的深意，当然"郎"字的选用能体现亚伯拉罕男子的身份。但是犹太社团使用音译加意译两种译法相结合的策略，犹太人译名选用佛教用语，彰显他们向大众介绍犹太信仰的策略。他们在碑文中称呼他为"阿无罗汉"（一四八九年碑）。贺清泰作为耶稣会传教士，他继承了耶稣会从利玛窦伊始采取"尊儒抑佛"的策略，因此圣经译本没有佛教用语，而且，基于他们的传教目的，使用佛教术语也容易使教徒混淆两种宗教，所以贺氏的亚伯拉罕译名没有借用佛教用语。

其次，亚伯拉罕从宗教地位上分别被塑造为"信德之父"与"立教祖师"。天主教和犹太教虽然都被称为"亚伯拉罕宗教"，将信仰指向同一人亚伯拉罕。但是作为两种不同的宗教体系，二者之间的差异性非常明显，集中在亚伯拉罕身份方面，主要体现在亚伯拉罕与上帝的关系之中。贺清泰对亚伯拉罕身份的建构遵循天主教传统，强调其教徒信德榜样的身份；而犹太教虽然对亚伯拉罕身份认知多元化，[1]但在开封犹太人看来，亚伯拉罕创立犹太教的身份更为明显。以贺清泰为代表的天主教将犹太教视为"古教"，天主教为"新教"，《旧约》视为《新约》的预表，因此贺清泰注释中使用"预表论"，于《旧约》处得见耶稣的到来[2]以及"三位一体"[3]的信条。在贺清泰看来，亚伯拉罕的宗教地位在于他是"有信德人的父亲"，人类的救恩历史始于亚伯拉罕，[4]耶稣是从亚伯拉罕的子孙出的。[5] 在天主教，亚伯拉罕作为"信德之父"的形象深入人心，亚伯拉罕"信"的核心是三位一体的上帝。而开封犹太人将亚伯拉罕称为"立教祖师"，[6]强调

---

[1]　虽然希伯来圣经中多次称耶和华为"亚伯拉罕的神"（创 24:12,27,42,48;26:24;28:4,13……），但从斐洛开始，到约瑟福斯、迈蒙尼德、拉比犹太教等，都从不同侧面描述亚伯拉罕。

[2]　以《化成之经十四篇》为例，贺清泰认为麦基洗德预表了耶稣，他祭祀用的饼和酒预表了弥撒。参见李奭学、郑海娟主编：《古新圣经残稿》（第一册），第 55 页。

[3]　李奭学、郑海娟主编：《古新圣经残稿第一册》，第 67 页。

[4]　《天主教要理》，第 266 页。

[5]　李奭学、郑海娟主编：《古新圣经残稿》（第一册），第 49 页。

[6]　一四八九年碑认为立教祖师是亚伯拉罕，但是一六六三年碑却认为宗教创立在亚当时期。一六六三年碑诸多内容以一四八九年碑为底本，将亚当作为宗教创立者的描述不准确，因此很少有学者理会这种说法。

亚伯拉罕在宗教上的首创地位以及他对天和道的认知。① 犹太人选取"立教祖师"的形象，主要是因为他们要在有限的碑文篇幅中向大众介绍犹太教信仰，所以他们选取了最能体现犹太教历史特点的特征进行描述，展现亚伯拉罕信仰缔造者的形象。

再次，民族身份构建的差异。虽然天主教强调救恩从犹太人扩展到全人类，但是这是《新约》彰显的内容，贺氏译经中的亚伯拉罕虽然是有德行的"完人"形象，但他依然是生活在迦南的外国人，贺氏在其谱系中强调他作为耶稣先祖的身份。在犹太教信仰中，亚伯拉罕是以色列宗教和民族创立者，但是开封犹太人史料强调了他作为犹太信仰创立者的身份，对其民族创立者身份避而不谈，反而将其放入中国的族谱，称其为"盘古阿耽十九代孙"。《圣经》描述上帝时，通常将亚伯拉罕、以撒、雅各放在一起，称"我是你父亲的上帝，是亚伯拉罕的上帝，以撒的上帝，雅各的上帝"（出 3：6），强调亚伯拉罕先祖的身份。亚伯拉罕不只是施行割礼第一人，上帝所有的预许都是始于亚伯拉罕，而传至他的子孙。天主教将这种预许延伸到新约时代，到亚伯拉罕的后裔，大卫的子孙，耶稣，以至信仰耶稣的教徒身上。但传统犹太教强调亚伯拉罕作为以色列民族的始祖身份，这一点没有在开封犹太人碑文体现。开封犹太人的族谱从盘古亚当开始，经过挪亚、摩西、以斯拉等，并没有强调亚伯拉罕作为始祖的特殊身份。这是因为开封犹太人将盘古、亚当并列，他们认同中国先祖叙事中盘古作为人类的始祖，淡化犹太人作为民族的身份。开封犹太人强调与中国汉族祖先同源，但是他们的不同在于建立了自己的信仰体系，并且这一体系与儒家体系"大同小异"。

2. 亚伯拉罕形象成因分析

亚伯拉罕身份构建的差异源于不同的信仰体系，以及这种信仰体系下对亚伯拉罕不同的认知。首先，天主教和犹太教虽然是同源宗教，但是不同的发展历程使得二者差异明显。天主教作为外传型宗教，其译经是为传福音，发展教徒服务；然而犹太教无此传教使命，其在中国的文献是向大众介绍犹太教信仰，他们介绍清楚亚伯拉罕在宗教体系中立教者身份，犹太教的一神和无像信仰即可。但是《古新圣经》面向的是天主教徒和潜在的信仰者，因此，《古新圣

---

① 这种"首创"主要表现在于多神信仰中创立一神信仰，即碑文所知悟天道。现代意义上的宗教一般认为是始于摩西，而不是亚伯拉罕。

经》中的人物形象要易于为大众所接受，亚伯拉罕在天主教体系中的"信德之父"形象深入人心，而不是犹太教信仰中，亚伯拉罕作为宗教创立者的身份。

其次，天主教塑造的亚伯拉罕的儒家形象根源于在华传教士对待儒家的态度。耶稣会在利玛窦"易儒服"，"适应"儒家文化的传教策略下，努力论证儒家与天主教信仰的一致之处，因此，贺氏也使用儒家体系塑造亚伯拉罕形象。犹太教不只适应儒家文化，更是依附儒家文化，其中，诸多犹太人熟读四书五经，参加科举考试，获取功名，他们与儒家的关系更深入，所以犹太人史料中塑造了摩西这一与贺氏的亚伯拉罕相似的"儒家圣人"形象。[1] 但是犹太人视域中的亚伯拉罕更集中在"立教祖师"身份，而没有强调德行。

再次，由于二者对待异域文化态度不同，他们在塑造亚伯拉罕与信仰中的冲突时，也采取不同的策略。天主教基于"排外"的信仰和文化政策，在与异域文化的冲撞中，会采取强硬的以我为中心的策略。贺氏《古新圣经》建构亚伯拉罕形象时立足天主教立场，对儒家思想及文化中相一致之处采取拿来主义的策略，亚伯拉罕形象与儒家形象相符的方面使用儒家话语体系进行阐述，但是如果遇到耶儒间的冲突，关系到天主教根本教义时，即使与儒家思想不相符合，他依然会遵循天主教教理，不顾儒家思想及社会习俗。这是贺氏一以贯之的诠释策略。最明显的例子莫过于关于丧葬仪式的诠释。关于亚伯拉罕买了块地埋葬撒拉，贺清泰注释中特别强调"迷惑异端的人……尽力胡乱花钱，埋葬尸首里头，或看地方形象，挑选好日期；埋葬之后，或供献食物、祭酒、烧器皿、缎子、纸银、衣服，行这等虚假的事，叩头又叩头"。[2] 而这些清初民间的丧葬习俗在贺清泰看来是只有"愚蒙"的人才会做的事情，"贤人、名士"不会做。对亚伯拉罕离开父母时的解释也是如此。虽然他使用"天主权"大于"父权"这一理论前提进行辩解，但是他站在天主教立场看待儒家，并用天主教立场作为评判对错的标准，丝毫没有忧虑受众接受与否。

相比之下，开封犹太人由于在与儒家主流文化对比中处于下风，遇到犹太教义与儒家不符的理念时，他们一般会使用避而不谈教义，尽量攀附儒家的策略。比如亚伯拉罕子孙的富足在犹太教义中是上帝的预许，但开封犹太人却没有在史料中体现上帝的预许，转而将犹太人的"安居乐业"归于皇帝的政策。

---

① 中国犹太犹太人对摩西的塑造虽无"圣"字，但"圣人"形象跃然纸上。

② 李奭学、郑海娟主编：《古新圣经残稿》（第一册），第 85 页。

亚伯拉罕的割礼行为是犹太人的外在标记之一,但是由于与儒家传统"身体发肤,受之父母,不敢毁伤"相违背,在史料中丝毫没有提及。

与贺清泰《古新圣经》中塑造的亚伯拉罕形象相比,犹太人亚伯拉罕形象的儒家意味更淡一些,没有强调亚伯拉罕的德行以及圣人形象,他们更注重强调亚伯拉罕的宗教地位。不管是译名的选择,还是身份的建构,都体现犹太人对亚伯拉罕宗教创立者身份的推崇。相较之下,贺清泰《古新圣经》对亚伯拉罕形象的重塑既受天主教传统的影响,又有中国语境下对亚伯拉罕形象的改写。这些改写主要体现在亚伯拉罕儒家形象的重构,他对"五伦"的遵守,作为无瑕的完人和忠信的榜样,有了儒家"圣人"的完人形象。虽然圣经刊印受阻,但我们仍可以此窥探以贺清泰为代表的清初天主教传教士面向士大夫阶层之外的教外人的传教策略。同时,贺清泰的文化适应政策对当今宗教中国化也有所启发。

二、"正教祖师"以斯拉形象重现

(一) 圣经中的以斯拉形象

妥拉中的以斯拉形象集中体现在以斯拉使得以色列人重新按照妥拉生活。以斯拉的叙事虽然不在妥拉中,但是《以斯拉记》和《尼希米记》对以斯拉都有描写。希伯来圣经中称以斯拉为"祭司""文士"(拉 7:11),其中描写以斯拉的章节共有五章,包括《以斯拉记》第七到十章和《尼希米记》第八章,主要描写居鲁士大帝允许犹太人返回耶路撒冷重建圣殿和圣城之后,以斯拉引领以色列人重回律法的道路,以及他在耶路撒冷宣读妥拉的故事。拉比传统将以斯拉视为英雄,放在和摩西同样的地位,[①]以斯拉被称为"第二摩西"。现代圣经学者将犹太教的重建归因于以斯拉,他们认为如果不是以斯拉将妥拉带回耶路撒冷,犹太教就不会存在。[②] 大家基本上认为五经作为一个整体是以斯拉改革的基础,以斯拉从巴比伦拿着五经到了耶路撒冷,[③]关于具体的时间,学者观点不一,大概在公元前 458 年或 398 年或者这两个时间点之间。有些

---

① Lisbeth S. Fried, *Ezra & The Law in History and Tradition*, Columbia: The University of South Carolina Press, 2014, p. xi.

② Fried, *Ezra & The Law in History and Tradition*, p.7.

③ J. Wellhausen, *Prolegomena to the History of Ancient Israel*, New York: Meridian, 1957, p.408.

学者甚至进而宣称，犹太教的现行律法就是以斯拉写就的，以斯拉时期的妥拉和现在的妥拉非常相似。①

（二）史料中的以斯拉形象

史料中的以斯拉形象承继了妥拉传统中以斯拉向大众宣读妥拉的叙事。开封犹太人从尊经的角度看待以斯拉在犹太教中的地位，将以斯拉与摩西并称为"立教祖师"。开封犹太人没有供奉大卫、所罗门等王的牌位，②却在圣祖殿中将以斯拉和摩西、亚伦、约书亚一起用香炉供奉。③ 首先，这种对以斯拉的尊崇显示出开封犹太人尊经、释经的传统。虽然对拉比犹太教来说，传承妥拉的人物除了摩西之外，就是约书亚。约书亚的叙事在五经之外，主要包含在《约书亚记》中，讲述约书亚作为将领带领以色列人进入预许之地，约书亚的地位举足轻重。所以，《阿伯特》首章说："《妥拉》，摩西受自西奈，传之于约书亚，约书亚传众长老，众长老传众先知，众先知则传至于大议会众成员。"④如果单从妥拉传承的角度来说，摩西领受妥拉之后最直接的传承人就是约书亚，但是开封犹太人的碑文充分描写摩西的立教祖师地位之后，没有接着写约书亚，没有继续追溯妥拉的传承，却写上了以斯拉："再传而至正教祖师蔼子剌。"（一四八九年碑）以斯拉传承的思想集中在"敬天礼拜之道"，这是"祖道之蕴奥"（一四八九年碑）。这种描述与圣经中以斯拉在犹太人重建圣殿的时候向民众解释律法并重整犹太教相同。所以有学者认为，以色列宗教完整的形式是在第二圣殿时期形成的，以斯拉时期制定了关于祭司的系统、司祭的组织形式等方面的制度。⑤ 所以，以斯拉是摩西式的领袖人物，他以改革者和律法诠释者的身份引领民众走向上帝。⑥

但是史料特别强调道统的思想。开封犹太人强调以斯拉从先祖的传承，"系出祖师"（一四八九年碑）亚伯拉罕和摩西，"道承祖统"（一四八九年碑）。这些描述契合儒家的道统思想，强调来源的纯正。虽然犹太教是在官方道统

① Berlinand & Brettler, *The Jewish Study Bible*, p.2.
② 大卫王朝灭亡之后，在后流放时代，君王在犹太教中并无非常重要的地位。
③ Leslie, *The Survival of the Chinese Jews*, p.81.
④ 张平：《阿伯特——犹太智慧书》，北京：中国社会科学出版社，1996年，第13—14页。
⑤ William Johnstone, *Chronicles and Exodus An Analogy and Its Application*, Cambridge: Sheffield Academic Press, 1998, p.10.
⑥ George W. Coats, *The Moses Tradition*, Sheffield: Sheffield Academic Press, 1993, p.100.

和程朱理学之外,却符合新儒家的道统观念。道统学说自宋朝以来分为三类,官方的道统,非官方的学术研究和思维训练,以及新儒家——他们不承认官方,也不认同程朱的学派。[①] 这种新儒家希望用新的理念来补充道统思想。作为犹太儒生的碑文作者将犹太教中的理念纳入道统体系。以斯拉作为开封犹太教特别着墨书写的人物,体现了开封犹太人在中国尊经重道的背景下,特别强调以斯拉传道授业的身份,并且从道统的观点出发,突出以斯拉对先祖传统的传承。

开封犹太人的直接性史料,特别是碑文等,是向公众介绍犹太信仰的资料。开封犹太人根据中国人在寺庙前树碑的习惯,在犹太会堂前竖立碑文向外界介绍犹太会堂和犹太宗教,他们根据中国人碑文的行文习惯、碑文的长度,用中国文人熟悉的概念诠释妥拉中的概念。同时,匾额、楹联等史料也显示出开封犹太人希望传达的自己的形象。

上帝的名是向外界介绍宗教信仰时首先要处理的问题。开封犹太人引用中国文化中的"天""道"等多种概念来指称妥拉中的上帝,这种多名称的做法与妥拉中对上帝的指称方式相同,并在多个层面上展现出相似性。他们在偶像崇拜的社会背景下坚持自己的"无像"崇拜,并顺应明朝雕像改木主的潮流,没有受到外界的排斥。开封犹太人诵读妥拉,由"满剌"释经的传统等都在史料中有所体现。妥拉中的祖师亚伯拉罕和以斯拉的形象也在史料中呈现,在道统思想的引导下,史料将亚伯拉罕和以斯拉放入道统的体系。

开封犹太人对妥拉传统概念的承继是开封犹太人犹太特征的体现,同时,他们在承继妥拉过程中也会根据中国语境对妥拉传统的表述进行微调,以适应当时的语境。

第四节 开封犹太人承继宗教礼仪律法

律法传统是妥拉传统的重要组成部分,开封犹太人对律法传统的承继能够体现他们的犹太特征,同时也能看到开封犹太人对中国文化的适应。

妥拉记载了犹太人的律法,其中又以十诫为律法核心。约书形成于后流

---

① 钟鸣旦(Nicolas Standaert):《杨廷筠:明末天主教儒者》,北京:社会科学文献出版社,2002年,第266页。

散时代,是由于在古以色列他们面对如与异族通婚、割礼、守安息日、庆祝节日等问题而形成。犹太人的律法,有"训导、教育"的含义,律法除了常规的法律含义之外,还包含父母的训诲(箴 1:8)、智慧人的法则(箴 13:14)和先知的训导(以 1:10;8:16,20)的内容。[①] 希伯来圣经中的律法主要集中在妥拉中,当然在《历代志上》二十三至二十七章中也有宗教律法的记载。妥拉中的律法主要包括十诫(出 20:1—17;申 5:6—21)、约书(出 20:22—23:23)、宗教律法(出 34:10—27)、祭司律法(关于献祭、司祭等相关要求)、圣洁条例(Holiness Code)(利 17—26)以及申命律法(申 4:1—30:20)。律法是上帝与人立的约,虽然在西奈之约之前,已有挪亚之约和亚伯拉罕之约,但是本节处理的律法主要指上帝颁给以色列人的律例、典章,这主要包括在西奈山颁布的十诫,以及在摩押平原颁布的其他的律例典章。[②] 十诫通常分为伦理十诫(出 20;申 5)和礼仪十诫(出 34),通常我们用十诫指称伦理十诫。这是上帝与犹太人订立的盟约,是犹太人的律法。拉比犹太教认为律法包括写在石板上的十诫和传给摩西的口传律法,口传律法是对书面律法的补充和解释。犹太人认为口传律法需要一代代地口传下去,第二圣殿被毁、犹太人大流散之后,拉比哈纳西(Yehudah Hanasi)将口传律法编撰成《密释纳》(Mishnah),并在 5 世纪左右编撰成《塔木德》。以色列人所有的日常生活,道德和宗教义务都被放在律法的框架中。[③] 犹太人的律法不仅体现在对宗教生活的要求,也体现在日常生活中。犹太人的律法在空间及时间层面进入犹太人的生活。[④] 空间层面指的是犹太律法涵盖生活的方方面面,时间层面指的是犹太律法的节期频繁多样,犹太人的时时刻刻都与律法相连。犹太人几乎所有的活动都可以在律法中找到依据。

虽然犹太人的律法蕴含范围广泛,但是他们没有形成像基督教一样的教义教条,而是更注重对律法的遵守。耶和华吩咐摩西,将他的律例、典章教训以色列人,使以色列人遵行(申 4:13—14)。上帝的约,特别是十诫,是上帝

---

① John Barton, The *Pentateuch*, Oxford: Oxford University Press, 2001, p.39.

② 关于十诫与约如何在妥拉中整合成现有的文本,可参见田海华:《希伯来圣经中十诫与约的整合》,载《基督教思想评论》2011 年第 12 期,第 65—79 页。

③ *The Jewish Bible: A JPS Guide* (Philadelphia: Jewish Publication Society, 2008), pp.69-75.

④ 张平译注:《密释纳·第 2 部:节期》,济南:山东大学出版社,2017 年,第 7 页。

"今日"晓谕所有的以色列人的(申 5:1),强调当下的以色列人和他们的子子孙孙都需要遵守诫命(申 6:1)。但是,关于遵守的规范,犹太人即使在拉比犹太教时期,也没有将律法分门别类,形成有体系的教义教条。这主要是因为犹太人更注重行为,①所以在研究开封犹太人的律法时,我们需要重点研究他们的做法,而不是研究他们的信仰信条。这种重视实践的做法与儒家传统非常类似。儒家虽有三纲五常之类的伦理规定,但是他们非常重视日常的行为。儒家和犹太教这种在重视行为上的相似点使得二者律法的比较成为可能,并有利于更深入地探讨开封犹太人在儒家环境中的文化适应。

开封犹太人史料中也描述了他们在中国语境中对宗教律法和日常生活律法的坚守。犹太智慧书《阿伯特》说:"世界位于三块基石之上:《妥拉》、为神服务②和躬行仁爱。"③"为神服务"即指为祭祀神而举行的宗教仪式以及日常的崇拜方式。圣殿献祭、祈祷(tefillah)等都属于为神服务的内容,但是开封犹太人处于后圣殿时代,因此,他们的宗教活动主要围绕会堂进行,祈祷取代献祭成为最主要的宗教行为。在祈祷之外,他们的史料中也特别强调保守④犹太节期的重要性,并且重点强调了安息日和赎罪日(Yom Kippur)。开封犹太人熟悉十诫,并将用金色希伯来文写的"十诫"悬挂在会堂中。⑤ 本节主要探讨开封犹太人的祈祷和节期,从宗教礼仪的视角探讨开封犹太人对妥拉律法的承继。"躬行仁爱"指律法中规定的人的日常生活的行为准则,这一方面的内容将在下一节进行探讨。

开封犹太人的史料,特别是碑文,由于字数的限制,没有完整地重现犹太教宗教礼仪,但是史料重现了对犹太教来说非常重要的祈祷、礼拜、主要节期及祭祀等方面的内容。他们庆祝节期时使用希伯来语,他们没有将节期庆祝中的经书和祈祷书翻译成汉语。那么开封犹太人有没有发展出自己特色的宗教礼仪? 他们的宗教礼仪与妥拉中的规定相对比,是否强调了不同的方面? 由于妥拉传统的宗教礼仪与开封犹太人践行的犹太宗教礼仪之间存在很大的

---

① 因此有学者概述犹太教时,以"行"为其主要特征,从而与基督教以"信"为主要特征区分开来。参见傅有德:《论犹太教与基督教的信与行》,载《文史哲》2005 年第 3 期,第 166 页。

② "服务"的希伯来原文为עבודה,有努力劳作之意,因此也可译为"侍奉"。

③ 张平译注:《密释纳·第 2 部:节期》,第 14 页。

④ "保守"一词对应英文的"keep",有"守节"和"过节"之意。

⑤ 荣振华、李渡南等编:《中国的犹太人》,第 47 页。

时间差，开封犹太人在进入中国本土之前已经受到第三国宗教礼仪的影响，所以，本节从开封犹太人遗留的史料与妥拉对读的角度对开封犹太人的祈祷仪式及节期进行分析，虽然主要立基于中国传统文化的影响以及开封犹太人对中国文化的处境化策略，但是作为他们中转国波斯也对他们的礼仪会有一定的影响。①

一、妥拉中的宗教礼仪律法

妥拉中宗教礼仪的律法有一部分围绕圣殿献祭展开，有一部分是关于节期的律法。宗教礼仪在犹太教中被称为人与神的互动，是"为神服务"的具体表现。妥拉对宗教礼仪的记载大多集中在圣殿中的献祭礼仪，但是由于圣殿被毁，随着犹太会堂的兴起，会堂祈祷逐渐取代献祭成为重要的与神交流，维系亲密关系的手段。会堂祈祷始于妥拉，妥拉中还有对犹太节期的规定，特别是对安息日、赎罪日等节日庆祝的要求及规范。

对于犹太人来讲，宗教礼仪是他们保持自己民族特性的方式。犹太教认为宗教礼仪来自上帝的训导，上帝明确规定了应该遵守的宗教仪式。宗教仪式的意义在于通过参与这些仪式而改变现状，犹太人举行宗教仪式是为了改变自我，改变世界。② 所以，宗教礼仪是一种身份认同，对流散中的犹太人来讲，是保持犹太特征，避免同化的一种方式。宗教仪式的周期性使得宗教仪式占据了犹太人的日常生活，一年之中的节日循环带给犹太人一种仪式感，一种民族感。所以有"安息日保守了犹太人"的说法。

妥拉中记载了先祖们的祈祷，这是祈祷的起源，拉比犹太教强调了公共祈祷的重要性。拉比犹太教认为公共祈祷的意义在私人祈祷之上，因为这种公共的祈祷聚集活动加强了犹太社群的凝聚力。犹太教规定集体祈祷或者其他公共仪式必备条件有两项：妥拉经卷（写有妥拉全文的希伯来语羊皮经卷）和由 10 名年满十三周岁的犹太成年男子组成的达到最低法定人数的祈祷班（Minyan）。祈祷班的存在是犹太人宗教活动的标志之一，也是犹太社群存在

---

① 虽然关于开封犹太人来源有不同的推论，但是有一部分犹太人来自波斯是学界的普遍共识，因此他们会受到波斯宗教的影响。波斯多种宗教并存，琐罗亚斯德教、伊斯兰教等宗教礼仪在某些方面也会影响到犹太人的宗教礼仪。

② Hananya Goodman, *Between Jesuralem and Benares Comparative Studies in Judaism and Hinduism*, Albany: State University of New York Press, 1994, p.5.

的标志之一。

犹太节期是犹太人传统生活的重要组成部分,是犹太人身份认同的标志之一。节期是犹太人崇拜聚会的日子,因此妥拉中的节期大多与"会幕"有关(利 23:1—2),虽然有些经文不将安息日放在节期内(利 23:37,38),但是大多数经文都包含安息日。节期与会幕的关联彰显了犹太节期的宗教性,犹太节期不仅是崇拜神的日子,很多节期更是神直接确定的。① 关于节期的规定基本上在 P 典中比较多,因为 P 典主要关注的是与祭祀相关的问题,《出埃及记》十二章、《利未记》十六章、二十三章都是关于节期的内容。

犹太人的节期既有一般文化意义上自然起源的民俗节日,如月首、岁首、五旬节等,也有与犹太历史相关的人文起源的民俗节日,如光明节、普珥节等,更多的是宗教意义上的节期,律法中神所规定的日子。妥拉中所规定的每七天一次的安息日,逾越节、赎罪日、住棚节等宗教类节日将犹太人的日常生活笼罩在宗教律法中,影响犹太人的一言一行。希伯来圣经中所规定的节期的地位远超过其他节期。②

妥拉中记载的宗教活动,最重要的是对上帝的祭祀,后来这种祭祀逐渐被祈祷取代。妥拉中对上帝的祭祀从挪亚就已经开始,挪亚为耶和华筑坛,并献上燔祭(创 8:20)。随后,亚伯拉罕(创 12:7,8;13:4,18;22:9)、以撒(创 26:25)、雅各(创 33:20;35:7)、摩西(出 17:15;24:4)、亚伦和他的儿子(出 28:43)相继筑坛祭拜上帝。摩西之后,亚伦成为专门负责献祭活动的祭司,每天进行献祭活动,献祭的地点为供奉"十诫"石板的会幕。《利未记》中有关于燔祭、素祭、平安祭、赎愆祭等献祭分类,关于牺牲等具体的规定,并对祭司的"洁净"提出具体的要求。所罗门时期建造圣殿,公共献祭在圣殿举行,一日两次。献祭由祭司负责,祭品为民众供奉的谷物。节期会有额外的祭品。"巴比伦之囚"之后,献祭停止,但是第二圣殿建立之后,利未人代表全体以色列人在圣殿献祭。圣殿被毁之后,祭祀的重要性渐渐退弱,祈祷的重要性日益提升。③

① 张平译注:《密释纳·第 2 部:节期》,第 3 页。
② 同上书,第 17 页。
③ 关于以色列人的祭祀活动,可参见 Roland de Vaux, *Studies in Old Testament Sacrifice*, Cardiff: University of Wales Press, 1964; John Day, *Molech: A God of Human Sacrifice in the Old Testament*, Cambridge: Cambridge University Press, 1989。

二、史料中的宗教礼仪律法

开封犹太社群设有专门人员处理宗教事物,保障了犹太社群宗教活动的进行。明清时期的开封犹太社群虽然不是独立的社群组织,没有特殊的经济和政治权利,但是他们有掌教和满剌负责处理宗教事务。这一组织形式是在明清政府的政治框架内形成的,符合明清时期的宗教政策。开封犹太人由"列微五思达领掌其教"(一四八九年碑),①由熟晓正经的"满剌"传道(一四八九年碑)。② 掌教们在宗教仪式方面的传承与坚持使得明清时期的开封犹太人社群的犹太特征特别明显,他们的集体宗教活动在犹太会堂举行,每逢安息日及其他节期,人们都要来到会堂参加敬天礼拜的宗教活动。

碑文强调"其大者礼与祭"(一六六三年碑),"祭"主要指祭祀祖先以及相应的季节性祭祀,"礼"指"礼拜"或祈祷。由于儒家祭祀体系的规定,普通人不可以祭"天",即犹太人的上帝,他们的祭祀一般为祭祖和季节性的祭祀活动,这种祭祀是对妥拉传统的处境化处理,因此放在第二章进行论述。本节主要探讨开封犹太人的"礼",即祈祷。祈祷也可以看作祭祀的一种形式,是心的祭祀和神人沟通的方式。

(一) 礼拜礼仪

开封犹太人史料不仅追溯了礼拜的历史,而且对礼拜仪式的内容、要求等都有具体的描述。

开封犹太人在史料中追溯了礼拜的来源出自妥拉。史料讲到了开封犹太人的敬天礼拜之道来自于先祖亚伯拉罕、摩西和以斯拉的传承:"敬天礼拜之道,足以阐祖道之蕴奥。"(一四八九年碑)这种说法有一定的合理性,因为虽然在妥拉中,圣殿献祭是神人沟通的主要方式,但是祈祷也在妥拉中反复出现。先祖在表达自己恐惧、喜悦、哀怨等情绪时也会与上帝沟通,呼求上帝的名字,

---

① "列微"一般认为是"利未"(Levi)的音译,"五思达"指的是"主人""老师"(Rabbi),来自波斯语。此处应该指的是负责整个宗教事务的拉比,又称为掌教。开封犹太人的掌教都为"李"姓,据史学家陈垣考证,李姓即是利未在中国的姓氏。参见陈垣,《明季滇黔佛教考》,石家庄:河北教育出版社,2000年,第83页。

② "满剌"应该是指熟悉犹太经典的普通犹太人,可以协助掌教进行教义的传授,并且使用经文劝人为善。按照犹太教习俗,安息日等宗教礼仪中由掌教立诵妥拉经卷,执事诵读祈祷文,因此,有些满剌也可能是执事。由于开封犹太人的掌教都为李姓,隶属于利未支派,因此,这一姓氏中精通经文的人也最多。根据一四八九年碑,在列举的14位满剌中,有9位是李姓。

向上帝表达自己的诉求,这即是祈祷在妥拉中的原型。亚伯拉罕筑坛(创 12:8),栽种柳树(创 21:33),求告上帝的名。他们简单直接地呼求上帝的名,并且因着自己的善行而使祈祷应验(创 4:7),妥拉中祈祷的榜样是亚伯拉罕,他"信耶和华,耶和华就以此为他的义"(创 15:1—6)。碑文也认为讲亚伯拉罕"参赞真天",摩西"诚意祈祷",这些都是犹太教祈祷的原型。

开封犹太人礼拜的主要内容与妥拉相同。开封犹太人认为祈祷是"祝赞上天,生育万物"(一五一二年碑)。维之认为这是犹太人一个祷文的变形,祷文原文是"Baruch ata Adonai, Ehoheinu Melech ha Olam, bore kol Haolam",译为"主,宇宙之王,万物的创造者是应该称赞的"。[1] 这与妥拉中祈祷的内容相似。献祭时先祖及祭司的念念有词是一种祈祷方式。妥拉中的祈祷是自发的个人行为,呈零散状态,形式多样。在这些祈祷中,最简单的方式是呼求上帝的名字,这种非常直接的方式显示出上帝和人的亲密关系。后来,妥拉中的部分章节,如听祷文、十诫成为固定的祈祷文,并在圣殿时期就作为献祭的补充而存在。虽然祈祷有妥拉依据,但是具体的祈祷仪式规定来自于拉比犹太教中的规定。而且不是所有的祈祷都会得到回应,只有义人的祈祷才会应验。正如《创世记》所载,"你若行得好,岂不蒙悦纳? 你若行的不好,罪就伏在门前。它必恋慕你,你却要制服它。"(创 4:7)

开封犹太人史料也详细记载了礼拜的具体做法。一四八九年碑详细说明了敬天礼拜的纲领:"始焉鞠躬敬道,道在鞠躬也。中立不倚敬道,道在中立也。静而存养,默赞敬道,不忘之天也。动而省察,鸣赞敬道,不替之天也。退三步也,忽然在后,敬道后也。进五步也,瞻之在前,敬道前也。左之鞠躬敬道,即善道在于左也。右之鞠躬敬道,即不善道在于右也。仰焉敬道,道在上也。俯焉敬道,道在尔也。终焉而拜道,敬在拜也。"犹太人礼拜时不拘泥于各种动作,如鞠躬、动静、退进、仰俯、拜等,后来一六六三年碑中提到了行跪拜之礼,"其行于进反升降跪拜间者,一惟循乎礼。"这种跪拜之礼在圣经中也有记载:"就低头,面伏于地,敬拜耶和华。"(尼 8:6)跪拜之礼也是儒家宗教礼仪中非常重要的礼数,强调跪拜之礼符合儒家的要求。后来基督教来华,由于是否向皇帝跪拜以及是否向祖先跪拜的争端而引发与之相关的"礼仪之争",但是开封犹太人没有因为外在礼仪的问题与儒家文化产生矛盾。

---

[1] Weisz, *The Kaifeng Stone Inscriptions*, p.25.

开封犹太人强调"礼"的关键在于"诚"与"敬":"动容周旋之际,一本乎诚敬也。"(一五一二年碑)"诚""敬"的概念在中国文化中处于非常重要的地位。中国祭祀之礼更看重的是宗教仪式本身,而信仰对象处于次要一些的位置,①因此,开封犹太人礼拜中的"诚""敬"被放在非常重要的位置。"诚"表明礼拜时人的态度,"自诚明,谓之性"(《中庸》二十一章),在教化中,"诚"也非常重要,"自明诚,谓之教"(《中庸》二十一章)。这种重要性与妥拉中对祭祀的要求有异曲同工之处。由于祈祷在妥拉中是作为献祭的附属而存在,因此没有对祈祷的单独规定,但是妥拉中详细记载了献祭的要求。《利未记》中耶和华呼叫摩西,让他传达给以色列人献祭供物的要求,以及不同情况下应该如何献祭。献祭前,祭司要洁净自己,"除了罪,洗了衣服"(数 8:21),"穿上细麻布圣内袍,把细麻布裤子穿在身上,腰束细麻布带子,头戴细麻布冠冕"(利 16:4),洗了身子,然后才可以献祭。虽然耶和华没有直接说明祈祷的要求,但是对于献祭之时的祈祷,"诚""敬"应该是必不可少的。

开封犹太人"诚""敬"的表现在于祈祷之前沐浴更衣,斋戒心神。礼拜之前"必先淋浴更衣,清其天君,正其天官,而恭敬进于道经之前"(一四八九年碑)。一六六三年碑的描写更加细致:犹太人需要"斋戒沐浴,淡嗜欲,静天君,正衣冠,尊瞻视,然后朝天礼拜",②礼拜时"不交言,不回视,不以事物之私,乘其人道之念。礼曰:心不苟虑,必依于道;手足不苟动,必依于礼"。摩西在祈祷之前也要进行斋戒,不进食,不睡觉,清除杂念,虔诚地与上帝相通。③

开封犹太人一日三祷来自妥拉的记载。开封犹太人认为,礼拜是"真实天道之礼"(一四八九年碑)。他们"惟寅午戌而三次礼拜"(一四八九年碑),④因为"人于日用之间,不可顷刻而忘乎天"(一四八九年碑),强调人与天应该时刻相通,这正如妥拉中所说,以色列人需要"殷勤保守心灵,免得忘记你亲眼所看

---

① 李天纲:《金泽:江南民间祭祀探源》,第 212 页。

② 宗教仪式之前沐浴更衣的传统在很多宗教中都是如此,如伊斯兰教、波斯境内的琐罗亚斯德教,这两种宗教都在波斯境内存在过,参见玛丽·博伊斯(Mary Boyce):《伊朗琐罗亚斯德教村落》,张小贵、殷小平译,北京:中华书局,2005 年,第 168 页。犹太人在来中国之前很可能在波斯境内受到这两种宗教的影响。本书探讨开封犹太人沐浴更衣的做法与中国儒教相似,但是并不是要论证其受儒教的影响而如此。

③ "去其嗜欲,亡绝寝膳,诚意祈祷,虔心感于天心。"(一四八九年碑)

④ 伊斯兰教和波斯境内的其他宗教如琐罗亚斯德教等都有一天五祷的习俗,开封犹太人虽然无论在中国境内还是来中国之前在波斯境内与他们的接触都比较多,但是他们仍然坚持每日三祷的习俗,没有受到周围环境的影响变为五祷。

见的事,又免得你一生、这事离开你的心"。天人相通的最好的方式就是礼拜,因此要求每日祈祷,而且一日三次。一日三祷这一规定来自妥拉中亚伯拉罕的做法,他在上午祈祷(创 19:27),他告诉以撒黄昏时候祈祷(创 23:63),告诉雅各晚上祈祷(创 28:10)。

关于礼拜的作用,一五一二年碑文最后说,"天休滋至,理惠罔愆,人人有德善之称,家家遂俯育之乐。如此,则庶于祖教之意无所负,则尊崇之礼无少忒矣。"以赞誉上帝带给人德善为主要内容,碑文作者认为,如果信徒可以达到这样的水平,那么他们就没有辜负教义,礼拜之礼也就没有差错了。维之将这一段看作立祷文(Amidah),他认为这一部分遵循了立祷文的格式:开始呼求上帝的名号,声明这是祈祷或祝福;中间是祝福和我们行为的结果,比如智慧、原谅、悔改、昌盛、治愈等;最后以感谢祝福结尾,是神职人员最后的祝福。① 但是汉语碑文在呼求天之前一般会有语助词,如"维"等,而且碑文的结尾不是感谢祝福,而是对自己行为的判定,希望没有辜负先祖的宗教,没有违背礼拜的礼仪,所以,这一部分与其说是立祷文,倒更像是对自己的敬天礼拜之道的一种美好祝愿。礼拜会"祛靡式真",帮人们祛除灾祸,保留本性,使人们"克非礼以复于礼者也"(一六六三年碑),使以前不祈祷的人重新祈祷(哀3:40),因此人们"高赞之"(一六六三年碑)。碑文说"清真礼拜"是"道"之本(一四八九年碑),"道"也在礼拜中,即"道行于礼拜"(一五一二年碑)。

开封犹太人的礼拜礼仪基本承继了妥拉传统,而且他们在描述的过程中也与儒家文化相结合,体现了儒家文化的影响。比如礼拜时"祝赞上天,生育万物"的说法与儒家将天地当做父母来祭拜一致,同时也与妥拉中关于上帝创造万物的描写相同。因此,这种"祝赞天地,生育万物"作为礼拜时的内容,是将儒犹文化结合在一起,用儒家文化来表达犹太理念的方式。碑文作者不一定是要将犹太祈祷文写进碑文中,只是在儒犹文化中找到契合点而已。

(二) 节期庆祝

开封犹太人虽然在碑文中使用中国的历法进行历史叙事,但是我们猜想,他们在计算犹太节期的时候使用的是犹太阴历,他们计算时间的方式是从安息日到安息日,从圣殿被毁日到赎罪日,从逾越节到五旬节,从新年到下一个新年。历法上的一年是一系列无穷的轮回,犹太历法无始无终。犹太新年一

---

① Weisz, *The Kaifeng Stone Inscriptions*, p. xxiv.

般是在第七个月的第一天,逾越节的春天的节日是在六个月之后,也是犹太历的第一个月。节日之间互相联系,反映出这样的时间架构,这个时间既指示过去,又彰显未来。

开封犹太人直接性史料中对安息日和赎罪日的描写比较详细,但是根据间接性的史料,比如传教士对开封犹太人的记载,开封犹太人后裔的回忆等,可以看到开封犹太人的节日还包括无酵饼节,逾越节,五旬节,住棚节,普珥节,光明节和妥拉节。[①] 本节主要讨论开封犹太人的安息日和赎罪日的庆祝。

开封犹太人史料强调他们每月会庆祝四次安息日,即"每月之际四日斋"(一四八九年碑),每七天庆祝一次,"七日善终,周而复始"(一四八九年碑),这与妥拉中的要求相同。安息日是最能标注犹太身份的节期,是否遵守安息日是判断犹太人身份的依据之一。安息日本意是"停歇"的意思,是犹太教每周一天的"圣日"。妥拉将保守安息日作为十诫之第四诫(出 20:8;申 5:15),紧跟在与上帝相关的诫命之后,在与人的日常生活相关的诫命之前,可见其重要性。妥拉中关于安息日的来源有效法上帝说和纪念出埃及说。首先,效法上帝说认为,"因为六日之内,耶和华造天、地、海和其中的万物,第七日便安息"(出 20:11),妥拉要求以色列人效法上帝,歇了工,将这一天全然奉献给上帝。上帝祝福了这天,称为圣日(创 2:1—3)。上帝为以色列人在这一天休息做了表率。妥拉中多次强调要谨记这一日(出 20:8;申 5:12),犹太人要六天做工,第七日要休息(出 34:21)。安息日成为上帝与以色列人长久立约的标记(出 31:13,17),安息日有了神谕的特征,保守安息日将他们与神紧密相连。其次,妥拉中说应当"记念"(remember)安息日,"守"(observe)为圣日(出 20:8,申 5:12)。《申命记》中的第四诫要求他们守安息日是要他们牢记在埃及为奴的生活,纪念耶和华用大能的手将他们从埃及为奴之家救出来(申 5:15),由此,安息日的庆祝与他们的历史紧密联系起来。安息日也是上帝与以色列人立约的证据,[②]是为了使以色列人成为圣的。(出 31:13,16)"记念"是要完成妥拉传统中的要求,"守"指的是不能违反安息日的要求。这是以色列与耶和华之间的立约,遵守这一关系是以色列人的责任和义务,他们要遵守耶和华的约和

---

① Song Nai Rhee, "Jewish Assimilation: The Case of Chinese Jews", p.117.
② 上帝与以色列人立约的证据有很多,《出埃及记》二十四章以血为立约的证据。

诚命,不能去追随邪神。①

　　开封犹太人守安息日的方式主要有"斋"和"不火食"。开封犹太人甚至用"斋"字代表"安息日",一四八九年碑说,"每月之际四日斋",此处的"斋"即是指安息日。此处的斋戒,更强调洁净心灵之意。浦安迪利用庄子人的"心斋"的概念,说斋就是洁净心灵的意思,②一四八九年碑也说,斋是"入道之门,精明之志",强调的是斋的精神层面的内容。"斋"与妥拉中举行圣会的要求一致。古代以色列的安息日需要献燔祭(民 28:9,10),献两只没有残疾、一岁的公羊羔,并用调油的细面伊法十分之二为素祭,又将同献的奠祭献上。(民 28:9)安息日献祭的传统由于圣殿被毁不复存在,但是举行圣会和不能做工的律法依然保存。安息日应当有圣会,要吹角做纪念(利 23:24)。

　　开封犹太人在安息日当天"不火食",这一做法符合妥拉的要求。开封犹太人直接性史料中记载他们"不火食"(一六六三年碑),这一做法由传教士的史料得到印证。骆保禄、孟正气的书简都曾写到,犹太人每逢安息日(原文为星期六),他们不动烟火,不烹饪任何食物,而星期五就将食物烹调好。③ 但是没有资料载明,开封犹太人是否在安息日泡茶喝,按照严格的犹太律法,用开水泡茶喝也算是蒸煮之类,是不被允许的。妥拉要求以色列人星期五将安息日当天需要的食物准备好(出 16:23),安息日不可生火(出 35:3)。这项"不火食"的规定与伊斯兰教中禁止饮食不同,只是在安息日当天不开火,不是要禁食(fast)。关于不做工的要求,妥拉经文明确规定什么工都不可做(23:3),碑文中没有明确的记载,但是从他们"不火食"的做法中大致可以推断出来开封犹太人也会遵守这一规定。亵渎安息日的,必要被治死(出 31:14,15),从民中剪除(出 31:14)。

　　开封犹太人强调安息日的重要性,妥拉也是如此。开封犹太人认为守安息日"欲人静察动省,存诚去伪,以明善而复其初也",④使人回归上帝,强调安息日是与神相关的节日。(一六六三年碑)"斋乃入道之门,积善之基。今日积

---

　　① 田海华:《希伯来圣经中十诫与约的整合》,第 79 页。另参见田海华:《希伯来圣经之十诫研究》,北京:人民出版社,2012,第 170 页。

　　② Andrew Plaks, "The Confucianization of the Chinese Jews: Interpretations of the Kaifeng Stelae Inscriptions", p. 36, 118.

　　③ 荣振华、李渡南等编:《中国的犹太人》,第 47、91 页。

　　④ 浦安迪使用道家《易经》中的卦位解释一周七天周而复始的概念。参见浦安迪(Andrew Plaks):《中国犹太人的儒化:开封石碑碑文释解》,第 143 页。

一善,明日积一善,善始积累。至斋,诸恶不作,众善奉行。"(一四八九年碑)"斋"能使人"入道""积善"。妥拉也强调守安息日,安息日要纪念以色列人出埃及以及与上帝立的约。妥拉没有强调安息日应该与身体的休息和心灵的净化相结合,日后犹太人将安息日看作上帝赐予的礼物,对心灵净化提出要求,但这些都是从妥拉中推演出来的。

开封犹太人还有一些庆祝的风俗在传教士的书信中记录下来,但是他们的公众性材料并没有记载。传教士在他们的书信中详细描写了开封犹太人安息日的庆祝场面。根据传教士的记载,他们在安息日中非常重要的习俗是从至圣所中请出《五经》,头戴面纱在会堂中诵读。① 他们先念一段经文祝圣祷文以纪念摩西,读经时脸上戴着透明的面纱,效仿摩西在山上与上帝一起时遮盖自己的脸。经文讲到上帝创世的第七天(创 2:1—3),在经文中会引用《创世记》一章 31 节,里面会用到上帝的四字母圣名,所以,开封犹太人在每个安息日的时候会讲到上帝的名字,他们会使用阿多奈(Adonai,主的含义)代替,但是他们的碑文中没有写下来。安息日的祷文中还有对《出埃及记》的回顾,这与圣经中《出埃及记》二十章 11 节和《申命记》五章 15 节相对应。开封犹太人仅在碑文中描写了斋戒、不火食的规定,强调了斋戒对修养身心的重要作用,没有耗费笔墨描写这些节日庆祝场面。这些节日庆祝活动的犹太特征尤其明显,但是与儒家文化中的斋戒、修身等不相符,开封犹太人史料对安息日庆祝活动的描述进行了取舍。

赎罪日是开封犹太人碑文中记载最详细的节期,也是妥拉中非常重要的节期。这是一年中最庄重的斋戒日,也称为"盛日"(Yoma),在犹太历提市黎月 10 日(七月初十日),公历的 9 月或 10 月份,是"安息日中的安息日"。②

开封犹太人守赎罪日的方式和妥拉传统一致。赎罪日在开封犹太人碑文中有明确的记载:"一日大戒,敬以告天,悔前日之过失,迁今日之新善也。"(一四八九年碑)这一天除了当守安息日的要求之外,还是专门设为悔改的一天,为了让犹太人从一年的过错中解脱出来,重新开始,需要"悔前日之过失,迁今日之新善"。这也正是骆保禄书信中所记载的,犹太人怀着满腔悲痛,在会堂

---

① 荣振华、李渡南等编:《中国的犹太人》,第 46 页。
② 周燮藩主编:《犹太教小辞典》,上海:上海辞书出版社,2003 年,第 283 页。

内痛苦一整天。①《利未记》记载："耶和华晓谕摩西说：'七月初十日是赎罪日，你们要守为圣会，并要刻苦己心，也要将火祭献给耶和华。当这日，什么工都不可作，因为是赎罪日，要在耶和华你们的神面前赎罪。'"（利 23：26—28）碑文还强调了要"闭户清修"（一六六三年碑），因为平时人们日常私欲太重，不能与天相沟通，恭敬正道（"人杂于私欲，浅于理道"［一六六三年碑］），所以这一天要进行反省，梳理之前的过失，并且下定决心不再犯同样的错误，"以培养其天真"（一六六三年碑）。各行各业的人都要停止歇了当下的工，"士辍诵读，农罢耕芸，行旅止于途。"（一六六三年碑）这样就可以"情忘识泯，存心养性，以修复于善，庶人静而天完，欲消而理长矣"（一六六三年碑）。这与圣王之前的做法相同，"易曰：先王以至日闭关，商旅不行，后不省方，其斯之谓欤！"（一六六三年碑）碑文特别强调这一天的自我反省和重返本心，存心养性，这些儒家的修身之道，没有强调自己犯罪是得罪了耶和华，只是要"告天"而已。妥拉要求犹太人在这一天"刻苦己心"（利 16：29，31；23：27，32；民 29：7），不能做工，只为了让以色列人在耶和华面前洁净，脱离罪愆。祭祀需要穿上细麻布的圣衣，行赎罪之礼。行赎罪之礼的地方为至圣所、会幕和坛，所有供奉耶和华的场所，祭祀是为众祭司和会众的百姓赎罪（利 16：29—33）。妥拉中描写的赎罪方式为献祭，献"公牛犊一只，公绵羊一只，没有残疾、一岁的公羊羔七只"作为燔祭献给耶和华，同时还要献素祭。这一天要有圣会，是吹角的日子。如遇安息日和赎罪日重合，安息日也要为赎罪日让路。赎罪日之前是四十天的祈祷，为赎罪日那一天打下基础，为新的一年定下基调。圣殿被毁之后，犹太人仍然会在安息日这一天举行圣会，在会堂举行仪式。同时，犹太人一整天都要禁食，祈祷和默念，请求上帝宽免一年未践行的誓约。② 这一日要大戒，"饮食俱绝"（一六六三年碑），洁净自己（利 16：31）。传教士也记载他们在这一天要痛苦一整天，满怀悲痛。③ 其他的节日大多是要从日落到日出斋戒，但是赎罪日是要二十五小时斋戒。

三、　原因探析

　　开封犹太人在史料中非常清晰地阐述妥拉中的宗教礼仪律法，这些律法

---

① 荣振华、李渡南等编：《中国的犹太人》，第 47 页。
② 周燮藩主编：《犹太教小辞典》，第 283 页。
③ 荣振华、李渡南等编：《中国的犹太人》，第 47 页。

不仅是犹太特征的标识,同时也与儒家传统相契合。儒家对宗教礼仪也非常重视。孔子主张以礼治国,并认为"礼为大"。(《礼记·哀公问》)儒家重礼,"凡治人之道,莫急于礼。礼有五经,莫重于祭。"(《礼记·祭统》)孔子重视的礼有五类,其中最重要的就是祭礼,向神祇献祭的礼仪,祭祀的礼仪是"礼"最重要的内容。孔子以周礼为典范,强调礼俗在规范社会行为中的作用,儒家认为礼仪能够帮助道德的内化。儒教的祭祀系统非常丰富庞杂,其中比较重要的祭祀系统有社稷神、帝王祭祀、孔庙祭祀、武神祭祀、城隍庙祭祀等。[1] 在所有的祭礼中最重要的是祭祀天地。"礼有三本:天地者,生之本也;先祖者,类之本也;君师者,治之本也。"(《荀子·礼论》)事天是礼中最为重要的,向天地献祭是事天的重要手段。[2] 儒家的祭祀是所有人都可以参与的活动,只是参与活动的内容不同。儒家关于祭祀礼仪的规定主要在于天子、大夫、诸侯等祭祀天地,当然也有士人祭祀祖先的原则,总原则是"事死者如事生"(《礼记·祭义》)。一般民众除了祭祀自己的祖先之外,还可以祭祀门神、灶神等神灵。宋代以前,事天是天子的权利,宋代以后,儒生可以通过自己的德行事天,但是祭祀上帝的礼仪仍然是天子的特权。从宋代开始,百姓可以各种形式祭祀天地,到清代更成为不可抗拒的历史潮流。[3] 祭祀祖先和天神的习俗是中华民族信仰的核心,可以归纳为"敬天法祖"的传统。由于这一传统,儒家依"神道设教",促进道德教化。[4] 在儒家的祭祀之礼以及敬天法祖的基础上,形成了郊社宗庙制度和其他的祭祀制度,这成为了维系社会秩序和家族稳定的重要力量。开封犹太人在史料中特别引用儒家经典《易经》中的句子论证自己节期庆祝的合法性,并强调了斋戒在礼仪庆祝中的作用,这些做法符合儒家的修身要求。他们的一些礼仪,比如一日三祷的做法,与中国文化相符合,并且对外界没有不良影响,没有受到任何干涉。他们对斋戒及修身的强调形成了自己的宗教礼仪特色。

同时,开封犹太人的宗教礼仪在与儒家文化融合的过程中,没有强势地与儒家文化发生冲突。虽然宗教礼仪属于某一宗教,但是由于社会中多种宗教并存的现状,一种宗教礼仪总是会与其他社会文化因素之间产生互动。基督

---

[1] 李申:《中国儒教论》,第 75 页。
[2] 同上书,第 9 页。
[3] 同上书,第 123 页。
[4] 牟钟鉴:《儒道佛三教关系简明通史》,第 4 页。

教传入中国之后,中国重"礼"的习俗与基督教的宗教礼仪发生冲突,这就是历史上的"礼仪之争"。① 礼仪之争主要集中在能否祭祖,能否祭孔以及圣号译名这三个主要问题上。西方传教士以"基督教中心论"的立场来看待这一问题,坚持基督教正确论,皈依的中国基督徒需要完全摒弃中国传统文化,从而引发严重冲突,最后导致传教士被逐出中国的后果。开封犹太人由于在文化上的弱势地位,没有挑战儒家文化和儒家礼仪,因此可以在遵循儒家文化的前提上,保持自己的宗教礼仪传统。

开封犹太人的宗教礼仪有一个逐渐减退的过程。1605 年艾田见到利玛窦时,开封犹太人还过传统的节日,给婴儿行割礼,遵循摩西的律法,和传统犹太人的生活差不多。他们保持非常有特色的周五晚上点蜡烛,不同的节期有不同的祭祀习惯,吃不同的食物等习俗。随着最后一位拉比的去世,他们的宗教仪式停止,仅有少数饮食传统如不吃猪肉和挑筋习俗保存下来。

第五节　开封犹太人承继日常生活律法

开封犹太人的日常生活也是他们身份认同的标志之一。日常生活中的饮食等规定也出现于妥拉传统中,《利未记》《申命记》中有大量的篇幅规定了饮食、洁净、婚姻等各方面的条文规范。史料彰显了他们在日常生活中对妥拉传统的继承。开封犹太人在碑文中强调,妥拉的内容主要是关于日常伦理,"天地万物,纲常伦纪,经之大纲也;动静作息,日用饮食,经之条目也。"(一六六三年碑)明清时期的开封犹太人被称为"青帽回回",从而与伊斯兰教徒和汉人等人群相区分。他们除了去会堂,守安息日,过犹太的宗教节日等宗教生活与众不同之外,他们日常生活也与周围人群不同,比如他们饮食中的挑筋习俗,婚姻中的利未婚制度,等等。但是,他们的公众性史料中没有强调这些不同,而是特别强调犹太教和儒家的相通性。

一、 开封犹太人的饮食律法

犹太饮食律法是犹太人身份建构的重要内容。个人因认同这个群体的价值而遵守群体的行为规范,从而在群体中获得归属感,饮食律法是群体规范的

---

① 关于"礼仪之争"的论述,参见李天纲:《中国礼仪之争》,北京:中国人民大学出版社,2019 年。

内容和实现的手段。犹太教以律法的方式规定了饮食禁忌以及饮食的其他内容。饮食律法包括三个方面的内容:"物",即食材的可食与不可食,"人",即遵守宗教仪式和教规的信徒,以及"方法",即教规。① 犹太饮食律法是为了使犹太人成为"圣洁的人"(出 22:31;申 14:21;利 20:26),帮助犹太人圣化生活,犹太饮食律法体现出犹太人对秩序的追求。这些鲜明的宗教性,对保持犹太民族性有重要的作用。

儒家非常注重饮食礼仪,并大都从正面描述饮食的重要性及规范,没有从反面规定饮食禁忌。儒家认为饮食是人的必需,"民以食为天"(《汉书·郦食其传》)。儒家非常关注饮食中的礼仪,认为中国礼仪最初就来自饮食,"夫礼之初,始诸饮食。"(《礼记·礼运》)中国饮食文化中虽然饮食禁忌不是很多,但是饮食的礼仪规定比较复杂。

开封犹太人对饮食律法的遵守主要体现在日常生活中对饮食禁忌的遵守,以及史料中对宗教节期中饮食律法以及饮食礼仪的遵守,这体现出犹太儒生在儒家文化中对饮食律法表述的适应。

首先,史料"迎"合了妥拉传统对宗教节期饮食的规定。他们强调饮食都是根据妥拉而行,即"饮食可叵于经"(一五一二年碑),这些跟日常生活密切相关的律法,他们都谨慎地遵守:"如饮食衣服之适于人,而不敢须臾离也。"(一六六三年碑)妥拉规定,赎罪日要全天禁食(利 23:26—32),碑文也写有"四季之时七日戒……亡绝饮食"(一四八九年碑)。

其次,史料"隐匿"②了对饮食禁忌的描述,但是在日常生活中他们会遵守这些禁忌。犹太人的饮食禁忌部分源自闪米特文化的游牧生活,妥拉文本中对此有详细的记载。对犹太人来说,只有符合法规的饮食才被称为"Kosher"("可食")食品。关于食材的规定最早见于《利未记》十一章和《申命记》十四章中,耶和华晓谕摩西、亚伦告知以色列人,地上、水中、雀鸟中哪些洁净的可吃,哪些可憎的不可吃。妥拉中的历史叙事也对今天的犹太饮食有影响。比如《创世记》记载雅各与天使摔跤,大腿窝受伤,从此"以色列人不吃大腿窝的筋,直到今日"(创 32:22—32)。还有一些特殊禁忌,比如不能吃任何动物的血

---

① 刘博:《犹太教与伊斯兰教的洁食文化——解读饮食禁忌及其伦理思想》,载《青海民族研究》2014 年第 25 期,第 176 页。

② 此处"隐匿"意在表明这是碑文作者的"主动"行为,他们故意没有记录这方面的内容,并不是他们忽略掉这一传统。

(利 17:10),脂油和肠(利 7:22—25),肉类食品和乳制品不可同时食用(出 23:19)都是妥拉中规定的内容。拉比犹太律法规定了屠宰的特殊规定,比如屠宰之前祈祷的要求,对刀刃的检查,屠宰必须一刀毙命,等等。这些饮食禁忌在史料中没有体现,但是间接性的资料显示他们的饮食习惯,特别是饮食禁忌将他们与周围的人区分开来,周围的人甚至以他们吃肉挑筋的饮食习惯命名犹太教为"挑筋教",他们居住的胡同为挑筋教胡同。

最后,直接性史料中也略去了某些宗教节期的饮食要求,比如安息日不可做工,不能生火的规定(出 35:1—3),逾越节要除去一切有酵的食物,吃无酵饼以纪念出埃及的规定(出 12:14—20;13:3—10)等。但是他们宗教生活中会严格遵守这些规定,只是在直接性的史料中没有体现出来。

开封犹太人虽然在私下对饮食禁忌的遵守非常严格,但是在史料中呈现出来的饮食律法只是经过史料作者选择后的结果,究其原因,他们对饮食律法呈现与否的选择基于这些饮食律法与儒家文化是否相符。禁食的做法与中国的斋戒相同,因此,他们将其书写在碑文中。但是儒家文化重视饮食礼仪,而不是饮食禁忌,因此饮食禁忌是开封犹太人在史料中省去的内容。

二、 史料中的从政传统

妥拉律法没有关于以色列人从政的规定,但是先祖传统中约瑟和但以理却是在流散之地融入政治体制的典范,是在外族政府从政的先驱。由于犹太教教徒不需要远离世俗,全身心地投入到宗教事务中,所以他们一般在世俗社会中拥有自己的身份和职务。在先祖传统中,约瑟在埃及居于高位,很好地融入了流散地的教育和政治体制,由于他在埃及的地位,最后能够给他的父亲和兄弟们以庇护,使他们免于饥荒。流散犹太人投身世俗事务,投身所处的外邦社会沿袭了圣经中约瑟的做法。

开封犹太人史料中也有犹太人从政的表述。流散中国的开封犹太人也同样融入中国的教育、政治体制。元朝时期,政府设立"回回国子监",是国家最高学府。凡蒙古、色目、汉人官员子弟都可入学,学习内容为中国传统的四书五经的内容,还学习外语,他们日后可以在政府部门做翻译官。在万般皆下品,唯有读书高的氛围中,入仕途会获得比较高的社会和经济地位,所以开封犹太人"进取科目而显亲扬名者有之"(一五一二年碑),1646 年赵映乘考中举人,在福建和湖广分任监察签事和江防道即是非常典型的例子。开封犹太人学习妥拉和学习四书五经之间不是对立的关系,他们在世俗社会的成功能够辅助会堂的发展。[①] 开封犹太人由于财力的限制,没有自己开设私塾供孩子念书,但是掌教在会堂内进行教学。犹太儒生们深入学习儒家经典以通过科举考试,为他们运用儒家学说解释犹太教提供了便利,在犹太信仰与儒家文化相冲突的地方,犹太儒生在中犹两种文化之间搭建了一座桥,这座桥使得二者在信仰上互相连接。考取功名的儒生为社群的存续提供了经济保障,他们融入社会上层,与朝廷的密切关系为犹太会堂的重建取得政府的支持。同时,考取功名的儒生大多数也是在宗教事务中特别活跃的人群。这些儒生形成了犹太士大夫阶层,他们既可以为社群的发展提供经济帮助,又可以向外界宣传宗教信仰,在必要的时候还能写文章护教。开封犹太儒生赵映乘曾作《圣经纪变》(一六六三年碑),赵映斗作《明道序》十章,介绍犹太人的妥拉。[②] 犹太儒生还在教案期间用汉语写过一本介绍教派的小书,递呈给官吏。[③]

中国人对犹太人参加科举从政没有反对,这与欧洲国家的做法截然不同。这种争夺生存空间的做法在中国一直没有出现,因为中国文化本来就是多种种族融合的文化,因此,没有对外来文化的排斥。同时,科举制度设立的初衷以及效果都符合政治家的意图,因此得到由上而下的支持。

这种与当地文化相融合的政策是犹太流散史上是很正常的现象,有学者将开封犹太人学习本地文化,参加科举考试视为他们同化的原因,不完全正确。[④] 一方面,参加科举考试,学习儒家文化同学习犹太经典、犹太文化不相冲突。中国的回儒也是一边学习儒家文化,参加科举考试,一边学习伊斯兰教法,用儒家文化阐释伊斯兰教,发扬光大了自己的宗教。另一方面,参加科举考试的犹太儒生们为本地犹太教的发展做出了贡献。开封犹太人中的儒生赵映乘、赵映斗、金钟、左唐等人学习儒家文化,考取功名,在朝为官,反哺犹太社群,成为社群中的活跃成员,为社群发展做出了贡献。

---

① Paper, *The Theology of the Chinese Jews, 1000–1850*, p.87.

② 可惜赵映乘、赵映斗的著作已经遗失,具体内容无从考证。

③ 荣振华、李渡南等编:《中国的犹太人》,第48页。

④ Wendy Robin Abraham, *The Role of Confucian and Jewish Educational Values in the Assimilation of the Chinese Jews of Kaifeng, Supplemented by Western Observer Accounts, 1605–1985*, Doctoral Dissertation, Columbia University, 1989.

第六节　本章小结

开封犹太人对妥拉传统的承继是他们犹太特征的体现，是开封犹太社群区别于其他宗教社群的重要标志。开封犹太人没有为上帝找到唯一正确的中国名字，而是遵循妥拉和中国文化中的多元命名体系，为上帝在亚洲语境中寻找到多种名称。他们秉持"无偶像论"的立场，坚持无像传统。他们将犹太教历史上的"祖师"浓墨重彩地加以描述，表现出他们对"教"的传承的重视，他们注重读经和释经的传统，重视宗教实践甚于宗教教义，因此礼拜、安息日、赎罪日等宗教礼仪作为妥拉遗产被很好地承继下来。犹太律法保障了宗教仪式和社会习俗的承继以及犹太社群的延续性，同时也是犹太人与"他者"区分出来的手段。开封犹太人能够在与外界失去联系三百年后仍保持宗教信仰，更多的是得益于他们的宗教仪式。他们日常生活遵守饮食律法，参与当地政治，妥拉律法体现在开封犹太人的日常生活中同时也深深地烙上了儒家文化的印记。当然，开封犹太人的生活是这些律法传统的自然流露，这些做法既符合妥拉传统又符合中国文化要求，正是开封犹太人史料中所大力宣扬的内容。

开封犹太人在承继妥拉传统的过程中，虽有对妥拉传统的微调，但是有些内容却是为了适应社会语境并被大众所理解和接受，他们进行了显著的处境化处理。这些处境化的处理主要体现在重塑妥拉中的摩西形象，以盘古、女娲比附亚当、挪亚形象，将犹太人的叙事传统与中国的叙事传统相结合，符合中国自上而下大一统的观念，对祭祀传统和伦理传统的处境化处理，等等。开封犹太人的对妥拉传统的处境化重塑是开封犹太人处境化特色最明显的特征，这一特征将在下一章进行详细论述。

第二章 妥拉传统的处境化重塑

　　生活在明清时期的开封犹太人,他们在上帝观,尊经释经传统,祖师形象的塑造,律法传统的遵守等方面都显示出他们的犹太特征,虽然他们继承妥拉传统时根据所处的语境进行了些微的调整,但是处境化重塑的痕迹没有那么明显,犹太特征仍然占主要的方面。详细阅读开封犹太人的史料我们会发现,有些妥拉传统经过开封犹太人的处理,已经完全披上了儒家和中国文化的外衣,尽显中国的特色。这种处境化的处理更能显示出开封犹太人的文化适应策略以及由此而形成的开封犹太教的特点。这种处境化的处理主要体现在开封犹太人史料中摩西的圣人形象的塑造,亚当挪亚中国形象的比附,开封犹太人的历史叙事,祭祀传统及伦理关系等方面。开封犹太人将妥拉传统中的某些方面"转"化为儒家语境中易于接受的特征,与儒家文化融"合"在一起,体现出妥拉传统的处境化重塑。[①]

第一节　摩西的圣人化处理[②]

　　摩西按照上帝的命令带领以色列人出离埃及,并将妥拉带给以色列人,甚至有学者称摩西五经是"摩西的自传"。[③] 开封犹太人留下的四通碑文中,三通

　　[①]　由于"转"和"合"的研究方式关注的是开封犹太人的文化适应过程,但是史料中呈现出来的是整合之后的传统,因此,文章没有分析"转"的过程,而是将"转""合"结合在一起,研究"整合"/"融合"之后的传统。

　　[②]　作者曾以《明清时期中国犹太人视域中的摩西形象——基于碑文和妥拉文本对读的视角》为题,探讨开封犹太人史料中的形象问题,发表于《道风:基督教文化评论》2021年春第54期,第436—461页。

　　[③]　Rolf P. Knierim, "The Composition of the Pentateuch", *Society of Biblical* （转下页）

碑文描写了摩西的形象,碑文分别以"乜摄"(一四八九年碑和一五一二年碑)和"默舍"(一六六三年碑)来称呼摩西。[①] 除摩西之外,碑文对圣经中其他人物形象如亚当、亚伯拉罕等着墨相对较少,又基于摩西在妥拉中的地位,因此摩西成为本节论述的主体。本节通过分析碑文对妥拉文本中摩西形象的接受、拒绝和融合,管窥开封犹太人对摩西形象的处境化重塑以及他们在中国处境下的文化适应策略。

一、 圣经中的摩西形象

圣经批评传统认为,妥拉中关于摩西的描述不是来自与摩西生活在同时代的人,而是来自后世的描写。[②] 后世的作者或编者根据当时的传统,增添符合当时处境的内容而形成了现在的妥拉文本。此处摩西形象的描述是以正典后的妥拉文本为对象,探讨历史记忆中的摩西形象,而不从形式批判(form-criticism)、传统历史批判(traditio-historical exegesis)等进路讨论不同底本中摩西的形象或历史中摩西的形象问题。

妥拉对摩西生平的勾勒虽然略显零散,但也大致描绘出摩西从出生到死亡的传奇故事,摩西形象的塑造主要围绕出埃及叙事和西奈旷野叙事展开。其中出埃及叙事处于摩西故事的核心,摩西作为上帝和以色列人的中介,在希伯来圣经主要的"历史诗篇"(诗 77,99,103,105,106,135,136)中都有提及。[③] 西奈旷野叙事主要强调了上帝传经与摩西以及摩西教导百姓的故事。

(一) 作为五经作者的摩西

五经的作者是摩西这一观点是犹太教和基督教很久以来的传统认知。五经中有一些经文表明摩西写了五经的部分内容,比如他写成了律法(出 24:4),还有耶和华说的将亚玛力的名号涂抹的话(出 17:14),但是经中没有说五经全是由摩西写的,或者是由某一个人写的。最早说摩西是五经作者的著作出现在公元前 2 世纪的《便西拉智训》(*The Wisdom of Ben Sira*)一书,在同

(接上页) *Literature* Seminar Papers 24(1985), pp.393 – 415. 这种说法有夸大摩西的地位之嫌,因为五经中除了摩西的叙事,还有很多其他的内容。

① 虽然有些用词的差异,内容的不同,但是对摩西形象的描写总体上是一致的,因此本书没有区分碑文间的细微差异。

② Gerhard von Rad, *Moses*, Cambridge: James Clarke & Co, 2012. First published by The Lutterworth Press, 1960, p.1.

③ 当然,历史诗篇七十八篇没有提到摩西,但是《诗篇》九十篇被称为"神人摩西的祈祷"。

时期,一些犹太护教者在翻译希腊文时将摩西称为立法者和民族史诗的编撰者。① 约瑟福斯认为摩西是五经的作者,包括律法书和关于历史传统的记载。他常常把五经称为"摩西五书",所以最初说摩西写了律法,后来就推到写了叙事部分。在第二圣殿时期,人们对这一说法也相信不疑。就像将《箴言》《传道书》《雅歌》的作者归于所罗门,诗篇归于大卫一样,人们将五经的作者归于摩西。

　　学术界不乏对摩西作为五经作者的质疑,虽然起初这些质疑遭到反对。最早质疑摩西是五经作者的人是斯宾诺莎(Spinoza),他在 1670 年发表的《神学政治论》(*Tractatus Theologico-politicus*)一书中的第八章列举了圣经中的一些经文,不可能是摩西写的。② 后来持类似观点的还有霍布斯(Thomas Hobbes)、西蒙(Richard Simon)。在当时天主教占统治地位的时候,他们的著作都被毁。1906 年,德国历史学家爱德华·迈尔(Eduard Meyer)甚至认为摩西在历史上不存在。③ 随着越来越多的学者从人文主义的视角审视圣经文本,文本的语言风格、重复与自相矛盾等文学风格被纳入研究视野,圣经文本被认为是包括口述传统在内的多个传统互相融合,并经过编修而形成的文本。威尔豪森(Wellhausen)提出了底本假说(Documentary Hypothesis),他认为五经有 JEDP 四个不同的来源,每个来源形成于不同的时代,有前后相继的发展过程,P 典作为最后的编修者,综合了前三个来源。④ 这种底本假说否认了摩西作为五经作者的可能性。之后的衮克尔(Hermann Gunkel)从形式批判(form criticism)的角度探讨五经中的口述传统,冯·拉德(Gerhard von Rad)⑤和马丁·诺斯⑥的传统历史方法(tradition-historical method)则试图解释五经作者对诸传统的编修。

---

① Blenkinsopp, *The Pentateuch*, p.1.

② Ibid., p.2.

③ Martin Buber, *Moses: The Revelation and the Covenant*, New York: Harper Brothers, 1958, p.7.

④ Julius Wellhausen, *Prolegomena to the History of Ancient Israel*, New York: Meridian, 1957.

⑤ Gerhard von Rad, "The Form-Critical Problem of the Hexateuch", in *The Prolem of the Hexateuch and Other Essays*, Edingburg & London: Oliver & Boyd, 1996, pp.1–78.

⑥ Martin Noth, *A History of Pentateuchal Traditions*, Translated by B. W. Anderson, Englewood Cliffs: Prentice-Hall, 1972.

（二）接受诫命的摩西

妥拉中的摩西是接受上帝的诫命，引领以色列人出埃及的摩西，也是接受将妥拉带给以色列人的摩西。《出埃及记》主要是从神人关系的角度出发描写出埃及的过程：上帝记得他对以色列人祖先的预许（2:24），摩西的职责来自他先祖的上帝（3:6），他将与摩西"同在"，把"我的人民"带领出来，从而可以在山上"侍奉"上帝。（3:10ff）《出埃及记》第六章中写上帝带领以色列人出埃及就是基于他与以色列的关系："我从前向亚伯拉罕、以撒、雅各显现为全能的神……我要以你们为我的百姓，我也要作你们的神。你们要知道我是耶和华——你们的神，是救你们脱离埃及人之重担的。"（出 6:3,6f）在与法老面对面时，以色列人被耶和华称作"我的百姓"（7:4,16;8:1;参见 3:10;4:22），以色列人的未来依托于他们"侍奉"上帝中："容我的百姓去，好……侍奉我。"（7:16;8:1,20;9:1）耶和华也将自己描述为"希伯来人的神"（7:16;9:1;10:3;参见 5:3）。总之，摩西和法老之间的冲突（出 5—11）都是关于让希伯来人与他们的神之间建立正式的关系，使他们可以以祭祀的方式"侍奉"他们的神。但是关于祭祀的性质他们是不知道的，摩西曾经说："我们的牲畜也要带去，连一蹄也不留下；因为我们要从其中取出来，侍奉耶和华——我们的神。我们未到那里，还不知道用什么侍奉耶和华。"（10:26）耶和华在西奈山上将诫命、律例典章传给摩西，使百姓都知晓。（出 20:1—21;21—23;26—31）

二、 史料中的摩西形象

开封犹太人虽然对摩西形象的塑造有明显的儒家文化的痕迹，但是仔细分析之后也可以发现史料中既有对妥拉叙事的迎合，也有隐匿，但是重塑的内容更丰富，更有儒家的特点。因此，本书将摩西的形象塑造作为开封犹太人文化适应的重要方面。

（一）"迎合"的摩西形象

开封犹太人史料对妥拉叙事中摩西形象的接受即为"4Rs"研究进路中的"迎"，史料对妥拉中描写的"迎合"/接受主要表现在西奈叙事中上帝传经以及摩西作为律法中介教导百姓的叙事，但"迎合"中也根据儒家语境调整了某些细节。

首先，作为"正教祖师"的摩西与妥拉中的摩西形象无二。希伯来圣经将妥拉中所有的律法都归于摩西，摩西是出埃及的民族英雄与律法的代名词。

西奈叙事中,摩西不仅上到西奈山(出 19:20),被授予律法(出 24:12;31:18),教训百姓(出 24:3;24:12;31:18),他还按照上帝的要求建造上帝的移动圣所——会幕(the Tabernacle),他是"以色列信仰的创立者"(founder of Israel's faith)、"立法者"。① 开封犹太人在史料中认同摩西作为犹太教创始人的身份,摩西被称为先祖之一,②虽然不同史料的称呼略有不同,比如一四八九年碑称为"正教祖师",一六六三年碑称为"圣祖"。摩西在开封犹太人信仰中的身份体现在会堂的陈设上,开封犹太人在会堂中央放置"摩西之椅",安息日和重大节日时将妥拉放在"摩西之椅"上宣读。③ 骆保禄在开封犹太人的"至圣所"中看到十三个桌案,放着十三部经卷,以纪念摩西(放在当中)和以色列族的十二支派(左右各六部)。④ 同时,礼拜寺内设有教祖圣祖殿,纪念以色列的祖先亚当、以扫、雅各、摩西、以斯拉等(殿内有牌位但无画像)。⑤ 这种崇敬摩西的方式与中国的"祀先"(一四八九年碑和一六六三年碑)习俗相同,他们对祖先的崇敬通过怀念先祖来实现的,但并不是对祖先的崇拜(worship)。⑥ 开封犹太人在祭祖时不用画像,不用猪肉等祭品,⑦是因为他们受到中国祭祖传统的影响并在实践中有意无意地模仿,将对于"祖先"的情思投射到摩西身上,一如一四八九年碑所说"敬天而不尊祖,非所以祀先也"。

开封犹太人也注意到摩西与亚伯拉罕的传承关系。史料中写到亚伯拉罕"立教",他"相传授受"(一四八九年碑),"一传"(一四八九年碑)而至摩西,因此,亚伯拉罕被称为"立教祖师"。妥拉中的亚伯拉罕独树一帜,在多神崇拜的语境中只崇拜独一神耶和华(创 12:8),可算是立教之人。因此,中国古代的犹太人追溯教祖之时,亚伯拉罕是第一人。而在史料中摩西被称为"正教祖师",此处的"正教"中"正"的涵义是"正统",表示没有偏离亚伯拉罕所创立的

---

① Buber, *Moses: the Revelation and the Covenant*, p.10.

② 一四八九年碑提到的另外两个先祖是亚伯拉罕和以斯拉,一六六三年碑没有提到以斯拉,提到了亚当、亚伯拉罕和摩西。

③ 荣振华、李渡南等编:《中国的犹太人》,第 84 页。

④ 江文汉:《中国古代基督教及中国犹太人》,第 160 页。另参见荣振华等:《中国的犹太人》,第 82 页。

⑤ 江文汉:《中国古代基督教及中国犹太人》,第 162 页。

⑥ 天主教入华传教士的"礼仪之争"围绕中国的"祭祖"习俗是否为"祖先崇拜"而展开,但是开封犹太人没有关于祭祖礼仪的争论,他们将中国的祭祖传统和妥拉中的先祖传统很好地结合了起来。

⑦ 荣振华、李渡南等编:《中国的犹太人》,第 93 页。

宗教,与儒家的"道统"观点相吻合,强调宗教的传承关系。同时"正"也可作动词解释,表示摩西使宗教回到源头(亚伯拉罕),回到正统,这与以斯拉①重塑律法的权威,也被称为"正教祖师"的涵义相同。

"正教祖师"的形象也体现在摩西将妥拉传授给以色列民众,这与妥拉中摩西的先知形象(申 18:15;34:10)相似。② 从犹太教传统上看,摩西被称为"原型先知"(Proto-Prophet)。③ 他跟耶和华关系亲密,可以"面对面说话"(出 33:11)。但是,摩西作为先知的形象在圣经中的描述与广义上的先知特征有很大的不同。广义的先知侧重他们作为上帝的"代言人"的形象,圣经译本也使用"神言人"④"预言者"⑤等来翻译,而此处的先知形象侧重的是他与耶和华沟通之后向民众宣讲与诠释律法(申 1:5;4:44),⑥强调摩西作为律法中介与诠释者的身份。⑦ 一如碑文所讲,"乜摄传经,为之师法"(一五一二年碑)。碑文中塑造了摩西宣讲律法的先知形象,这种"传道授业"的职能与圣人⑧以"神道"设教,教化百姓的功能相近。

其次,"受经于西那山"的描写符合西奈叙事的描述。妥拉中摩西在西奈山获得十诫的叙事非常生动。《出埃及记》二十到三十章写到律例典章的授予者是上帝,承受人为摩西,《出埃及记》三十四章 28 节/《申命记》九章 9 节写到事件的发生地点为西奈山/何烈山,⑨摩西斋戒了四十昼夜之后才拿到诫命,

---

① "再传而至正教祖师蔼子剌,系出祖师,道承祖统。"(参见一四八九年碑)以斯拉改革使得回归耶路撒冷的以色列人回到祖先的宗教,正统的宗教。

② 关于妥拉中是否使用了"先知"一词指代摩西,学者对经文"以后以色列中再没有兴起先知像摩西的"(申 34)这一句有不同的解释。不同学者的观点,可参见 Jeffrey Stackert (ed.), *A Prophet Like Moses Prophecy, Law and Israelite Religion*, Oxford: Oxford University Press, 2014, p.37。

③ 安德烈·舒拉基(Andre Chouraqui):《犹太教史》,吴模信译,北京:商务印书馆,2001 年,第 11 页。

④ "神言人"见于一九七○年吕振中圣经译本对"nabi"一词的翻译。

⑤ "预言者"见于一八六三年裨治文、克陛存等圣经译本译的"nabi"一词。

⑥ 《申命记》中先知的形象是通过传递上帝的言语来教训百姓,因此在这个意义上来讲,摩西是最伟大的先知,因为他宣讲的律法是上帝的话。

⑦ 诠释律法的身份强调摩西的先知功能。

⑧ 此处的圣人概念,指的是碑文写作的儒生的圣人观,儒家思想体系中将圣人作为崇拜的中心。这种圣人观以圣人的言行为核心,圣人成为了崇拜对象。摩西被开封犹太人赋予圣人的某些特质,但是没有将摩西提升到被崇拜的高度,因为在犹太信仰中,上帝是唯一的崇拜对象。

⑨ 授予十诫之地,妥拉中大多数使用西奈山,但是也有何烈山的说法(申 5:2,29:1)。学者一般认为这是不同传统对同一座山的不同称谓。

摩西承受的经被认为是"妥拉"。开封犹太人接受了摩西在西奈山顶接受经/道的叙事,其中包括:摩西被授予经/道(出 20—31)("受经于西那山"[一六六三年碑]);经/道来自上帝/天("虔心感于天心"[一四八九年碑];"默通帝心"[一六六三年碑]);事件发生在西奈山("求经于昔那山顶"[一四八九年碑];"受经于西那山"[一六六三年碑]);摩西在接受十诫前首先斋戒。① 楹联也有类似的描写:"由阿罗而立教法宗无象,自默舍而传经道本一中——尊教弟子艾复生熏沐敬题。"此处的"经"表示"正经",即妥拉,是犹太教立教的根本。根据一四八九碑、一五一二碑和一六六三年碑以及犹太人艾田和艾复生的两副楹联②可知,"正经"共有五十三卷。③ "正经"也被称为"天经",意为经卷的来源是"上帝"。④ 开封的犹太会堂中建有十三个经龛,⑤将妥拉经卷放置其中。⑥

最后,史料中摩西"感于天心"的描写强调妥拉中摩西与上帝的特殊关系。妥拉中的摩西有"神人摩西"(申 33:1;书 14:6)的称号,他也被称为"耶和华的仆人"(民 12:7—8;书 1:1),"在帐幕会议之前,摩西一直是上帝旨意的传递者。"⑦史料中,摩西通过"诚意祈祷"也可以"感于天心",⑧并且"默通帝心",⑨与天沟通。

史料中的记载与妥拉的描写有些细微的差异。首先,史料描写摩西著妥拉,但圣经中无此明确记载。一六六三年碑认为摩西"着经文五十三卷",⑩他

---

① 关于斋戒的说法,一四八九年碑的记载与妥拉中相合的地方更多,包括斋戒的时间"四十昼夜",以及斋戒的方式"去其嗜欲,亡绝寝膳,诚意祈祷"。一六六三年碑对斋戒的方式有了更多儒家化的描述,"不设庐,不假舍,礼曰不坛不坎,扫地而祭,昭其质也。"

② 艾田的楹联写道:"天经五十三卷口诵心维祝皇图于巩固。"艾复生的楹联写道:"道源于天五十三卷备生天生地生人之理。"

③ 关于"五十三卷"的含义,孟正气书简中写到开封犹太人妥拉的顺序与阿姆斯特丹本《圣经》中的五十三卷完全相同。参见荣振华等:《中国的犹太人》,第 99 页。

④ 关于更多开封犹太人的妥拉内容,参见李景文:《古代开封犹太族裔经书存失之考察》,第75—77 页。另参见管宜穆(Jerome Tobar):《开封"摩西五书"古老的历史及现状》,载荣振华等:《中国的犹太人》,第 248—261 页。

⑤ 十三之意是,中间的经龛是为纪念摩西,两边各六个为纪念以色列的十二支派。

⑥ Leslie, *The Survival of the Chinese Jews*, p.41.

⑦ Brevard S. Childs, *The Book of Exodus. A Critical, Theological Commentary*, OTL, Philadelphia: Westminster, 1974, p.353. 也可参见 Buber, *Moses the Revelation and the Covenant*, p.10。

⑧ "诚意祈祷,虔心感于天心"(一四八九年碑)。

⑨ "诚心求道,斋祓尽诚,默通帝心。"(一六六三年碑)

⑩ 一六六三年碑认为摩西著妥拉("着经文五十三卷"),而一四八九年碑认为他是从天接受妥拉经卷,而不是写成经卷("正经一部,五十三卷,有自来矣")。

"受经于西那山"（一六六三年碑）之后，又将妥拉写成五十三卷。五经的作者是摩西这一观点是犹太教和基督教很久以来的传统认知。拉比传统认为摩西写成整本妥拉是上帝启示的结果，所以书面妥拉是从《创世记》一直到摩西去世整个的叙事。[①] 开封犹太人受拉比传统的影响，这种认知与妥拉的记述会有些不同。五经中有些经文表明摩西写了五经的部分内容：律法（出 24:4）和十诫（出 17:14;24:4;34:28;民 33:2;申 31:9;31:22）。西奈传统中记载了摩西口述律法，《申命记》中记载摩西在摩押地去世之前诠释上帝的律例典章（申 1:5）。然而妥拉中没有经文说明五经全是由摩西写的，或者是由某一个人写的，因为妥拉中写到了摩西的死，这对常人来讲是不可能的事情。

其次，史料强调了天人关系中人的宗教虔诚。摩西"入斋"的叙事见于妥拉也见于史料。《出埃及记》三十四章 28 节写到"摩西在耶和华那里四十昼夜，也不吃饭也不喝水"。一四八九年碑也写到"四十昼夜"，但史料中不止于摩西不吃不喝，文中还进一步描写摩西"去其嗜欲，亡绝寝膳"。一六六三年碑中也写到"屏嗜欲，忘寝膳"。摩西通过"诚意祈祷，虔心感于天心"，而被授予"正经五十三卷"，史料反映了儒家体系中上天聆听世人的祈祷，祈祷感于上天从而满足世人愿望的传统。但圣经中记载摩西被授予妥拉不是由于摩西的作为感动了上帝，而是上帝拣选了摩西。摩西的宗教虔诚感动上帝的叙事在圣经中仅出现一次，即金牛犊叙事（出 32—34;申 9）中摩西为民众代祷，从而耶和华没有"发烈怒"（出 32:11），没有将他们灭绝（出 32:11）；但其中没有摩西虔诚祈祷从而感动耶和华赐予妥拉的记载。

最后，史料重视宗教仪式的作用。儒家传统和希伯来圣经中都有在神圣仪式之前斋戒的习俗，但是对斋戒的作用认知有所不同。开封犹太人认为摩西之所以能够被授以"经"书，完全是由于他斋戒之后的"诚意祈祷，虔心感于天心"，摩西在整个事件中处于主动的位置。一四八九年碑文写作于明朝初年，作者受到朱熹"内圣"说的影响，认为修身立德以"配天"，所以碑文强调"诚意祈祷"，从而可以达到"感于天心"的作用。但是在《出埃及记》中，上帝是主动的，摩西是被上帝呼召（出 19:3）到西奈山，颁下石版是上帝呼召计划的一部分，在此过程的叙事中，"斋戒"只是传统上与上帝会面之前的仪式，这种仪式（"斋戒"）不是授予经书的决定要素。

---

① Berlinand & Brettler, *The Jewish Study Bible*, p.3.

(二)"隐匿"的摩西形象

史料"隐匿"的妥拉中的摩西形象即为研究进路中的"拒",此处的"拒"不是主观上的拒绝,而是这些形象在史料中隐形,但在开封犹太人的宗教生活中是存续的。

史料"隐匿"了出埃及叙事,即《出埃及记》一到十四章和第十五章的过红海之歌,这主要体现在摩西的英雄身份方面。摩西作为民众首领,是上帝在世间的代言人,在上帝的帮助下施行神迹(出 4—15;申 34:10—12),引领民众出离埃及,摆脱奴隶的身份。[①]他帮助族人摆脱压迫(出 2:11—12),在耶和华面前蒙恩(出 33:17),作民众的领袖,是后世的楷模。[②]摩西同时具有王的形象。从古代西亚传统看,《出埃及记》开头关于摩西的生平故事暗示了摩西为王的身份,并在上帝委托摩西带领以色列人出埃及中得到进一步的印证,其中的十灾叙事中,摩西和埃及法老处于相同或者更高的地位上。[③]

从开封犹太人逾越节的庆祝和对《逾越节传奇》的诵读中可以看到他们熟知这段历史。其一,耶稣会士骆保禄的书信中描写了开封犹太人过逾越节的场景,他在一七〇四年看到开封犹太人的逾越节庆祝活动后,在信中写道:"为纪念他们出埃及的恩泽,以及脚不沾水地渡红海,而盛行无酵节和逾越节宰杀羔羊等习惯。"[④]其二,开封犹太人使用[⑤]的《逾越节传奇》[⑥]中清清楚楚地写道:"他将我们从敌人手中救出,从憎恶我们的手中救出,从我们敌人手中救出。"[⑦]"我们匆忙之中离开埃及。[⑧] 我们先祖在埃及地吃的饼,饥饿的人,都来

---

① Coats, *The Moses Tradition*, p.100.

② Aaron Wildavsky 从自身的处境出发诠释摩西作为领导者的一面,参见 Aaron Wildavsky, *The Nursing Father Moses as a Political Leader*, Tuscaloosa: The University of Alabama Press, 1984。

③ Diana Edelman & Philip R. Davies & Christophe Nihan & Thomas Romer, *Opening the Books of Moses*, Sheffield: Equinox Publishing Ltd., 2011, pp.159 – 160.

④ 荣振华、李渡南等编:《中国的犹太人》,第 87 页。

⑤ 开封犹太人不只是拥有《逾越节传奇》,而是在仪式中使用这本书,有学者根据开封犹太人《逾越节传奇》中做的标记得出此结论。参见 Wong & Yasharpour, *The Haggadah of Kaifeng Jews of China*, p.26.

⑥ 开封犹太人的《逾越节传奇》收藏在辛辛那提的希伯来联合大学的克劳图书馆(Klau Library of the Hebrew union College of Cincinnati),标号 HUC Ms 927 和 HUC Ms 931 (Wong & Yasharpour, *The Haggadah of Kaifeng Jews of China*, p.7)。

⑦ Wong & Yasharpour, *The Haggadah of Kaifeng Jews of China*, p.125.

⑧ 在不同的传统中,对以色列人如何离开埃及有不同的说法,有"逃跑说"(出 14:5),"催逼离开说"(出 12:39)以及"昂然无惧地出埃及说"(出 14:8)。

吃吧。"①书中也有关于《出埃及记》的记载,"这是摩西的作为","将这个拿在手中,你要用它来行奇迹。"②由此看来,开封犹太人保守逾越节,他们对摩西引领以色列人出埃及的叙事非常熟悉。

史料对出埃及叙事的隐匿并不是因为开封犹太人不知道这段历史,而是因为这段历史与史料主旨不相符。史料中还有很多"缺失"的传统,如创世传统,约瑟的智慧传统,先知传统,末世传统,等等。

三、 摩西形象的重塑

开封犹太人对摩西形象的重塑既包含对妥拉中摩西形象的继承,也包含对摩西形象的"儒家化"。史料中摩西的形象除了保留妥拉中摩西的"立教祖师"的形象外,对摩西的个性进行了改写,强调了犹太教传统中与儒家圣人③相一致的特征,这种新的特征呈现可以通过"4Rs"理论中的"转"(转化)、"合"(形成新的特征)进行分析。史料将儒家圣人通过自己的道德修为"与天相通"加入到摩西形象的描绘,强调了拉比犹太教中的智能与道德元素,④从而形成摩西的儒家圣人形象。拉比犹太教传统中摩西被称为"最伟大的先知",这一智慧与道德兼备的形象与儒家圣人的形象⑤相符,但与妥拉中的描述不同。

开封犹太人将妥拉中全方位有血有肉的、人的形象(民 12:3)⑥的摩西重

---

① Wong & Yasharpour, *The Haggadah of Kaifeng Jews of China*, p. 127.
② ibid. p. 134.
③ 此处的"圣人"是一种概念性的称谓,在碑文或其他开封犹太人的一手数据中,并没有直接使用"圣人"二字。一四八九年碑中说:"愚惟三教,各有殿宇,尊崇其主。在儒则有大成殿,尊崇孔子……在清真,则有一赐乐业殿,尊崇皇天。"这似乎是将孔子与上帝放在同等的位置上,但是由于碑文中也提到摩西"虔心感于天心"(一四八九年碑),鉴于摩西与上帝的关系更肖似中国的天人关系,所以此处将碑文中的摩西形象看作是具有圣人特征的形象。
④ 迈蒙尼德认为成为先知的四条标准是健全的身体,理性和智慧,完善的想象力,完善的道德。参见摩西·迈蒙尼德(Moses Maimonides):《迷途指津》(济南:山东大学出版社,1998 年),第342—343 页。
⑤ 碑文写作的明清时期,儒家体系中圣人的概念与孔子为对等的关系,但此处的摩西形象是借用圣人的某些特征,并不是将摩西与孔子地位等同。英国圣经学者罗里(Harold H. Rowley)对孔子、孟子等儒家圣人与希伯来先知作了比较研究,认为孟子与希伯来先知更加相近,参见 H. H. Rowley, *Prophecy and Religion in Ancient China and Israel* (New York: Harper, 1956)。
⑥ 和合本译本中说:"摩西为人极其谦和,胜过世上的众人。"(民 12:3)这种译法不容易看出摩西作为人的形象,希伯来原文中使用 'iyshiy,意思是人类,所以意思应为"摩西作为人类,特别谦和"。

塑为儒家的完人和圣人形象。他"为人极其谦和,胜过世上的众人"(民 12:3),但他又没有祛除作为普通人的七情六欲;[①]他看到同族人被欺负,没有控制住自己的愤怒之情,杀了埃及人(出 2:12;民 11:10—15;诗 106:32—33),看到民众崇拜金牛犊一怒之下摔碎上帝赐给的石版(出 32:19)。摩西还"拙口笨舌"(出 4:10),[②]在米利巴因民众缺水喝而说出急躁的话(民 20,25),[③]这与神之间有着清晰的界限。但是史料中的摩西符合圣人作为"完人"以及世人的道德楷模的特点。摩西"生知纯粹"(一四八九年碑)、"神明天禀"(一六六三年碑)、"仁义俱备,道德兼全"(一四八九年碑)。虽然妥拉文本中也有关于摩西"审判百姓"(出 18:13)的正义描写,但是史料中"仁""义""道德"等术语的使用,完全是一种儒家的表达方式。开封犹太人引用中国经典诠释摩西的形象,这与其他外来宗教如佛教、伊斯兰教引用儒家经典诠释外来宗教的策略相同。天人关系中,中国圣人与天相通,摩西也通过虔诚祈祷,[④]与"天心"相连,并通"帝心",摩西与圣人都作了天人的"中保"角色。然而,中国圣人是通过"修身成圣",成圣达成是由于人的主观努力,但妥拉叙事中,摩西与上帝之间有着清晰的界限,摩西被授予经书是由于上帝的拣选,"耶和华拣选谁,谁就为圣洁。"(民 16:7)[⑤]

开封犹太人史料中的摩西形象通过承继、隐匿、重塑妥拉叙事中的摩西形象,选取了妥拉中与儒家文化相契合,同时能够辅助犹太教在儒家文化语境中

---

① Rad, *Moses*, p.5.

② 学者从不同的角度诠释摩西口才的问题,有的认为这指的是身体的缺陷(J. H. Hertz, ed, *Pentateuch and Haftorahs*, London: Soncino Press, 1960, p.225.),有的认为是他语言不熟练,或者他不会说以色列人的话(Barbara Johnson, *Moses and Multiculturalism*, Berkeley, Los Angeles, London: University of California Press, 2010, p.23.),有的学者认为那是比喻的说法,指的是摩西不擅长在公共场合讲话(Nahum M. Sarna, *Exploring Exodus: The Origins of Biblical Israel*, New York: Schocken, 1996, p. 61.),或者喻指他远离了祖先的神(Johnson, *Moses and Multiculturalism*, p.23.)。关于摩西的口吃的问题,不同的学者有不同的解释。Rabbi Jeffrey K. Salkin 认为,摩西的口吃不是身体上的口吃,而是表明摩西由于一直生活在法老的王宫里,所以不像以色列人,参见 Rabbi Jeffrey K. Salkin, *The JPS B'nai Mitzvah Torah Commentary*, Lincoln: University of Nebraska Press, 2017, p.67。

③ 《诗篇》106:32—33 节对摩西犯错的传统也有描述。

④ 一四八九年碑说他"诚意祈祷,虔心感于天心",一六六三年碑说他"诚心求道","斋被尽诚,默通帝心",所以"独会精微之原"。

⑤ 傅有德教授在比较希伯来先知与中国儒家圣人时也强调儒家圣人是"得天道并代天宣化",是"德化的倡导者",起到"道德"楷模的作用。参见傅有德:《希伯来先知与儒家圣人比较研究》,载《中国社会科学》2009 年第 6 期,第 20—30,204 页。

生存的元素,融入儒家文化,形成儒家特色的摩西形象,以适应中国儒家文化。

四、 文化适应策略

史料写作的明清时期,史料作者作为精英阶层的导向作用,建构新身份的需求以及儒家文化中的"天道观"等多重因素促成了中国特色摩西形象的形成。

首先,精英阶层的导向作用。史料作者的犹太儒生身份一定程度上确保史料内容既能准确描述妥拉叙事又具儒家特色。一四八九年碑作者金钟和一五一二年碑作者左唐作为犹太人谨守犹太教,每日三次礼拜,[1]保守安息日,[2]庆祝宗教节期,[3]特别是赎罪日,[4]二人熟知妥拉,所以对妥拉中的摩西认知准确无误。同时,作为儒生,并且是在朝为官的精英阶层,[5]他们对开封犹太人社群影响巨大,他们捐赠会堂重建等活动也有利于在犹太民众间建立威信,[6]他们研读儒家经典,通过科举考试,他们在史料中也倾向于使用这种易为公众接受的儒家词句。

其次,为了建构合于儒家文化的身份,开封犹太人采用立碑的方式向外界介绍自己的信仰,作者将忠于犹太教义同时合于儒家文化的内容镌刻其上,而隐藏起不适合于在公共场合展现的内容。犹太人在会堂前树碑本身是一种非常儒家化的做法,[7]史料中的儒家术语符合主流文化的表达,摩西成为儒家特色的"圣人""正教祖师",这与儒家立孔子为"师"的做法一致。摩西形象中与儒家学说不符的方面被作者刻意地舍弃,其中舍弃最多的是出埃及叙事,特别是其中隐含的受压迫者反抗的意象。

摩西领导以色列人出埃及、反抗压迫的叙事与当时中国自诩为"天朝上

---

① "惟寅、午、戌而三次礼拜。"(一四八九年碑)

② "每月之际四日斋。"(一四八九年碑)

③ "四季之时七日戒。"(一四八九年碑)

④ "一日大戒,敬以告天。悔前日之过失,迁今日之新善也。"(一四八九年碑)

⑤ 写碑文时金钟是"开封府儒学增广生员",左唐是"赐进士出身、朝列大夫"。

⑥ 开封犹太乡绅的这种做法在中国的很多宗教里面都比较常见,比如杨廷筠等基督徒捐助教堂,佛教徒捐助寺庙。

⑦ 犹太学者维之根据碑文内容,认为立碑的目的是要教化开封犹太人后裔他们的信仰(Weisz, *The Kaifeng Stone Inscriptions*, p. xvii.),但是这一论断的可信性非常小,因为依据传教士的书信资料,开封犹太人在宗教生活中使用希伯来语,所以他们对自己后裔的教化应该以希伯来语为主。因此,此处的立碑应该是遵从中国的风俗,在建造或重建庙宇时立碑而已。

国"、天下中心的思想严重相悖,这种挑战朝廷权威的叙事与中国古代君主专制的传统不兼容,与融入主流社会的初衷不符。他们在史料中对中国君王歌功颂德,这种公共场所称颂君主是中国的传统做法,也合于圣经传统中对理想君王的期待。《诗篇》四十五篇、七十二篇描写王拥有的德能如公义、谦卑等与一四八九年碑中"祝颂大明皇上,德迈禹汤,圣并尧舜;聪明睿智,同日月之照临,慈爱宽仁,配乾坤之广大"大意相同。《诗篇》八十九篇为理想的君王唱赞歌叙述神膏立大卫王,使"他的后裔存到永远,使他的宝座如天之久",一如一四八九年碑中的祝皇帝"皇图巩固,愿天长于地久"。

最后,摩西的儒家圣人形象合于儒家的"天道"观。妥拉中的神是犹太人历史的神(出 20:2),但儒家的神是形而上的,跳出历史框架的神。史料讲"天道不言,四时行而万物生",①这不是圣经中创造万物的天的形象。儒家的天是外化于世界的天,他不存在于历史,而在于日常。② 由于"圣人之于天道"(《孟子·尽心下》)的对应关系,合于儒家"天道"的摩西也被转换为"圣人"的角色。史料中的摩西,通过修身立德,做了"配天"的圣人,成为世人的楷模。开封犹太人描绘的摩西是为了适应主流文化,建构新身份而改造后的摩西。

开封犹太人史料强调西奈传统中的经与教,强调与圣经传统相一致的方面,淡化出埃及的历史。史料采用"合儒"的做法将摩西塑造成中国的圣人形象,建构符合主流文化的新身份,形成与儒家文化相一致的犹太教。史料中的摩西形象强调的是圣人智慧、道德典范的作用以及"天人相通"的功能,这一形象的塑造是开封犹太人适应儒家文化的策略,这种文化适应在犹太教和儒家思想之间采取了折中和兼收并蓄的策略,保留了犹太教中与儒家思想相一致的方面,并以儒家的概念表达出来,这种做法丰富了犹太教并在一定程度上促进了犹太教在中国的发展,帮助他们融入到中国社会。

第二节　亚当、挪亚中国形象的比附

妥拉中三先祖——亚伯拉罕、以撒、雅各之前的历史叙事讲述的是希伯来

---

① 见于一四八九年碑,这是化用《论语·阳货第十七》:"天何言哉? 四时行焉,百物生焉,天何言哉?"此处儒家"不言之天"与妥拉中"人格化之天"形成对照,隐含在"四季""万物"中的天与在犹太"历史"中的天形成对照。

② "人于日用之间,不可顷刻而忘乎天。"(一四八九年碑)

民族形成之前的故事，从世界的起源讲到人类的始祖，讲到大洪水叙事。由于起源神话和洪水神话普遍存在于所有民族叙事中，因此开封犹太人史料中的始祖亚当和大洪水叙事中的义人挪亚也能在中国神话中找到对应的形象。在中国文化中寻找外来宗教的对应是外来宗教传入中国时的通常做法。西方传教士在论证儒耶关系时，便使用索隐法和考证法在儒耶之间搭建桥梁。索隐法是以神秘主义的态度在中国经典中搜寻西方上帝及救世主存在的形象；考证法以实证主义的态度考察中国上古史，证明中国历史与圣经相吻合。[1] 这两种对话方式在开封犹太人的史料中都有所体现，只是由于文化力量的差异，开封犹太社群处于弱势的地位，因此，他们面向中国公众的公共史料使用中国神话中的形象比附妥拉形象，使受众更容易理解和接受。

一、妥拉中的亚当、挪亚形象

妥拉中亚当是人类的始祖，是世间第一人。亚当的叙事出现在《创世记》开头上帝创造世界之后，亚当作为上帝造的第一人，肖似上帝（创1:26），是有灵的活人（创2:7），与妻子住在伊甸园中（创2:8），因为吃了禁果（创3:6）被逐出伊甸园（创3:23），在土地上辛苦劳作（创3:17—19），930岁去世（创5:5）。在妥拉中挪亚是个义人（创6:8—9），大洪水之后，上帝以彩虹为标记，通过挪亚与人类立约，上帝将不再毁灭人类。

二、史料中比附的新形象

开封犹太人史料中提到亚当和挪亚时，都会比附中国传统文化中的人物形象进行介绍。亚当的名字之前冠以盘古的字眼，以盘古阿当（阿耽）并用的方式出现（一四八九年碑）。挪亚的名字之前虽然没有中国传统人物形象，但是在谱系中也对应了女娲的形象。

开封犹太人史料中盘古亚当并用，用来指称同一人。历史学家陈垣认为用盘古来比拟阿耽，是为了使人易于明白阿耽的身份。[2] 维之对此句的注释使用了"盘古和亚当"（Pangu and Adam）的说法，他认为盘古和亚当放在一起表述是因为二者都是远古时期的人物。[3] 维之的观点与一六六三碑碑文所著

---

① 姚兴富：《耶儒对话与融合——〈教会新报〉(1868—1874)研究》，第1页。
② 陈垣：《开封一赐乐业教考》，第78页。
③ Weisz, *The Kaifeng Stone Inscriptions*, p.3.

相同,碑文讲"夫一赐乐业之立教也,其由来远矣。始于阿耽,为盘古氏十九世孙,继之女娲,继之阿无罗汉"(一六六三年碑),强调盘古为亚当的始祖,亚当是盘古的第十九世孙。但是一六六三年碑的作者为汉人刘昌,他的碑文很多内容是参考了一四八九年碑和一五五二年碑的内容,因此,很有可能刘昌将亚伯拉罕与亚当的关系(十九代孙)①误认为是盘古与亚当的关系。也有可能是越到后期的史料,越推崇中国文化的地位,越彰显儒家文化的影响。因此,将中国文化中的盘古作为人类的始祖,将妥拉中的亚当作为盘古的十九世孙,更能凸显中国文化的强势地位。因为盘古开天辟地,死后化为世间万物的传说深入人心。② 但是一四八九年碑中盘古亚当两个名字连用,当指盘古亚当为同一人。一五一二年碑使用"始祖阿耽"的称谓,没有将"盘古"放在"阿耽"前面,因为一五一二年碑是在原来碑文的基础上写成的,不需要再给观众介绍阿耽其人,所以没有在前面加上盘古。

史料中承继了妥拉传统中亚当作为人类先祖的身份,并强调亚当与以色列先祖之间的谱系。碑文记载,"夫一赐乐业(以色列)立教祖师阿无罗汉(亚伯拉罕),乃盘古阿耽(亚当)十九代孙也。"(一四八九年碑)从亚当算起,中间间隔的辈数(十九代)与《历代志》中记载相同(代上 1:1—4;24—27)。

部分史料"转"化了妥拉传统中亚当与以色列宗教的关系,认为亚当是以色列宗教的立教祖师。虽然一四八九年碑文认为立教之人是亚伯拉罕,但一五一二年碑和一六六三年碑认为立教之人是亚当。一五一二年碑认为阿耽是开天辟地以来的道经相传的祖师,他将道经传给女娲,之后是亚伯拉罕。③ 一六六三年碑也认为阿耽是立教之人。④

---

① "夫一赐乐业(以色列)立教祖师阿无罗汉(亚伯拉罕),乃盘古阿耽(亚当)十九代孙也。"(一四八九年碑)

② 盘古死后"头为四岳,目为日月,膏脂为江海,毛发为草木"。参见任昉:《述异记》,武汉:湖北崇文书局,1875 年,第 1 页。学界关于盘古开天辟地神话与女娲造人的根源有很多争论,有的学者认为它们是汉族的神话,参见牟钟鉴:《中国宗法性传统宗教试探》,载《中国宗教与文化》,台北:唐山出版社,1995 年,第 82 页。有的学者认为它们不是汉族的远古神话,而是后来的作品,参见曹兴:《汉族宗教发生学研究:颛顼改革与上古创世说空白的因果联系》,载《世界宗教文化》2013 年第 5 期,第 102—105 页。

③ "道经相传,有自来矣。自开辟以来,祖师阿耽传之女娲,女娲传之阿无罗汉。"(一五一二年碑)

④ "夫一赐乐业之立教也,其由来远矣。始于阿耽,为盘古氏十九世孙,继之女娲,继之阿无罗汉。"(一六六三年碑)

三、 原因探析

开封犹太人使用中国文化传统中的形象比附妥拉中的形象,接受妥拉形象的同时,又对妥拉中的形象进行了些微的改动和引申,这种做法是基于中国特殊语境作出的文化适应策略。

首先,开封犹太人史料中比附中国文化形象的做法是为了使碑文的汉语受众明白对他们来讲比较陌生的亚当的身份,为亚当、诺亚在中国文化中找到对应的形象,易于为中国读者接受。由于任何文化关于民族起源的神话都会推源到人类起源,因此不同文化中有不同的起源叙事,这些不同的起源叙事可以在异域文化中找到对应的人物。但是每个文明在书写自己的传统时,都将自己视为世界的中心,将自己民族的历史视为全人类的历史。在两种文明交汇的过程中,如何抛弃个人中心的偏见,融汇其他文明,同时被他者所接受成为生活在异域文化中的弱势文化需要解决的问题。

其次,盘古亚当形象的塑造是从中国创世神话的角度解读妥拉传统中的创世传统。史料没有从神学的角度解读亚当的形象,而是从神话的角度,解读了人类的起源问题。李炽昌教授从创世传统的视角进行探讨,讨论了中国的创世神话与希伯来圣经中创世的不同,他说,汉语中的"混沌"与圣经中的בהו ותהו相似,但与基督教的"从无到有"的创造不同,盘古"分"天地也与上帝的"分"天地相一致。[①] 但是碑文中使用"开辟"[②]二字强调中国的开天辟地神话,这与上帝创造天地的用词有很大的差异。中国神话中强调天、地、人之间的和谐世界,而妥拉中更强调上帝视角下的上帝创造天地,将人作为受造物位于上帝之下。盘古亚当并用既强调了中国文化中盘古开天辟地,又承继了亚当作为第一人,是将中国文化和妥拉传统相结合的典范。

再次,挪亚女娲形象是从洪水神话的角度在中国传统和妥拉传统间的对照,但是挪亚和女娲的形象在两种文化间也存在差异。洪水神话在每个民族中间都存在,具有较为相似且稳定的母题,但是大家的叙事因所处时空的差异

[①] 李炽昌:《从中国创世神话的视野阅读〈创世记〉第 1 章》,林艳译,载《西北师大学报(社会科学版)》2011 年第 48 期,第 1—6 页。

[②] "自开辟以来,祖师阿耽传之女娲,女娲传之阿无罗汉。"(一五一二年碑)

而不同,从而形成不同的民族状貌和性格。[①] 中国洪水叙事之后的女娲补天与妥拉洪水叙事中的挪亚对照。一五一二年碑写到"祖师阿耽传之女娲,女娲传之阿无罗汉",如果将此谱系与妥拉中的相对照,可以看到女娲与挪亚的对应。中国神话中女娲抟土造人以及与伏羲结为夫妻,是繁衍人类的形象,但是此处主要指女娲炼五色石以补苍天以及随后而来后洪水时代世界秩序的叙事。浦安迪提到圣经中彩虹之约与女娲补天中五彩石的相似性,二者都象征和谐的秩序,并且之后都与造人相关。[②] 女娲补天的故事与中国的洪水之后相关联,也算是中国洪水神话的延续。女娲在洪水之后"炼五色石以补苍天,断鳌足以立四极,杀黑龙以济冀州,积芦灰以止淫水"(《淮南子·览冥训》)。挪亚得来的和平不是靠一己之力,更多的是强调上帝对人的单方面的行为。但是二者之间的相似性非常明显,都强调人类的创造和洪水之后秩序的重建,因此碑文中将二者并列,有利于大众了解挪亚的身份及地位。但是这种圣经中的洪水意象只是在挪亚女娲形象比附中出现,虽然从《创世记》到《出埃及记》,洪水在以色列人的叙事中占据非常重要的地位,但是开封犹太人的史料中没有再出现此类洪水意向。开封犹太人历史上经历过水灾,并对会堂造成毁灭性的伤害,[③]但是他们在这些公众性史料中只是简单的描写了水灾,却没有从水灾中作任何具体的意象的引申。

第三节 历史叙事的选择性重述

重述历史对于身份建构有重要的作用,人们的重述会根据重述者身份、听众或读者的变化而有所不同。[④] 记忆在传统形成中有重要的作用。记忆历史(mnemohistory)认为,关于民族起源的圣经传统是一系列文化,而不是历史记述。集体记忆创造身份意识,记忆的真实性代表当时的现实,而不是历史的

---

① 塞·诺·克雷默(S. N. Kramer):《世界古代神话》,魏庆征译,北京:华夏出版社,1989 年,第 3 页。

② Andrew Plaks, "Interpretations of the Kaifeng Stelae Inscriptions", in *East gate of Kaifeng: a Jewish World inside China*, ed. M. Patrica Needle, Minnesota: University of Minnesota China Center, 1992, p.32.

③ 开封犹太人碑文及传教士史料中记载的洪水年份有 1462 年、1642 年、1841 年、1849 年和 1860 年,洪水不仅冲垮了会堂,还冲走了经书。

④ 李炽昌:《跨文本阅读——〈希伯来圣经〉诠释》,第 55 页。

真实。现代身份重述的研究一般从后殖民批评的角度，探究文化霸权背景下，殖民者的重述话语权。① 明清时期犹太人的身份重述在殖民之前，虽然没有文化霸权的背景，但是彼时的开封犹太人仅属于中国社会中人数不多的组成部分，他们的历史重述也反映了当时鲜明的社会背景。在明清时期的时代背景之下，开封犹太人根据儒家文化叙述自己的历史，既反映出他们对妥拉传统的继承，也反映出他们对中国文化的适应，开封犹太人塑造出儒家特色的犹太叙事。

一、妥拉中的历史叙事

历史叙事是妥拉中重要的内容。五经被称为妥拉，这给人一种错觉，认为五经都是律法的内容，但是在五经中叙事也是五经的重要组成部分，律法传统集中体现在《出埃及记》十九章—《民数记》十章和《申命记》五章和十二至二十六章中。除了出埃及传统之外，创世传统与远古故事也属于历史叙事的内容。准确地说，创世传统属于"历史"书的开端，希伯来圣经将犹太人的历史从创世写到犹大在公元前6世纪的灭亡，并且按照事件的顺序铺就而成。在追溯历史的时候，我们一般不区分"历史事实"与神话、传说等体裁，在历史叙事中人们看重的不是历史的真实，而是希望通过叙事，引起读者的身份认同，追溯他们光荣的先祖。

历史叙事在妥拉中最经典的表现在于十诫中的第一诫，②"我是耶和华你的神，曾将你从埃及地为奴之家领出来。"出埃及的历史是犹太人历史中不可空缺的一部分。犹太人的流散时期，③"巴比伦之囚"以及第二圣殿被毁之后，他们在流散过程中，在不同的国别和地区表述自己的历史来源的方式也不尽相同。出埃及传统是犹太历史和信仰的根基，④先祖叙事也反映出犹太信仰的历史感，散居犹太人对这些传统的处理反映出他们对自己民族历史的处理方法。

---

① Edward W. Said, *Orientalism*, New York: Vintage Books, 1979; Benedict Anderson, *Imagined Community: Reflections on the Origin and Spread of Nationalism*, New York: Verso, 1991.
② 有的信仰团体和学术研究视角将这第一诫看作是十诫的跋，没有看作第一诫。
③ 如果从先祖时代开始算起，迦南地遭遇饥荒时，以色列民族已经开始了流散的历史。日后随着他们贸易范围的扩大，以色列人遍布的区域更加广泛。
④ R. N. Whybray, *Genesis*, Oxford: Oxford University Press, 2001, p.54.

二、 开封犹太人的历史叙事

开封犹太人的历史叙事是丰富立体的,勾勒出犹太人作为一种宗教和一个民族的整体面貌。他们作为一个特殊的民族在开封生存,有自己的生活习惯、宗教信仰,就连外貌特征也与别人不同。开封犹太人注重历史叙事,①他们的碑文追溯自己的历史时从先祖叙事谈起,讲到了宗教的传承,并写到来华的历史以及在开封定居始末。他们的历史叙事体现出对妥拉传统的承继,但是更体现出在中国的处境化处理。

一方面,他们承继了妥拉叙事中的先祖叙事的传统,以追忆先祖的形式重述历史。其一,开封犹太人以先祖叙事建构犹太教的历史。碑文中提到亚当、挪亚这些人类的始祖,并以中国话语体系中的盘古对亚当,女娲对挪亚,以彰显犹太历史与中国历史一脉相传。碑文提到了亚伯拉罕、摩西、以斯拉的历史地位以及他们对犹太教的贡献。亚伯拉罕被尊称为"立教祖师"(一四八九年碑),摩西和以斯拉为"正教祖师"(一四八九年碑)。一五一二年碑认为犹太教从人类始祖亚当传至以斯拉。② 碑文将犹太教的先祖放入中国的纪年中,亚伯拉罕创立犹太教在"周朝一百四十六年也"(一四八九年碑),传到摩西在"周朝六百十三载"(一四八九年碑)。妥拉从未以某位皇帝的年号纪年,这种将妥拉叙事放入中国纪年的方式是在中国语境中的处境化处理。其二,开封犹太人通过对祖先的尊敬和追念回溯历史。开封犹太人强调对先祖的尊敬,他们建立"圣祖殿"供奉先祖,并将"尊祖"提高到和"敬天"一样的地位,即所谓"敬天而不尊祖,非所以祀先也"(一四八九年碑)。他们引用中国的孝文化,以建立祠堂、祭祀的方式与历史相连。犹太祠堂是圣堂的一部分,他们在祠堂前立碑,"每日奉经日,行礼拜于祠堂,尊崇如昔"(一六七九年碑)。称颂祖先的功德。他们还有祭祖的仪礼:"春秋祭其祖先,事死如事生,事亡如事存,维牛维羊,荐其时食,不以祖先之既往而不敬也。"(一四八九年碑)同时,他们"春夏各

---

① 维之认为,碑文中开封犹太社群的历史介绍仅仅是作为背景出现,这些历史介绍不重要(Weisz, *The Kaifeng Stone Inscriptions,* p. ix.)。但是,社群历史可以作为窥探开封犹太人审视自身历史,以及处理与寄居国关系的重要方面,具有重要的意义。

② "自开辟以来,祖师阿耽传之女娲,女娲传之阿无罗汉,罗汉传之以思哈各,啥各传之雅呵厥勿,厥勿传之十二宗派,宗派传之乜摄? 乜摄传之阿呵联,呵联传之月束窝,束窝传之蔼子喇,于是祖师之教,灿然而复明。"(一五一二年碑)虽然在历史传承中,摩西赫然立于其间,但是历史叙事中非常重要的出埃及的历史在史料中是缺失的。

取其食,以祀其祖先。"(一六六三年碑)"其大者,礼与祭。"(一六六三年碑)祭祀是生活中最重要的事情之一。他们在祈祷文中称颂先祖,在去世的亲人的周年上也有祭奠。这种"敬天法祖"(一六六三年碑)的思想体现在他们的日常生活中。

另一方面,开封犹太人的来华历史和定居开封的始末的重塑极具中国特色。虽然在元朝时期,他们以色目人的身份享受比较高的待遇,比如他们在税收方面享有的优惠政策:《元史·文宗二》记载,"僧、道、也里可温、术忽……为商者,仍旧制纳税。"[1]又因为犹太人精通贸易,所以他们出现了因经商而繁荣起来的姓氏。同时,他们还被编入元政府的探马赤军,驻守元朝重镇。但是,在汉人统治之下的明朝时期,他们选择以汉人的纪年方式来叙述前朝之事。碑文记载,"宋孝隆兴元年癸未,列微五思达领掌其教,俺都剌[2]始建寺焉。"他们建寺的年代应该在金世宗大定三年,[3]但是以宋朝的纪年叙事(宋孝隆兴元年癸未)体现出他们受儒家文化影响的正统的纪年方式。他们在叙述来华历史时,"奉命而来","进贡西洋布于宋"(一四八九年碑),其中的"奉命而来""进贡"等字眼,体现对中国作为"天朝上国"的认可。碑文中追溯初到开封时,宋朝皇帝御赐他们"遵守祖风,留遗汴梁"(一四八九年碑),并可以建立清真寺(一四八九年碑),[4]任命自己的掌教(一四八九年碑),[5]进行寺庙的修缮和重建(一四八九年碑),[6]他们的"语言动静,循由旧章"(一四八九年碑),他们可以保持作为民族身份标记的宗教和语言。这种以儒家正统的纪年方式追溯历史的做法富有鲜明的儒家特色。

---

[1]　李景文:《古代开封犹太人:中文文献辑要与研究》,第4页。

[2]　会堂建造由俺都拉主持,俺都拉也称为Ustad Levi, Ustadde意思是master,在波斯语中等于拉比,俺都拉指的是Abdullah,这是一个伊斯兰的名字。参见 Zurcher, "Eight Centuries in the Chinese Diaspora The Jews of Kaifeng", p.30。

[3]　关于建造会堂的时间,大家一般认为碑文中记载的是真实的。碑文中说,建造会堂的时间为"宋孝隆兴元年癸未"(一四八九年碑),即1163年。按照汉代入华说,他们是在来中国一千年之后才建立的会堂,但是如果是宋朝960—1127年入华说的话,由于没有资料显示曾有其他会堂存在,那么他们是在来华几百年之后开始建造会堂的。

[4]　"俺都喇始建寺焉。"(一四八九年碑)

[5]　"列为五思达领掌其教。"(一四八九年碑)。

[6]　"元至元十六年己卯,五思达重建古刹清真寺,坐落土十字街东南,四至三十五丈。"(一四八九年碑)。

三、 原因探析

开封犹太人的历史叙事从先祖叙事谈起，以"追忆先祖"的方式讲述犹太教的历史，并以中国视角讲述犹太人来华和定居开封的历史。碑文的写作背景以及儒家文化的影响等因素是促成犹太人历史叙事的成因。

首先，碑文写作于明清时期，明朝颠覆前朝蒙元的民族划分，开封犹太人需要借助历史叙事，在明朝的框架下建构新的身份。一四八九年碑文成书于明朝中期，明朝对犹太人的政策与宋朝和元朝相比有很大的不同。他们初到开封时受到宋朝皇帝的友好接待，《宋史·真宗记》记载："咸平元年春正月……辛已，僧你尾尼等自西天来朝，称七年始达。"①皇帝不仅允许他们住在开封，而且可以遵守犹太传统，自由地践行犹太信仰。② 元朝时期，《元史·文宗二》记载，"僧、道、也里可温、术忽……为商者，仍旧制纳税。"③他们在税收方面享有的优惠政策，又因为犹太人精通贸易，所以出现了因经商而繁荣起来的姓氏。同时，他们还被编入元政府的探马赤军，驻守元朝重镇，足见元政府对他们的信任。④ 蒙元时期穆斯林开始在中国有了归属感，他们以中国为家，不再是侨民的身份。⑤ 当时的开封犹太人也有同样的境遇。但是，在明朝时期，政治局势发生转变。明朝初期的建国理念是"驱除鞑虏，恢复中华，立纲陈纪，救济斯民"，所以对包括犹太人等在内的色目人采取了排斥的政策。同时要求"明祖定制，片版不许入海"，所以此政策对泉州等沿海地区从事海外贸易的犹太人会有影响，并且使得犹太人与外界的联系被切断。《明律》对此记载如下："凡蒙古人，色目人，须与中国人（汉人）为婚姻，不许本类自相嫁娶。违者杖八十，男女入官为奴。"⑥这些政策说明明政府有意识地要从血缘和文化

---

① 李景文：《古代开封犹太人：中文文献辑要与研究》，第 150 页。该史料被陈长琦发现，魏千志等学者引用。他们认为其中的"你尾"即是"利未"，"尼"表示"僧"代表他们的宗教信仰。

② 中国的皇帝虽然说保留祖风，但在很多方面却使得他们只有放弃一部分本身的祖风才能适应当时的社会，比如他们的语言，他们只有学习汉语，参加科举才能够进入上流社会。同时，史料中有政府干预他们的饮食等方面的资料。所以，碑文是一种公众性场合的史料，只能反应一部分历史的真实。

③ 李景文：《古代开封犹太人：中文文献辑要与研究》，第 4 页。

④ 《元史》记载："募宁……及各处回回……赴京师从军。"参见李景文：《古代开封犹太人：中文文献辑要与研究》，第 5 页。

⑤ 何孝荣等：《明朝宗教》，南京：南京出版社，2013 年，第 237 页。

⑥ 何乔远：《闽书》，福州：福建人民出版社，1994 年，第 283 页。

上同化色目人等少数民族,当时还禁宰耕牛,禁胡服、胡语、胡姓。① 政府一方面允许重建寺院,另一方面施行民族同化政策,一四八九年碑文中会特意省略掉一些民族身份辨识特别明显的内容,以官方意识形态进行历史叙事。

开封犹太人受明政府资助重建清真寺,也需要对明政府表示忠诚。犹太医士"俺诚",在"永乐十九年(1422 年)奉周府定王传令,赐香重修清真寺",②他们在"寺中奉大明皇帝万万岁牌"。后来在"永乐二十一年(1424 年)""重建前殿三间",经历过天顺五年(1462 年)的大水之后,"河水潆没,基址略存",于是他们开始在官府的应允下重建清真寺,"起盖深邃,明金五彩妆成,焕然一新。"弘治二年(1489 年),一四八九年碑文成书时明孝宗在位,史称"弘治中兴"。犹太人"舍资财,置寺地一段",并"置碑石",寺院装饰"壮丽一方"。(一四八九年碑)

除了朝廷对开封犹太人重建会堂表示支持以外,中国的官方和其他民族基本都友好地接纳了这些异乡人。③ 虽然开封犹太人在生活习惯、律例典章等方面与中国的其他民族不同,但是地方政府支持他们的会堂的建设,并且当时的很多社会名流和达官贵人题写匾额和楹联祝福犹太人,赞颂犹太教。1663 年《重建清真寺记》的作者刘昌被认为是汉人儒生。清真寺二门的对联"自女娲嬗化以来西竺钟灵求生天生地生人之本,由阿罗开宗而后中华衍教得学儒学释学道之全"也出自汉儒沈荃之手,他与犹太人交往甚密。另外,有很多开封犹太人中进士、举人等,并赴朝中做官。1512 年《尊崇道经寺记》中写道:"求观今日,若进取科目而显亲扬名者有之,若布列中外而致君泽民者有之,或折冲御侮而尽忠报国者有之,或德修厥躬而善著于一乡者亦有之。"

其次,开封犹太人遵循了流散犹太人服从当地君王统治的传统。犹太人的妥拉写成于没有王的时期,妥拉中的王有索多玛王、埃及王、以东王等,都是以色列敌对方的王,但是他们与寄居国的国王之间却不是敌对的关系。妥拉中约瑟在埃及王的宫中做宰相,摩西生长于埃及法老的宫廷,以色列人在巴比伦之囚时对释放他们回到巴比伦的居鲁士二世给予很高的评价,随着第二圣殿被毁,犹太人没能再建立自己独立的国家,流散在世界各地的犹太人生活在各种政权的统治之下,因此他们形成了服从当地君王统治的传统。虽然这不是妥拉中非常重要的传统,但是犹太人在寄居国只要可以自由地践行犹太教信仰,他们对君王是绝对的服从和尊敬。碑文按照汉人碑文的特点,以祝颂皇帝的话语结束:"受君之恩,食君之禄,惟尽礼拜告天之诚,报国忠君之意,祝颂大明皇上,德迈禹汤,圣并尧舜,聪明睿智,同日月之照临,慈爱宽仁,配乾坤之广大,国祚绵长,祝圣寿于万年,皇图巩固,愿天长于地久,风调雨顺,共享太平之福。"(一四八九年碑)

最后是儒家文化对碑文写作的影响,碑文作者的儒生身份以及碑文中的儒家思想元素充分地体现出了这一点。自唐朝以来,已经有色目人考取功名,宋朝的时候国家设立蕃学,宋明以来以同样的科举制度吸引番邦弟子参加科举考试。《明太祖实录》中说:"诸色人等,皆吾赤子,果有才能,一体擢用。"[①]一四八九年碑的作者金钟为"开封府儒学增广生员"(一四八九年碑),在科举制度中脱颖而出的金钟受到儒家文化的浸染,碑文中也会体现出来。开封犹太人的历史叙事淡化了出埃及事件以及出埃及事件中的灾难叙事,这一做法源于中国儒家的灾祸观。中国儒家思想中的灾祸一般归因于统治者的无道,[②]天灾人祸的出现一般都是对统治者无道的控诉。但是由于开封犹太人现有的材料多是会堂的碑文、楹联、匾额等,这些在公共场合表明信仰的文字一般对统治者的称颂比较多。除了一四八九年碑最后对皇帝的称祝外,犹太教教徒艾田还写了对联"天经五十三卷,口诵心维,祝皇图于永固;圣字二十七母,家喻户晓,愿社稷以灵长"。所以,出埃及传统中的灾祸写在碑文中既与儒家的灾祸观不符,也与碑文的公众性质不符。

开封犹太人的历史叙事是他们身份表达的一部分。开封犹太人追溯自己历史的时候,只是从人类起源和宗教产生的角度追溯创世历史、远古历史和教中主要人物,他们叙述与中国的关系时,以朝贡者的个人身份叙述对中国的进贡,遵循中国大一统王朝的统治,宣扬忠君的思想。他们没有照搬圣经中的历史叙事,而是从历史记忆中找到了对他们来讲重要的历史事实,以追忆先祖的

---

① 《明太祖实录》,北京:线装书局,2005年,第212页。
② 董仲舒在《举贤良对策》中说:"国家将有失道之政,而天乃先出灾害,以谴告之;不知自省,又出灾异,以惊惧之。"引自班固《汉书·董仲舒传第二十六》。

方式重述历史,以中国历法和中国的道统观念统领他们在中国的叙事,这种以中国儒家传统的外衣包裹犹太叙事内核的做法反映出他们在中国语境下的希伯来圣经诠释方法,并依据中国的叙事方式而形成了有中国特色的叙事模式。

第四节 祭祀的处境化处理

祭祀在妥拉传统和儒家传统中都占有重要地位,开封犹太人在遵循妥拉传统规定的同时,融合了儒家的祭祀特征,形成了具有儒家特色的犹太祭祀传统。

一、 妥拉中的祭祀传统

妥拉中关于祭祀对象、祭祀时间及祭祀的具体要求等都有非常详细的规定。以色列人向上帝献祭,献祭是神的诫命。圣殿被毁之后,祈祷代替祭祀成为主要的与神沟通的方式。妥拉中有春秋之时的祭祀活动。春季为五旬节,五旬节时要祭献耶和华。收割大麦的时候,庆祝五旬收获节,他们从安息日的次日,献禾捆为摇祭的那日算起,共七个安息日,到第七个安息日的次日,共计五十天。祭祀主要在圣殿进行,由祭司代献,妥拉中关于献祭的种类、献祭用的牺牲、献祭的方式等有具体的要求。祭品的要求特别详细,献祭的祭品既包括用初熟之物做的饼,又包括一些牛羊做的牺牲。(利 23:17—20)具体包括从住处取出细面伊法十分之二,加酵,烤成两个摇祭的饼(利 23:17),当作初熟之物献给耶和华。同时也需要有羊羔七只,公牛犊一只,公绵羊两只,和饼一起奉上。同时,这一天要"宣告圣会,什么劳碌的工都不可做"(利 23:21)。秋季献祭在住棚节,即七月十五日,在以色列人把禾场的谷、酒榨的酒收藏以后向耶和华献祭(申 16:13)。

二、 史料中的祭祀传统

开封犹太人史料中呈现的祭祀传统是在儒家文化环境以及朝廷政策影响的祭祀,其中"迎"合了妥拉传统中季节性祭祀的内容,将对父母的孝敬"转"化为祭祖传统,同时又增加了祭孔的礼仪,他们的祭礼和祭品也体现出儒家的特色。

史料"迎"合妥拉中的季节性祭祀传统,向土谷之神献祭。妥拉中的上帝是以色列人信仰的唯一的神,"除了我以外,你不可有别的神。"(出 20:3)上帝除了具备创造世界的功能外,还有使万物生养的功能。神赐福所创造的树木、果蔬、飞鸟、鱼虫,地上的活物,使他们"滋生繁多"(创 1:22)。儒家文化中不同的神有不同的功能,但在犹太教中,上帝集这些功能于一身,因此,犹太人在春秋之际的祭祀是感恩上帝生育滋养万物,这正是儒家文化中土谷之神的功能。开封犹太人碑文强调祭祀的重要性。"其大者礼与祭。"(一六六三年碑)"礼"指"礼拜","祭",既指季节性的祭祀,以报答土谷之神的"覆载"之恩,也指祭祀祖先时取大地所产之物,即"冬夏各取时食",或于春秋时期祭祀祖先(一四八九年碑)。开封犹太人没有关注"所信",如神独一与否的理念,而是更注重"所行",他们祭祀行为本身,强调向至高者献祭所达到的效果。所以碑文竖立许久,没有受到开封犹太人族群的反对。开封犹太人史料中虽然没有出现"土谷之神"的字眼,但是碑文中有关于开封犹太人在会堂中奉献万物出产来祭祀土谷之神的记载,见于一六六三年碑的碑文:"祭者,尽物尽诚,以敬答其覆载之恩者也。春月万物生发,祭用芹藻,报生物之义也。仲秋万物荐熟,祭用果实,报成物之义也。凡物之可以荐者,莫不咸在,不加调和,即所云大羹不调者也,而总以尽其诚信。礼曰:外则尽物,内则尽志,此之谓也。"对土谷之神的祭祀,在国家祭祀层面即为在坛上的社稷祭祀。"社"为土神,"稷"为谷神,国家社稷祭祀的目的是祈求五谷丰收,民间以香案的方式祭祀土谷之神。开封犹太人遵循明朝对包括族群祭祀的民间祭祀的规定。洪武三年(1370 年)朱元璋颁布《禁淫祠制》,规定"凡民庶祭先祖,岁除祭灶,乡村春秋祈土谷之神"。① 因此,开封犹太人以香案的方式祭祀土谷之神。虽然圣殿被毁之后,犹太人对上帝的献祭活动已经被祈祷所取代,但是开封犹太人仍追随中国的风俗进行祭献活动。季节性的祭祀是开封犹太人对妥拉传统的承继。

史料强化了妥拉中孝敬父母的诫命,增加了祭祖传统。妥拉非常重视孝敬父母,十诫中孝敬父母的诫命排在处理人与上帝的关系的前四条诫命之后,这是神自上而下的要求,而且位置在敬拜上帝之后。开封犹太人生活在敬天法祖的传统中,祭祖成为"敬天"之下的第二条诫命。他们将"尊祖宗"放在"敬天道"(一四八九年碑)之后,这与妥拉中对神的诫命放在孝敬父母之前相同。史料强调儒犹思想中对父母的"敬",需要"尊祖宗"(一四八九年碑)、"孝父母"

---

① 《明太祖实录》卷五十三,洪武三年甲子。

（一五一二年碑），紧接着写"重君臣，……和妻子，序尊卑"，这样，开封犹太人依据儒家的做法，将"孝"推至"君臣"的层面。

但是开封犹太人在孝敬之外，特别强调了祭祖传统，这是与妥拉传统不相符的内容。妥拉虽然强调孝敬父母的重要性，甚至将孝敬父母和守安息日放在同样的地位（利 19:3），在神的身份介绍中，常重复"我是你父亲的神"，或"你们祖宗的神"，反复提到族谱亚伯拉罕、以撒、雅各（"亚伯拉罕的神，以撒的神，雅各的神"（出 3:6,15,16;4:5)），但是妥拉诫命中孝敬父母的要求，只有"敬"与"畏"两层含义，①其地位仍低于对上帝的敬拜。"你们各人当孝敬（יִרְאָה）父母，也要守我的安息日。"（利 19:3）此处的יִרְאָה强调敬畏的涵义。《出埃及记》使用כַּבֵּד一词，强调对父母的"尊敬""使……得荣耀"（出 20:12）。此二者都强调对父母的情感，具体的要求是不能打骂轻慢父母。打父母、咒骂父母的都要被治死（出 21:15,17;利 20:9），轻慢父母的要受诅咒（申 27:16）。但是妥拉中只有向耶和华献祭，以色列人向金牛犊献祭之后，耶和华发烈怒。（出 32）向先祖献祭也不符合妥拉传统。儒家的孝则体现在对父母"养"与"敬"两个方面。②儒家认为孝敬父母有三个阶段："生则养，没则丧，丧毕则祭。"（礼记·祭统）另有所谓"大孝尊亲，其次不辱，其下能养。"（《礼记·祭义》)儒家认为"养生者不足以当大事，唯送死可以当大事"（《孟子·离娄下》），正如开封犹太人碑文所说"敬天而不尊祖，非所以祀先也。春秋祭其祖先事死如事生，事亡如事存"（一四八九年碑），"人人遵守成法，而知敬天尊祖，忠君孝亲者"（一四八九年碑）。对过世的父母要"春秋祭祀，以时思之"（《孝经·丧亲章第十八》），"事死如事生，事亡如事存，孝之至也，"（《中庸》），儒家要求父母在世时要孝敬，父母去世后的祭祀也是孝道的一种表达。开封犹太人甚至认为祭祖与礼拜同样重要："道行于祭祖，必孝必诚;道行于礼拜，祝赞上天，生育万物。"（一五一二年碑）拒绝祖先崇拜就是威胁到孝道，而孝道是整个等级制度的基础。开封犹太人建有圣祖殿，殿中供奉以色列先祖亚伯拉罕、以撒、雅各以及雅各的十二个儿子，还有摩西、亚伦、约书亚、以斯拉和其他几个有男有

---

① 傅有德、王强伟:《比较视域中的古代犹太教与早期儒家之孝道》，载《求是学刊》2016 年第 43 期，第 24 页。

② 同上。

女的著名人物。^① 犹太人以香炉供奉,同时呈上几个装满菜肴和蜜饯的小篮子,居正中的是亚伯拉罕。^② 这种以香炉供奉纪念祖先的做法遵循了传统的中国礼仪,但是又没有立牌位,这符合十诫中要求的崇拜无像的神。他们还设置了祖堂,为已故施主设立,他们像汉族人祭祀先祖一样,给他们设立了灵牌。^③ 同时,儒家将对父母的孝敬延伸到国家的层面,从而与侍君联系起来。中国能够接受异族宗教的前提是他们承认皇帝的宗教地位,皇帝作为天子存在,并且奉行祖先崇拜。"斋三日乃见其所为斋者。"(《礼记》)

　　史料增添了祭孔传统。祭孔是儒家之礼的重要组成部分。"礼有三本":天地为生之本,先祖为类之本,君师为治之本。(荀子·礼论)对先师的祭祀就是祭祀孔子。孔子作为至圣先师,自汉朝"罢黜百家,独尊儒术"之后,儒家思想成为王朝统治的主流思想,对孔子的祭祀活动也不断完善与丰富,明朝洪武十五年(1382 年)颁布诏令"天下儒学通祀孔子"。由明到清,对祭孔的重视逐渐增加。祭孔一般在文庙举行,这种庙学制度将祭祀和教学一体,但是在某些时期,有重祭祀,轻庙学的现象。文庙祭祀的目的是彰显孔子及儒家圣贤的功德,宣扬儒家伦理教化。祭孔发生在孔庙中,每次朔望以及一年四次进行祭孔仪式。明代都在书院里面进行祭祀活动。^④ 开封犹太人作为普通的民间社群,除了儒生之外,普通民众无法参与官方的文庙祭祀。传教士记载犹太文人和学士敬拜孔子,^⑤去孔庙参加祭孔的仪式。^⑥ 开封犹太人碑文中没有记载儒生如何参加祭孔活动,但是他们在碑文中强调了孔子对儒教的重要地位。如一四八九年碑所载:"愚惟三教,各有殿宇,尊崇其主。在儒则有大成殿,尊崇孔子;在释则有圣容殿,尊崇尼牟,在道则有玉皇殿,尊崇三清。在清真,则有一赐乐业殿,尊崇皇天。"开封犹太人为孔子摆放香炉。^⑦ 人们祭祀孔子,就像祭祀天地日月、山川社稷一样,把他当成和三清、释迦一样的神。所以,孔子作

----

① 我们猜测这些著名人物中应该有以斯帖,他们称为"以斯帖妈妈"(Isuiti mama)。参见荣振华等:《中国的犹太人》,第 45 页。

② 荣振华、李渡南等编:《中国的犹太人》,第 41 页。

③ 同上书,第 48 页。

④ 钟鸣旦(Nicolas Standaert):《杨廷筠:明末天主教儒者》,第 10 页。

⑤ 荣振华、李渡南等编:《中国的犹太人》,第 48 页。

⑥ 同上书,第 89 页。

⑦ Michael Pollak, *Mandarins, Jews, and Missionaries*, p.88.

为圣人,是天意的传达者。① 开封犹太人承认皇天之外对向孔子、尼牟、三清崇拜的合法性,一如圣经所载,"万民各奉己神的名而行,我们却永永远远奉耶和华——我们神的名而行。"(弥 4:5)

开封犹太儒生参加祭孔活动与当时的"三教合一"潮流相一致。明朝基督教传教士来华时因为尊孔祭祖的问题引起天主教的礼仪之争,但是利玛窦认为对孔子的崇拜是非宗教的,从而调和了祭孔的矛盾。② 开封犹太儒生承认儒教的宗教性和对孔子的崇拜,他们在碑文中承认三教的合法性,将犹太教与儒教、佛教并列。纵观明清时期社会上"三教合一"思潮的兴盛,儒释道归向儒教的潮流明显,三教融合形成彼时的道德体系。开封犹太人提出将犹太教与三教并列,以期犹太教得到大众的认同,他们以儒教马首是瞻,碑文作者为犹太儒生,他们参加祭孔活动也显示出他们对主流文化的参与。

开封犹太人祭祀之礼及祭品的中国特色。在孝敬父母的三个阶段养、丧、祭中,礼非常受重视,孔子说:"生,事之以礼;死,葬之以礼,祭之以礼。"(论语·为政)"子曰:孝子之丧亲也,哭不偯,礼无容,言不文,服美不安,闻乐不乐,食旨不甘,此哀戚之情也。"(《论语·学而》)祭祖的礼承载着对社会秩序和人伦的尊重。妥拉中也强调父母丧礼的特殊性。妥拉中的死人被认为是不洁的,祭祀不可以为民中的死人沾染自己,但是作为他骨肉之亲的父母可以作为例外。(利 21:1—2)犹太人丧礼的习俗和儒家有很大的不同。"他的尸首不可留在木头上过夜,必要当日将他葬埋,免得玷污了耶和华你神所赐你为业之地。"(申 21:23)奔丧的人在丧礼当天不可以自己烤面包吃,所以,一般用篮子盛着面包拿过去。根据圣经中记载,"他和以色列的长老把灰撒在头上。"(书 7:6)妥拉中要求"不可使头光秃,不可剃除胡须的周围,也不可用刀划身"(利 21:5)。"只可叹息,不可出声,不可办理丧事。头上仍勒裹头巾,脚上仍穿鞋,不可蒙着嘴唇,也不可吃吊丧的食物。"(结 24:17)开封犹太人遵循儒家重礼的原则,丧礼按照礼制进行"及至居丧,禁忌荤酒,殡殓不尚繁文,循由礼制"(一五一二年碑),此处的礼制应该是夏礼,夏礼是殷礼和周礼的基础。一六六三年碑记载,"冠婚死葬,一如夏礼。"丧礼中遵循礼制来安顿先祖的灵魂。虽

---

① 李申:《中国儒教史》(上),第 3 页。

② 利玛窦、金尼阁:《利玛窦中国札记》,第 27 页。另参见曾庆豹:《明末天主教的译名之争与政治神学》,第 129 页。

然在公开性史料中,开封犹太人宣称他们遵循夏礼,但是他们的墓地没有遵照汉人墓地的方式,而是符合摩西律法和西方的习俗。[1]

祭祀时使用的祭品与中国传统的祭品不同。他们祭祀使用牛和羊,"维牛维羊,荐其时食,不以祖先之既往而不敬也"(一四八九年碑),不用猪肉,这与中国传统上用猪头祭祀不同,但是符合犹太人的饮食禁忌。使用牛羊作为祭品是上帝晓谕摩西的祭祀物品(出 20:24)。春秋天祭祖用牛羊之外,还需要"冬夏各取时食,以祀其祖先"(一六六三年碑)。在日常的礼仪中,他们向祖先奉香、菜肴和蜜饯等供品。[2]

三、 原因探析

开封犹太人在祭祀传统中融入诸多儒家因素,这很大程度上由于儒家传统对祭礼的重视,孝道的重要作用,开封犹太人对国家政策的遵守,以及祭祖作为开封犹太人的叙事方式。

首先,儒家传统对祭礼的重视。中国宗教与其说是"讲"(神学)的宗教,不如说是"做"(祭祀)的宗教。[3] 开封犹太人宗教的中国特色也更是体现在他们如何"做"的上面,即他们的祭祀传统中。祭祀在中国传统社会中占据重要地位,"国之大事,在祀与戎"(左传·成公十三年),古人将祭祀和军事列为国家的两件大事。祭祀对巩固政权,维系统治有重要作用。"凡治人之道,莫急于礼。礼有五经,莫重于祭。"(《礼记·祭统》)中国祭典制度的目的之一是宣传儒家神道设教的思想,规范祭祀秩序,强化等级观念。[4]

其次,孝道在国家体系中的重要作用。儒家传统中将孝道提升到超越一切的高度,祭祀祖先是孝道的一种表现。在儒家传统中,孝道是事天的一种重要途径。"事父孝,故事天明;事母孝,故事地察。"(孝经·应感章)祭祖属于家庭伦理的范畴,而家庭伦理是儒家一切伦理关系的基础,家庭的道德观念是儒教最基本的道德观念,家庭道德观念的核心是保证对祖宗的祭祀。[5] 祭祖不

---

[1] Michael Pollak, *Mandarins, Jews, and Missionaries*, p.96.

[2] 荣振华、李渡南等编:《中国的犹太人》,第 43 页。

[3] 李天纲:《金泽:江南民间祭祀探源》,第 540 页。

[4] 凌富亚:《明清以降关中祭祀系统兴衰与社会互动(1368—1949)》,陕西师范大学博士论文,2016 年,第 115 页。

[5] 李申:《中国儒教论》,第 421 页。

只是个人行为，更是集体记忆的表征，在保存过去的同时，借助过去留下的物质、仪式和传统，强化了集体记忆。[1] 在儒家传统中，祭祖与祭天同样重要。在祭祀天地的礼仪中，要以祖先配祀，在殷人的上帝观中，人与上帝是不能直接沟通的，需要祖先作为媒介。[2] 后来根据封建次序，普通百姓被剥夺了祭祀天地的权利，因此他们只好"祭其先"。但是"孝莫大于严父，严父莫大于配天"，普通人在祭祀祖先的时候，同时也是一种变相的祭天行为。"敬天法祖"作为儒教的宗教信仰的核心强调了"祭祖"的重要地位。开封犹太人"慎终追远"，祭祀去世的祖先从而保证风调雨顺、五谷丰登，因此，开封犹太人为祖先设立祠堂，并在固定的时间进行祭祀活动，祭拜祖先。在儒家祭祖的仪礼中，他们将祖先的灵魂请进来加以敬拜，他们以儒家的方式敬拜神的权威，如果希伯来圣经中神的律法与儒家文化相冲突，他们在公众性史料中更多地表现出他们与儒家文化相符的一面。

再次，开封犹太人对朝廷政策的遵守。中国儒家文化中有很多关于祭祀的规定，这些规定也反映出儒家的等级次序。儒家文化依据祭祀礼仪的规定，对祭祀主体和祭祀对象有严格的划分。"天子祭天地……诸侯……祭山川……大夫祭五祀。士祭其先。"(《礼记·曲礼下》)祭祀分为三个层面：民间祭祀、族群祭祀和国家祭祀。[3] 国家祭祀有郊祭、社稷、宗庙、诸神祭等多种不同祭祀类别，这些祭祀活动从不同层面代表新王朝的意识形态及统治理念，是统治者彰显权威的途径之一。民间祭祀的研究集中于民间宗教方面，族群祭祀的研究主要集中在中国现有少数民族的信仰方面，[4]国家祭祀中的祀典，以及民间信仰和祭祀方式是儒教延续的一个重要原因。开封犹太人属于百姓的层级，所以他们只能祭祀自己的祖先。明代儒教的祭祀制度，扩大了祭祀的范围，使得过去只有贵族才能祭祀的对象成为平民也可以祭祀的。[5] 百姓可以

① 莫里斯·哈布瓦赫(Maurice Halbwachs)：《论集体记忆》，毕然、郭金华译，上海：上海人民出版社，2002年，第200页。
② 洪德先：《俎豆馨香——历代的祭祀》，载蓝吉福、刘增贵编《中国文化新论：宗教礼俗篇——敬天与亲人》，台北：联经出版事业公司，1983年，第395页。
③ 有的学者喜欢以"官方祭祀"和"民间祭祀"这种两分法对祭祀种类进行划分，这种分类将"族群祭祀"列入"民间祭祀"的范围。但是为了区别民间祭祀主体的群体性(或民族性)和个人性，本书将"族群祭祀"单独列出，作为中国少数民族祭祀的代称。
④ 李天纲：《金泽：江南民间祭祀探源》，第356页。
⑤ 李申：《中国儒教史》(下)，第629页。

祭祀社神,灶神,这些以前都是只有一定品级的官员才可以祭祀。庶民也建立祠堂,或者在家中内堂祭祀。对天的祭祀始终是天子的特权。但是儒教之外的其他宗教,如道教,民间宗教,甚至一赐乐业教等教徒,以各自宗教祭祀的方式"突破了民众不得祭天的儒教规定",①民众可以以自己的宗教形式向至高者献祭。明清时期,民间祭祀达到顶峰。明洪武三年(1370 年)朱元璋颁布的《禁淫祠制》载,"凡民庶祭先祖……凡有灾患,祷于祖先。"利玛窦来华发现,"信奉儒教的人……最普遍举行的是我们所描述过的每年祭祀亡灵的仪式。据他们自己说,他们认为这种仪式是向已故的祖先表示尊敬……"②

最后,祭祖成为开封犹太人的叙事方式。开封犹太人通过对先祖的追忆回忆自己的宗教。开封犹太人将会堂与祠堂融为一体。他们既在会堂中为亚伯拉罕、以撒、雅各以及雅各的十二个儿子,还有摩西、亚伦、约书亚、以斯拉摆放香炉,③又在会堂一侧设立祠堂,使得崇拜上帝和祭祀先祖在同一处进行。传教士记载,犹太会堂院落一侧设有祖堂,并对过世的居官者供奉灵牌,逝世的普通祖先则没有灵牌。④ "大家发现了一个装满了小香炉的殿堂。它就是这些一赐乐业人崇拜其圣人或他们教法的教祖们的地方。"⑤焚香是中国宗教中的献祭方式之一,是人与神灵沟通的方式。与妥拉中的祭祀活动,燔祭(利1)和素祭(利2)有相似之处。按照儒家的传统,家祭和墓祭没有先人遗像,庙祭一般都有塑像,但是开封犹太人在祖先祠堂中也只有灵牌,没有塑像。这源自上帝的十诫中的第二条诫命以及他们对"无像之神"的信仰。⑥ 按照传统,一般是清明、中元、十月朔为墓祭,除夕、元旦为家祭,一些节令如四时之祭以及忌日为庙祭。祭祖是全族人都会参与的群体活动,以血缘关系联系在一起的集体活动。

开封犹太人虽然吸收了祭孔的做法,但是他们并没有吸收其他的民间祭祀活动,这一做法彰显出他们在文化适应中对当地文化的取舍。虽然明清时

---

① 李天纲:《金泽:江南民间祭祀探源》,第 186 页。
② 利玛窦、金尼阁:《利玛窦中国札记》,第 103 页。
③ Michael Pollak, *Mandarins, Jews, and Missionaries*, p.88.
④ 荣振华、李渡南等编:《中国的犹太人》,第 43 页。关于有无灵牌的说法,在这本著作里面有不同的说法,第 42 页认为都没有灵牌,48 页认为都有灵牌,综合考虑应该是 43 页的说法比较可靠,只有身居高位的人才在会堂中拥有灵牌,普通的祖先没有灵牌。
⑤ 荣振华、李渡南等编:《中国的犹太人》,第 41 页。
⑥ 请参阅本书第一章相关内容。

期颁布诏令,规定民间祭祀活动仅限于祭祖、祭灶、祭祀土谷之神等活动,但是这些诏令都没有得到严格地执行,民间还有很多宗教祭祀活动,比如祭祀城隍、财神、禹王,等等。① 开封犹太人碑文中除了祭祀土谷之神、祭祖和祭孔之外,没有描写祭灶等其他的祭祀活动。这显示出开封犹太人在融入儒家文化、入乡随俗的过程中是以坚持犹太传统为基点的,不能与犹太教义和妥拉传统相契合的儒家传统和中国文化是无法被吸收到犹太人的活动中的。

儒家的宗教管理体制强调的是人们的祭祀方式,包括"祭法""祭义""祭统",不太注重信徒的信仰对象。② 开封犹太人受儒家文化的影响,更加重视祭祀的过程的合法性,而不是像其他亚伯拉罕宗教一样强调崇拜对象的正当性,③重视教会和神学。④ 所以,犹太人在中国的祭祀活动在遵循儒家祭礼的前提下,很容易为儒家所接受。

第五节　伦理关系的儒化

伦理律法是处理人与人之间关系的准则,妥拉传统对此有非常详细的论述,儒家传统中伦理的内容也非常丰富。诸多学者从比较宗教学的角度探讨儒犹伦理的异同,比如对孝道的研究,⑤对慈善思想的研究⑥,等等。开封犹太人作为生活在中国传统儒家语境中的犹太人,成为处理儒犹伦理关系的实例,这既反映出学者的对比性研究的重要性,又能验证这些抽象研究的有效度。

一、妥拉中的伦理律法

伦理律法是妥拉重要的组成部分,是犹太人处理人与人关系的准则。人与人之间的关系是"伦理的重点和核心。⑦ 这些律法主要体现在十诫中的第四诫及之后的诫命,包括孝敬父母、处理邻里关系,等等。(出 20:12—17)妥拉经文中也有对这些诫命的具体解释,比如对待奴仆的条例(出 21:1—11),

---

① 凌富亚:《明清以降关中祭祀系统兴衰与社会互动(1368—1949)》,第 59 页。
② 李天纲:《金泽:江南民间祭祀探源》,第 212 页。
③ 同上书,第 191 页。
④ 同上书,第 540 页。
⑤ 傅有德、王强伟:《比较视域中的古代犹太教与早期儒家之孝道》,第 22—35 页。
⑥ 孙燕:《早期儒家和古代犹太教慈善思想之比较》,载《孔子研究》2018 年第 2 期,第 42—48 页。
⑦ 卓新平:《基督宗教论》,北京:社会科学文献出版社,2000 年,第 227 页。

承业女子结婚的条例（民 36），长子继承权（申 21:15—17），等等，处理了犹太人与外邦人的关系，犹太人内部的父子关系，邻里关系，等等。《利未记》要求以色列人要"爱人如己"（利 19:18），这成为犹太人伦理道德的基本原则。及至后来犹太教被称为"伦理一神教"，[①]强调犹太教律法关注日常行为，厘定日常行为规范，所以有学者将犹太教界定为注重"行"的宗教。[②]

二、 伦理的处境化处理

开封犹太人面对妥拉伦理律法和儒家伦理两套体系，既承继了妥拉中的伦理原则，又蕴含了儒家特色。史料强调儒教和犹太教虽然有细微的差别，但是"大同小异"（一四八九年碑）。通过对史料的研究可以发现，开封犹太人承继了妥拉中的部分伦理观念，拒绝了某些不能适用儒家文化的内容，吸收儒家思想，形成了有自己特色的五伦观，并以儒家的仁义观取代妥拉中的公义概念。

首先，史料中"迎"合了妥拉传统中神人关系居于首位的传统。史料继承妥拉十诫中的排序，将神人关系放在人人关系之前。虽然妥拉十诫给出了处理人与人之间关系的指导，但是这些关系的重要性在神人关系之后。开封犹太人将"敬天道、尊祖宗"放在五伦之前，虽然五伦只是人与人关系的行为准则，但是开封犹太人将"天道"放在人与人的关系之先，追溯五伦的根源在于天，碑文说"殊不知道之大原出于天"（一四八九年碑），十诫叙事中前四诫都是关于敬畏神的诫命，后六诫才是关于人的诫命。"道"即上帝的诫命，所有的犹太人都尊崇"道"，开封犹太人也都"尊是经而崇是道"（一五一二年碑）。

其次，史料"拒"绝了妥拉传统中不适用的内容。妥拉诫命中关于处理与外邦人的关系问题，关于对待奴仆的条例（出 21:1—11），承业女子结婚的条例（民 36），长子继承权（申 21:15—17），等等，则没有在史料中体现出来。这些是在圣经时代遇到的问题，随着时代的变迁以及居住场所的改变，这些问题的处理原则也发生了改变。散居时代的犹太人需要遵循寄居国的法律处理这些问题，因此这些条文与居住环境不符，没有出现在史料中。

再次，史料中的人伦关系是吸收了儒家思想之后，有中国特色的人伦关

---

① 徐新:《走进希伯来文明》，北京:民主与建设出版社，2001 年，第 69 页。

② 傅有德:《犹太哲学与宗教研究》，北京:中国社会科学出版社，2007 年，第 170 页。

系。开封犹太人深受儒家思想的影响,在处理人与人关系时详细区分了不同群体间的关系,这些群体的划分更具有儒家特色。十诫及妥拉其他经文在阐述伦理原则时,涉及到很多人伦关系,并特别强调了寄居者和外族的关系,在本族关系中并没有强调君臣、[1]父子、夫妇关系的特殊性,没有特别提出五种关系及处理原则。儒家文化对"五伦"的区分及细化由来已久。孟子确定"五伦",区分了人与禽兽:"人之道有也,饱食、暖衣、逸居而无教,则近于禽兽。圣人有忧之,使契为司徒,教以人伦:父子有亲,君臣有义,夫妇有别,长幼有序,朋友有信。"(《孟子·滕文公上》)儒家重视伦理道德,强调人伦中的血缘关系,因此有了"五伦说"以及处理五伦关系的重要纲领,如孟子提出的"父子有亲,君臣有义,夫妇有别,长幼有序,朋友有信。"(《孟子·滕文公上》),将人与人之间的关系浓缩为五种,即"五伦":父子、君臣、夫妻、兄弟、朋友。[2] 后世儒家解读了五伦,提出了处理五伦的原则,并规定了"五伦"中各个角色的具体做法:"父慈、子孝、兄良、弟悌、夫义、妇听、长惠、幼顺、君仁、臣忠。"(《礼记·礼运》)这些差别有序的"伦"是中国传统社会的基础。[3] 儒家人伦的划分更细化,并且特别强调这些关系中长幼尊卑的顺序以及应该遵守的行为准则。这些行为准则经过历代儒生的探索、总结逐渐形成统领日常生活的伦理纲常,从汉朝开始即有三纲五常,宋明的道学传统强调至善之乐,强调"天人合一",在日常行为中实践伦理要求。但是开封犹太人根据儒家思想对这五种关系进行了阐发,认为所有的人际关系都"不外于五伦"(一四八九年碑)。在关系排序方面,儒家的"五伦"排序从早期的自然顺序(夫妇关系)和血亲的基础(父子关系)发展为以社会关系(君臣关系)为首的"五伦"。碑文依据明清时期盛行的"五伦"顺序,将"君臣"关系放在首位,"父子"关系在其后。[4] 这体现出开封犹太人依附皇权的思想,碑文说,他们不能只享受国君的"福田利益",而应该"受君之恩,食君之禄"之后,以"敬天礼拜"的方式,"报国忠君",强调臣民对国君的服

---

① 妥拉中君臣关系的缺失一部分原因来自妥拉成书时以色列人处于"巴比伦之囚",他们没有君王的时期,因此在妥拉文本中也没有描述君臣关系。
② 《孟子·滕文公上》记载:"父子有亲,君臣有义,夫妇有别,长幼有序,朋友有信。"
③ 费孝通:《乡土中国》,上海:上海人民出版社,2013年,第29页。
④ 清朝雍正帝为了确立满人的正统地位,特意调整了五伦的次序,将"君臣"放在"父子"关系之前,但是碑文写于明朝时期,开封犹太人虽然与清帝的做法不谋而合,但是缘由不同。参见杨念群:《"天命"如何转移:清朝"大一统"观再诠释》,载《清华大学学报(哲学社会科学版)》2020年第6期,第32页。

从。碑文在"五伦"中特别强调"三纲"的关系,这与儒家相同。碑文将"三纲五常"作为"日用常行古今人所共由之理"(一五一二年碑),是"道之所寓"(一五一二年碑)。三纲是将五伦中的关系提取出三条,"三纲者,何谓也?君臣、父子、夫妇也"(汉·班固《白虎通·三纲六纪》),强调这三者关系中的主从、尊卑关系。自宋朝以来,经过朱熹的强调和强化,三纲五常成为"礼"的核心内容,成为基本的政治伦理原则。① 三纲迎合了尊卑等级,即碑文中"序尊卑"的说法,是开封犹太人遵守儒家等级秩序的重要表现。妥拉中关于夫妻关系的处理原则中有关于贞洁的条例(申 22:13—30;27:20—23)、离婚再婚的条例(申 24:1—4),但是没有对夫妻日常生活中的尊卑要求。犹太人也将"五常"作为日常行为规范。一五一二年碑碑文载有,"故大而三纲五常,小而事物细微,无物不有,无时不然,莫匪道之所寓。""五常"为仁、义、礼、智、信,碑文说"孝弟忠信本之心,仁义礼智原于性"(一六六三年碑)。五常是儒家文化的核心内容之一,虽然孔子除了强调这五个德行之外,还讲"忠恕诚直勇恭"等德行,但是后世儒者强调与五常类似的德行,归纳总结道德规范,董仲舒时期明确提出了"五常说"。五常是超越人与人的关系,从人性的普遍性出发,在抽象的道德层面提取出的,适用于不同时代和不同民族的行为规范。五常出乎人性,又反作用于人性,规范人的活动。儒家的修身养性即是以仁、义、礼、智、信为目标而进行的道德修为。

　　最后,史料强调妥拉公义观中的"仁义"的概念。虽然希伯来文的"公义"(misphat,משפת)也可译为"仁义",但是开封犹太人强调其中的"仁义"内涵,这与儒家的"仁义"相一致。"仁"是儒家的核心价值,是《论语》中概念性名词出现频率最高的。一五一二年碑记载:"道莫大于仁义,行之,自有恻隐羞恶之心。"开封犹太人将"仁义"作为"道"的核心和主要内容,他们认为律法的最高准则就是行仁爱,开封犹太人也要求"凡业是教者,其惟以善为师,以恶为戒,朝夕警惕,诚意修身"(一五一二年碑),具体表现在善待身边需要帮助的人,比如贫穷的人,"贫而娶妻不得娶,与葬埋者不能葬者","莫不极力相助,凡婚资丧具,无不举焉"(一五一二年碑),或者弱势群体,"孤独鳏寡,莫不周赈"(一六六三年碑)。这与《礼记》中的要求相同,"大道之行也,天下为公。选贤与能,讲信修睦,故人不独亲其亲,不独子其子,使老有所终,壮有所用,幼有所长,矜

① 刘学智:《"三纲五常"的历史地位及其作用重估》,载《孔子研究》2011 年第 2 期,第 27 页。

寡孤独废疾者,皆有所养。"(《礼记·礼运》)这些做法符合妥拉中的要求。犹太人的诫命(mitzvah)本意就是"善的行为",妥拉律法要求以色列人遵守耶和华的道,秉公行义,这样神应许给他们的话才能实现。(出 18:19)耶和华是公义的(tzedek)(出 9:27),正直的(申 32:4),以色列人也要按照公义审判他们的邻舍(利 19:15),遵循犹太诫命就是要怀仁爱之心,做善事,"爱人如己"(利 19:18),尊敬老人(利 19:3),爱护兄弟(利 19:17)[①],善待孤儿寡妇(出 22:25;申 27:19)。但是在具体的做法上,二者有一些差异。出于公义的要求,妥拉要求以色列人"每逢七年末一年",实行豁免,免除邻居的债务(申 15:1),田间收割,打橄榄和摘葡萄时,要将剩下的留给孤儿寡妇(申 24:19—21),要按时给困苦穷乏的雇工工价(申 24:14),公正地审判寄居的和孤儿,不可欺辱寡妇(申 24:15)。妥拉中的要求更多体现在经济、审判的方面,碑文主要体现在婚丧嫁娶这几件人生大事上。

三、 原因探析

开封犹太人对妥拉中伦理律法的处境化处理是根据时代变迁和寄居国文化做出的调整,但是由于妥拉律法和儒家伦理在很多方面的一致性,开封犹太人用儒家的伦理观念表达这些相似的内容,并详细论述儒家的伦理观念,以取得公众的认可。妥拉律法与儒家伦理相悖或者不适合史料出现的处境时,这些律法内容会在史料中隐去。开封犹太人遇到处理与上帝的关系时,会义无反顾地将与上帝的关系放在所有关系之首,这在史料中显示出开封犹太人的犹太特征。

首先,史料作者作为儒生,认可儒家伦理的重要性。儒家强调伦理,并制定了伦理应该遵守的礼仪。儒家认为是否遵守道德准则是人兽之别的重要方面,[②]儒家强调人与动物的区别主要在于言行举止等方面,所以儒家注重修身,"修己以安人"(《论语·宪问》)。儒家注重伦理实践,这些实践伦理应该遵循礼仪要求。儒家的"礼",一部分成为法律,即宗教层面"事天"的礼仪,一部分成为伦理和道德规范,即日用之礼,成为儒家的伦理纲常。事天也要求日常生活中"以德配天",因此儒家的"礼"涵盖生活的点点滴滴,体现在日用之间,

---

① 妥拉中使用的是否定诫命的说法:"不可心里恨你的弟兄……"(利 19:17)
② 冯友兰:《中国哲学史》,北京:中华书局,1984 年,524 页。

"日用即道"(《中庸》)。儒家礼仪本来是为皇家所立的礼仪,士大夫等的礼仪只是作为皇家礼仪的陪衬,自明以降,礼下庶人,而且非常完备。明朝随着治家的需要,士大夫为自己家庭或家族制定的礼仪规则逐渐累积,形成了比较完备的适合庶人的礼仪制度。明朝普通民众在日常生活中要遵守一些礼仪规则。庶人相见时应该行特定的礼仪,庶人的婚礼、丧礼等都在《明史·礼志》中有明确的规定。明朝的乡礼对庶人的礼仪有详细的要求,几乎涵盖了生活的方方面面。

其次,儒犹伦理之间存在很大的相似性。儒家伦理的"三纲五常"中,"三纲"强调的是人伦关系,"五常"强调的是道德原则。人伦关系中又详细区分出"五伦",这些人伦关系和道德规范与妥拉律法相契合的地方很多。开封犹太人强调二者的行为准则不外乎"五伦",即"敬天道,尊祖宗,重群臣,孝父母,和妻子,序尊卑,交朋友"(一四八九年碑)。道在五伦中的表现为"道行于父子,父慈子孝;道行于君臣,君仁臣敬;道行于兄弟,兄友弟恭;道行于夫妇,夫和妇顺;道行于朋友,友益有信"(一五一二年碑)。"五伦"的基础"道"与妥拉来自上帝的表述相同。处理好五伦关系,每个人都应懂得"君臣之义,父子之亲,兄弟之序,朋友之信,夫妇之别"(一六六三年碑),那么"原本于知能之良,人人可以明善复初"(一六六三年碑)。开封犹太人碑文中的"五伦"显示出他们对妥拉伦理律法的承继和受儒家伦理的影响。

最后,在中国语境中将儒家五伦与外来教义相结合是外来宗教融入中国文化的通常做法,同期在中国的伊斯兰教也是如此。明末清初的回儒刘智在中国语境中将宗教经典《古兰经》与儒家的"五伦"说相结合,形成了"五典"说,即夫爱妇敬之道,父慈子孝之道,君仁臣义之道,兄弟协义之道,朋友忠信之道。"五典"将夫妇列为首位,以《古兰经》安拉造化阿丹(亚当)、哈娃(夏娃)为基础,从人类初始的角度探讨人伦的顺序,[1]这种夫妇关系为首的五伦关系没有将君臣放在首位,显示出刘智的"五典"说对伊斯兰伦理的遵守。刘智进一步阐发了"五典",认为其为万物之本,并对五种关系做了进一步的说明。这种基于教义对"五伦"的阐发并形成自己特色的伦理关系是伊斯兰教中国化的重要标志。另一位有名的回儒王岱舆也没有直接挪用儒家的"三纲"之说,而是

---

① 有学者认为这反映了伊斯兰伦理轻等级、重人伦的思想和全人类一体的理念。参见敏文杰:《儒家"五伦"思想和刘智"五典"思想之比较》,载《回族研究》2007年第1期,第34页。

说:"人生在世三大正事,乃顺主也,顺君也,顺亲也。"①将"主"放在人生的"三大正事"之先,显示出回儒对伊斯兰教义的遵守。开封犹太人虽然将"天道"置于"人道"之前,但是他们更倾向于阐述犹太教与儒教的相同之处,没有提出新的"五伦"关系,没为自己的五伦命名,也没有对自己五伦关系的阐发,这是与中国伊斯兰教很大的不同。

犹太教进入中国的时候,中国宗法社会的价值观已经形成体系,这些价值观以"三纲五常"为核心价值。犹太教必须认同这些纲常伦理才能在社会上立足,被主流社会所接纳。开封犹太人在史料中使用儒家经典的语言表达儒家文化与妥拉中相一致的思想,但是在具体的陈述中会根据妥拉传统对儒家思想有所变动。伦理表达中开封犹太人将"天道"放在所有的"人伦"之前,体现妥拉传统中以上帝为尊的信仰。开封犹太人以儒家的"仁爱"代替妥拉中的"公义",他们用大段的篇幅描写犹太人遵循儒家伦理道德的做法,描写他们在"三纲五常"的规范内生活,以仁爱之心对待弱势群体,这些规范也是与妥拉相符的做法。

第六节　本章小结

流散犹太人会吸收当地文化,形成散居犹太社群的特色。开封犹太人的处境化重塑是最能体现犹太教中国特色的地方。他们在坚持犹太教核心和部分妥拉传统的前提下,根据儒家传统和社会状况对犹太教进行调整,这些集中体现在将摩西塑造成中国的圣人形象,将亚当、挪亚以中国神话的形象进行比附,在历史叙事中迎合儒家因素,将自己定位为朝贡者的身份,史料中还体现了他们对当朝君王的赞颂,宗教仪式上根据儒家传统加入的祭祖和祭孔传统,对具有儒家特色伦理关系的阐发,等等。

这些重塑的内容是在妥拉内核的基础上,增加儒家特色的内容,易于为大众所接受,符合当时的主流文化,同时也是妥拉传统与儒家文化的紧密结合,具有鲜明的中国特色。

---

① 　王岱舆:《正教真诠》,银川:宁夏人民出版社,1988 年,第 88 页。

第三章　妥拉传统的隐匿

　　由于犹太文化和儒家文化两种文化发源的时间、地点千差万别,因此两种文化间有很多不相融的内容。妥拉中有些非常重要的内容,被碑文等直接性史料"拒"绝,没有表达出来。此处的"拒"绝仅指公众性史料中没有体现,没有出现在文字化重构犹太教的过程中,并不是指开封犹太人在日常生活中没有这些妥拉传统。一些间接性资料如传教士的记载,开封府志等资料,都体现出被"拒"绝的传统。史料中被"拒"绝的内容包括两大类:一类是在妥拉中非常重要但是相悖于主流文化的传统,因为怕引起主流文化的反对而故意隐而不写。另一类是妥拉和主流文化中都存在,但由于某种原因没有在直接性材料中体现的内容。这些内容一般是与主流文化相悖的内容,如出埃及传统,神人关系中上帝对历史的参与,生活习俗中的利未婚,等等。

第一节　史料"拒"绝的出埃及传统

一、妥拉中的出埃及传统

　　出埃及传统与创世传统、西奈传统等并列,是妥拉传统的重要组成部分。① 学者关于出埃及传统的组成部分,各个部分间的写作时间等无法达成共识,甚至有学者认为由于篇幅限制,《出埃及记》没有写完,所以不是一本独

---

　　① 出埃及传统关注的是《出埃及记》的前 14 章,关于以色列人出埃及的叙事,在《诗篇》、先知书中都有重复记述;随后的 36 章讲的是西奈传统,在西奈山的叙事,授予十诫和建立会幕的叙事。《出埃及记》一章 1 节写道:"以色列的众子,各带家眷,和雅各一同来到埃及。他们的名字记在下面。"由此可见,出埃及传统与《创世记》一书的关联,所以,出埃及传统依据和前后经文的关系而成为更大的妥拉的组成部分。

立的书卷。一般认为,出埃及传统指的是《出埃及记》中记载的以色列人在摩西的带领下逃出埃及的历史叙事,其中的主要人物形象有上帝、摩西、以色列人、法老等,主要的事件包括以色列人在埃及受奴役、摩西蒙召、十灾叙事、①旷野叙事等。出埃及传统到出埃及(出 1—15:21)之后已经结束,十诫和金牛犊叙事属于西奈传统。出埃及传统在《出埃及记》一到十五章有描述之外,在《诗篇》、先知书和历史书中都有描写,并且为《出埃及记》的第二部分中的立约和会幕的出现奠定基础。虽然《出埃及记》成书于犹太教成为建制性宗教之前,里面蕴含的大多是希伯来宗教的概念,但是这些概念也大多被后期犹太教所继承与接受。所有的概念中,首先也是最重要的,是书中记载了他们受迫害的历史和艰难的(如果不用"传奇式"的这个词的话)逃亡。② 出埃及传统成为西奈传统中十诫和会幕的叙事基础,也融入了以色列人主要的宗教仪式,如逾越节、安息日等叙事。人神关系中最重要的神的本质也通过出埃及事件中神的角色展现出来。

《出埃及记》是以色列民族的历史叙事,主要陈述他们"所信仰的上帝曾经在他们的历史之中的真实参与,进而引起当下的共鸣并规范他们的信仰和生活"。③ 这是关于一个民族诞生的故事,是妥拉的重要内容,上帝"拯救者"的形象跃然纸上。(出 18:9;民 10:9)希伯来圣经中重复出埃及的主题不下一百二十次之多,并多次直接强调出埃及的历史不可忘(申 6:20—23),在埃及寄居的历史不可忘。"不可欺压寄居的;因为你们在埃及地作过寄居的,知道寄居的心。"(出 23:9)"所以你们要怜爱寄居的,因为你们在埃及地也作过寄居的。"(申 10:19)以色列的神在出埃及传统中进入人类的历史,以"你—我"对话的方式参与到犹太人的日常生活。及至今日,犹太人的四大节日之一的逾越节,每七天过一次的安息日都是为了纪念出埃及(申 5:15)。出埃及传统也是以色列锻造身份(forging of identity)的叙事。犹太人在每年一度再现集体记忆的逾越节晚宴上,必定回忆与讲述出埃及的故事和经历。④

---

① 出埃及传统中的"十灾"在圣经中其他的书中被称为"奇迹",或者"神迹",而没有用灾难的说法。"灾难"是后圣经时代的用法,不是所有的奇事都会带来血腥的灾难,比如说黑暗之灾,并没有带来人畜的死亡。但是鉴于中国学界对"十灾"概念的接受,本书也使用"十灾"这一称谓。
② Carol Meyers, *Exodus*, Cambridge: Cambridge University Press, 2005, p.PXV.
③ 游斌:《希伯来圣经的文本、历史与思想世界》,北京:宗教文化出版社,2007 年,第 56 页。
④ 以上的思想与资料,参见田海华:《历史与文化记忆:罗纳德·亨德尔的圣经诠释》,载《圣经文学研究》2014 年第 8 辑,第 397—414 页。

　　神学家、历史学家等从不同的角度对出埃及传统进行解读。学者关注的范围主要集中在两个方面。其一,关于《出埃及记》的历史真实性问题。[①] 现在很多学者认为《出埃及记》是在前流放时期圣经文本初稿大都已完成的情况下写作的,其目的是训导以色列公众,而不是要记述历史,所以没有以现在的历史手法书写。[②] 有些研究更注重文本和真实的历史的联系,希望重新回顾历史批评的路径,找出为何出埃及中埃及和西奈的具体地点在真实的历史中很难证实,如何从其他原始材料证实出埃及叙事。虽然结果不尽人意,但是大多数学者还是相信出埃及事件的历史真实性,虽然他们对出埃及的细节存疑,但是他们认为出埃及的核心事件是真实的,因为历史中记载了外邦人在埃及繁衍后代,以色列人寄居埃及以及离开的叙事。只是出埃及有可能不是一次性完成的事件,而是受法老奴役的以色列人在不同的时间多次以小群体的形式逃离埃及的过程。后期圣经作者将不同的出埃及经历融合成妥拉中的出埃及叙事。

　　其二,学者根据时代要求,结合社群的需要对《出埃及记》作出不同的解读。希腊化时期犹太学者斐洛和约瑟福斯认为《出埃及记》是要向非犹太人证明犹太人的高贵和贵族血统,并使用亚玛力人(Amalek,出 17:8)来指代所有与犹太人为敌失败的外邦人。现在人们除了从宗教的层面解读出埃及传统之外,还从政治和社会的角度进行解读。面对社会和政治上的压迫,他们从《出埃及记》中寻找力量之源,希望之地,并寻找到反抗的动力和必胜的信心。美国独立战争时期,非洲人民争取独立之时,人们在诠释出埃及传统时都将法老视为压迫者,将摩西视为引领他们抗争的领袖。[③] 同时,基督教将《出埃及记》中与法老的对抗看作是基督徒与世俗作的抗争。摩西被描述为英雄的形象。摩西和法老的对立被后世引用来指代反抗暴政和专制,"let my people go"等

---

　　① 传统认为圣经是真实的历史记录。但是对圣经历史性的认识在学界仍然没有达成共识,Johnstone 认为"出埃及不应该被看作在具体时间具体地点发生的具体时间,而应该将出埃及叙事看作以色列人对自己历史进程的一种神学诠释,是为了一大群人而写的。"参见 William Johnstone, *Chronicles and Exodus An Analogy and Its Application*, p.74。虽然修订学派认为将意识形态参与历史的批判会导致没有真正的历史,但是很多学者仍然将圣经中的历史叙事认为是对一些历史事实的重构,并且反映出后世对历史的态度。出埃及的历史性虽然不像《历代志》和《撒母耳记》中那样明显,但是从历史性故事的角度看出埃及传统也可以看出以色列人对历史的重建。

　　② 田海华:《集体记忆中的多元身份:读〈出埃及记〉1—2 章》,载卢龙光编《跨越文本的边界:李炽昌教授六秩寿庆文集》,香港:香港中文大学崇基学院神学院,2010 年,第 95—104 页。

　　③ Michael Walzer, *Exodus and Revolution*, New York: Basic Books, 1986.

成为著名的提法,拉美神学家玛利诺·古铁雷兹(Maryknoll Guitierrez)从解放神学的观点解读出埃及传统。[①] 从女性主义的角度解读《出埃及记》也是一种全新的视角。[②]

二、 原因探析

出埃及传统中的隐去的元素,如出埃及叙事和"十灾"叙事与儒家传统中的某些概念相悖,与开封犹太人的历史处境不符,所以会在公开性史料中隐去。

首先,出埃及叙事与中国的社会处境不符。出埃及叙事中在外地受苦的经历(出 1:1—14),离开压迫之地获得自由的观念、选民观念以及与之相关的外邦人的概念、寄居的身份等,都是在受到外邦压迫的情况下发生的。而来华的犹太人的生活环境和谐,受到当地人的热情接待。他们可以在开封"遵守祖风",另外,有很多开封犹太人中进士、举人等,并赴朝中做官,一如一五一二年碑中记载,这与《出埃及记》以以色列人的状况有很大的不同。《出埃及记》中说,"不认识约瑟的新王"看到以色列人"生养众多",便说:"来吧,我们不如用巧计待他们,恐怕他们多起来,日后若遇什么争战的事,就联合我们的仇敌攻击我们,离开这地去了。"(出 1:10)新王叫以色列人加重做苦工,为法老建两座城:比东和兰塞。(出 1:11)等到摩西与法老谈判,要将以色列人释放时,"法老心硬",屡次不守诺言,要继续扣押以色列人。因此,这些在流散地的悲惨境遇与中国的生活环境不同,不适合将这些在碑文中展现出来。

其次,神的征战功能有悖于儒家文化。离开压迫之地获得自由是以色列神的征战功能的体现。神的征战传统以及神作为战士的形象在以色列民族形成的过程中起到重要的作用,以色列人的民族身份是在他们与外邦的征战中确立起来的,出埃及传统的记载是对这一场战争经验及反思的见证。出埃及记中的征战传统主要体现在以色列民族形成时期和以色列民族与外邦人关系紧张时期。神的战争功能主要体现在过红海的故事中淹没埃及军队的战车,之后的赞美诗(出 15),都是对神的战争功能的赞美。赞美诗中的"拯救"(出 15:2),主要是指上帝在军事领域的神圣参与。开封犹太人史料中没有展现上

---

① Maryknoll Gustavo Guitierrez, *A Theory of Liberation*, New York: Orbis Books, 1973.

② Athalya Brenner, ed, *A Feminist Companion to the Bible* 6, Sheffield: Sheffield Academic Press Ltd, 1994.

帝在历史中的参与,史料中一般使用比较中性的称谓"天"来指代上帝,将上帝描绘成在"日用之间"(一四八九年碑)的存在,史料中的天人沟通主要体现在人可以"参赞真天",可以感动上天"虔心感于天心"(一四八九年碑),所以虽然在妥拉中上帝对历史的参与非常重要,但是在开封犹太人的史料中是看不到的。开封犹太人不需要以战争的胜利来确立他们的民族身份。所以,神在促成以色列民族形成方面的功能在中国不存在对应的点。

再次,选民观念和外邦人的观念与儒家文化的"求同"思想①相悖,这些概念的民族身份标识性过强,容易导致与其他民族关系不和谐。从开封犹太人对自己身份的认同方面来看,他们在碑文中更多的是体现中国的身份认同。碑文中记载,当时开封犹太人受邀来中国,宋朝皇帝允许他们在开封居住,这批犹太人保留自己的宗教传统,作为与回族等平等的少数民族在中国共同居住,由于他们的教堂也叫清真寺,②为了与回族区分,他们称自己为蓝帽回回,③称自己居住的胡同为"挑筋教胡同"。他们的民族特征非常鲜明,并且一直保留自己的民族身份。虽然,碑文写作时明政府有刻意的民族融合的政策,比如,不允许同宗结婚,不分宗教信仰的"存有褒封,没有追赠"的政策等,但碑文中没有体现出对这些政策的不满,相反,体现的更多的是对明政府的感激之情,如碑文所写"受君之恩,食君之禄"等。开封犹太人逾越节庆祝仪式最后会诵念"明年在耶路撒冷相见"的语句,但是在碑文中体现出的更多是把他乡当故乡的情愫,是与中国文化认同的立场。《出埃及记》中的身份认同强调以色列人的选民地位和特殊性,这种身份建构要求在中国的语境中强调少数群体的特殊性,这与中国文化中的"求同"以及"和"的氛围是格格不入的。

最后,十灾叙事与外族欺压相关联,用以显示以色列神的权威。"因为这一次我要叫一切的灾殃临到你和你臣仆并你百姓的身上,叫你知道在普天下没有像我的。"(出 9:14)关于灾难叙事在碑文中是空白的。中国本土与以色列相距很远,并且在历史上没有宿怨,所以开封犹太人和其他外来的少数民族

---

① 关于中国文化的"求同"思想与犹太人的尚异性,可以参见傅有德教授的文章《论犹太人的尚异性》,载《世界宗教文化》2010 年第 2 期,第 33—40,94 页。这或许可以解释开封犹太人在"求同"思想的驱动下最终同化于儒家文化的原因。

② 犹太人在正德七年重建会堂时为了避免与回族的清真寺混淆,改名字为"道经寺",但在1663 年又恢复为清真寺。参见李景文:《古代开封犹太人:中文文献辑要与研究》,第 25 页。

③ "蓝帽回回"的称谓方式在元朝开始,"白帽回回"指称伊斯兰教徒,明朝时更广泛地使用。

一样在中国被统治者和其他民族友好接纳,他们生活安稳,邻里关系和谐。开封犹太人现有的文献中除了圣经原文以外没有讲到出埃及记的十灾,没有讲到以色列神在埃及施展的大能和奇事。以色列历史上的灾祸在开封犹太人的记载中缺席。但是犹太人在中国的历史并不乏天灾人祸。会堂"修建者凡十次,大抵与河患有关",①其间经书"经水后均失散",②但碑文仅轻描淡写地描述为"至天顺五年,河水渰没,基址略存"(一四八九年碑),"汴没于水。汴没而寺因以废,寺废而经亦荡于洪波巨流之中","殿中原藏道经一十三部,胥沦于水。"(一六六三年碑)这是非常明显的对灾难的淡化描述。开封犹太人对灾难叙事的淡化源于中国儒家的灾祸观。中国儒家思想中的灾祸一般归因于统治者的无道,③天灾人祸的出现一般都是对统治者无道的控诉。但是由于开封犹太人现有的材料多是会堂的碑文、楹联、匾额等在公共场合表明信仰的文字,一般对统治者的称颂比较多。一四八九年碑写道:"祝颂大明皇上,德迈禹汤,圣并尧舜;聪明睿智,同日月之照临,慈爱宽仁,配乾坤之广大;国祚绵长,祝圣寿于万年;皇图巩固,愿天长于地久;风调雨顺,共享太平之福。"犹太教教徒艾田写对联"天经五十三卷口诵心维祝皇图于永固,圣字二十七母家喻户晓愿社稷以灵长"。所以,出埃及传统中的灾祸写在碑文中既与儒家的灾祸观不符,也与碑文的公众性质不符。

开封犹太人在公众性史料中对出埃及传统有意识地取舍,这是基于此历史对自己的意义问题,他们保留的是有助于建构保持犹太人身份的部分。这种在儒家为主体的语境中的处境化处理方法与犹太教的宗教传统相连,使开封犹太人在中国的社会中发展、壮大,虽然由于与外界隔绝等客观原因导致他们最终同化于中国文化,但是在异族文化的适应政策是中国古代犹太教能够在中国历时一千多年的奥秘之一。

三、 史料中"拒"绝的出埃及传统

出埃及传统中有一些特别重要的元素在开封犹太人的史料中没有出现,④也

---

①　陈垣:《开封一赐乐业教考》,第135页。
②　同上书,第137页。
③　董仲舒在《举贤良对策》中说:"国家将有失道之政,而天乃先出灾害,以谴告之;不知自省,又出灾异,以惊惧之。"引自班固《汉书·董仲舒传第二十六》
④　一六六三年碑有"四季之时七日戒。众祖苦难,祀先报本,亡绝饮食"的表述,这"七日戒"可能包含逾越节,但是关于庆祝逾越节的具体表述在碑文中缺失。

没有关于逾越节的直接记载,但是根据碑文大致可以推断他们会进行逾越节庆祝,他们对出埃及传统也非常熟悉。一四八九年碑讲到"四季之时七日戒","众祖苦难,祀先报本,亡绝饮食",关于这七日具体所指,学者有不同的说法。维之认为除了赎罪日之外,剩余的六个节期应该是:纪念第一圣殿被毁(亚 8:19);耶路撒冷城陷落,坦木兹月十七日(王下 25:1),阿布月九日(耶 52:4);纪念刺杀基大利(王下 25:25—26);提别月十日(王下 25:1)。但是这种说法没有将与犹太教历史息息相关的逾越节算在内,比较匪夷所思。如果"七日戒"是延续七天的节期,那么应该包括逾越节或除酵节、收获节(或称五旬节或七七节)、住棚节(申 16,出 23)。

　　通过一些间接性史料,我们可以窥见开封犹太人对这缺失的元素是非常熟悉的。耶稣会士骆保禄的书信中描写了开封犹太人过逾越节的场景,他在一七〇四年看到开封犹太人的逾越节庆祝活动后,在信中写道:"为纪念他们出埃及的恩泽,以及脚不沾水地渡红海,而盛行无酵节和逾越节宰杀羔羊等习惯。"①他们的散经中也有过逾越节读的《逾越节传奇》。他们的《逾越节传奇》收藏在辛辛那提的希伯来联合大学的克劳图书馆(Klau Library of the Hebrew union College of Cincinnati),标号 HUC Ms 927 和 HUC Ms 931。②《逾越节传奇》中写道:"他将我们从敌人手中救出,从憎恶我们的手中救出,从我们敌人手中救出。"③"我们匆忙之中逃离埃及。我们先祖在埃及地吃的饼,饥饿的人,都来吃吧。"④书中也有关于《出埃及记》的记载,"这是摩西的作为。"⑤"将这个拿在手中,你要用它来行奇迹。"⑥逾越节传奇的高潮是"我们是自由的人民"。这是开封犹太人在逾越节庆祝中会诵念的内容。

　　学者对出埃及传统做出了不同的解读,这些不同的解读根源于他们对出埃及传统历史叙事中不同元素的分析。这些不同的元素构成了以色列人民的集体记忆:逾越节羔羊,无酵饼,奉献头生,摩西,以色列人民,耶和华,等等。但是根据描述很难明白,有多少这些描述是来自当时逾越的情景,有多少是取

---

① 荣振华、李渡南等编:《中国的犹太人》,第 87 页。
② Wong & Yasharpour, *The Haggadah of Kaifeng Jews of China*, p.7.
③ ibid. p.125.
④ ibid. p.127.
⑤ ibid. p.134.
⑥ ibid. p.134.

自己有的宗教传统。一般认为,《出埃及记》的主要元素包括三组重要的人物形象(上帝、摩西和"以色列子民"①)和出埃及事件。在史料中,出埃及传统中的上帝形象、摩西形象、以色列民众等都以符合儒家的形式处境化处理,上帝以多元化圣名出现,摩西成为圣人形象,以色列民众成为朝廷的臣民,但是出埃及传统中的两个重要元素出埃及叙事和"十灾"叙事在史料中是完全缺失的。

首先,关于上帝的描绘是出埃及传统中的重要内容。出埃及传统主要涉及神的名字、神的大能、神与人的关系等。《出埃及记》中第一次称呼神的名字YHWH(出 3:15),摩西是第一个知道上帝名字的人(出 3)。他们称呼耶和华为"以色列的神"(出 5:1),希伯来人的神(出 5:3)。神被称为"王"(出 15:18),"战士"(出 15:3),他给人以男性形象的概念,希伯来语中的称谓 el 或者 elohim 都是阳性词汇。神的征战功能在出埃及传统中凸显。耶和华是将以色列人带领出埃及的神,为之后的诫命描写打下基础。(出 20:2)建基在《出埃及记》的基础上,神人关系在之后的圣经章节中凸显。

其次,摩西是《出埃及记》中的核心形象。《出埃及记》对摩西有非常细腻的刻画。摩西的故事从《出埃及记》的开始延续到《申命记》的结尾,统领了出埃及—西奈叙事。他是以色列民族史诗记忆中卓越的中间人。圣经中的摩西是以色列民族的缔造者,带领人民逃离埃及,并带领人民在西奈山与神立约。他由此与以色列和埃及建立关系,与上帝的关系非同一般,在米甸与神初次相遇。出埃及传统奠定了摩西作为大先知的地位(申 34:10—12)。同时,《出埃及记》对摩西形象的刻画也是多元、细腻的,反映于从摩西的出生、成长,到与上帝相遇,在上帝面前的退缩,他的彷徨,他的口才缺陷,到他引领以色列人出埃及,击石出水,天降吗哪和鹌鹑等叙事(民 20—36)。

再次,以色列子民作为群像也是《出埃及记》中的人物形象之一。《出埃及记》三至四章关于摩西与神见面的章节对以色列人的身份建构起到重要的作用,《出埃及记》认可了以色列人作为特殊选民的地位。申命学派使用出埃及的经验例证耶和华的特殊性,从而呼吁以色列人全身心地敬拜耶和华(申 4:32—40;5:6—7,16;6:20—5;8:11—20;11:1—5;26:1—11;书 24:5—7,16—

① 虽然称呼为以色列人不是特别合适,因为以色列人有不同的涵义,同时他们在离开埃及的时候这样称呼不够准确。作为一种宗教民族概念,以色列人的称谓出现要比《出埃及记》中晚,一般指公元前十到八世纪的北国,有时指更大的一个民族政治实体。以色列除了指称国家和民族之外,也可以是政治、民族或神学的抽象概念。

17)，同时，出埃及也彰显了耶和华的忠诚和权威，从而促使以色列人服从耶和华（申 7:7—11,17—26；诗 78:9—16,51—4；81；105:36—9；106:6—12；135:8—9；136:10—15）。以色列人不听从耶和华时，出埃及传统解释了他们为何受到诅咒和判断（士 6:7—1；撒上 10:17—19；12:6—9；王上 9:1—2, cf 代下 7:19—22；王下 17:7；尼 9；阿 2:10；弥 6:3—5；结 20）。出埃及传统还记载了以色列人在旷野中的抱怨和反叛。①

最后，出埃及事件主要有两大叙事，即逾越节的缘起②以及十灾叙事，这两大叙事都深远地影响犹太人的信仰。《出埃及记》中历史事件的描述包括十灾，出埃及，过红海，西奈山显现，十诫和金牛犊的叙事。逾越节的庆祝仪式通过还原出埃及的历史，表达和经验犹太身份和信仰，犹太人庆祝逾越节，将他们和外邦人区分出来。③ 逾越节最开始的时候要念祝福祷文，祷文说上帝"将我们从万民中拣选出来，放在万民之上，因你的诫命而变得神圣"。他们赞美上帝，是上帝区分了"沾污的和神圣的，光和暗，以色列人和万民，第七天和其他六天"，并要牢记，这一晚与其他的夜晚都不同。逾越节的庆祝贯穿了从圣殿的逾越节祭祀庆祝到家庭庆祝的过程。④ "十灾"叙事也是妥拉叙事中的重要组成部分，在圣经其他的书中被称为"奇迹"，或者"神迹"，而没有用灾难的说法。"灾难"是后圣经时代的用法。《诗篇》七十八篇和一〇五篇讲到了十灾的问题，但是十灾叙事是从上帝的角度讲上帝的能力，讲上帝从来没有忘记过以色列人，从先祖时代到出埃及到旷野，上帝始终与以色列人同在。

第二节　史料"拒"绝的神人关系

中犹文化对神人关系认知有很大的差异，开封犹太人在直接性史料中体

---

① G. W. Coats, *Rebellion in the Wilderness. The Murmuring Motif in the Wilderness Traditions of the Old Testament*, Nashville-New York: Abingdon Press, 1968.

② 圣经学研究中，有学者也质疑逾越节与出埃及的关系，他们认为逾越节可能有其他的起源。参见 Tamara Prosic, *The Development and Symbolism of Passover until 70 CE*, London: Bloomsbury Academic, 2005；Thomas Dozeman, *God at War: A Study of Power in the Exodus Tradition*, Oxford University Press, 1996。

③ 除了逾越节的庆祝，犹太人每日的立祷文（Shema）中也重复出埃及的经历（申 6:4—9,11:13—21,民 15:37—41）。

④ 逾越节中的祈祷文和相关的阅读是在第二圣殿被毁之后才开始的，这就是替代了之前的逾越节祭祀。家庭庆祝中饮食也象征以色列人出埃及的过程。

现的是中国文化中的神人关系,隐藏了犹太文化中的神人关系。

一、 妥拉中的神人关系

神人关系是妥拉中的一个大主题,神人关系体现在神参与以色列人的历史上,神与人之间是命令与服从的关系,这种关系依靠"约"来维持,但是人有时会违背上帝的约,破坏了良好的关系。虽然整部妥拉都围绕上帝和以色列人展开,但是神人关系主要体现在《出埃及记》和《利未记》中。

出埃及叙事中的神人关系首先表现在命令—服从的关系。上帝作为位格神(personal God),具有情感,他会后悔(创 6:6;出 32:14)、发怒(出 4:14),并以各种形式向以色列人发言。出埃及叙事以耶和华的命令展开(出 12:2—20),之后是崇拜的活动(12:27)和一个三重从命的模式(12:28,35;参见 11:12;12:50)通过这种命令与服从的形式确立了耶和华和他的子民之间的关系。叙事随后是一种引领的主题(13:17f, 21f;14:2),暗示了命令—服从的关系。出红海这一段,耶和华是战士,以色列是软弱的仆从,第十五章的耶和华之歌就是为了满全上帝的预许,"我是你们的上帝","这是我的神,我要赞美他。"(创 15:2)《出埃及记》15:22—19:2 的文本显示耶和华将以色列人作为自己的子民,但是以色列人还没有真正将耶和华作为他们的上帝,他们向神抱怨,他们的"怨言"正如摩西所说,"不是向我们发的,乃是向耶和华发的。"(16:8)后来,耶和华通过各种方式向他们证实耶和华在他们中间。

西奈传统中,上帝与以色列人之间的关系更加确定。首先,上帝拣选以色列人做圣洁的国民。上帝向以色列人发言:你们"就要在万民中做属我的子民。"(出 19:5)虽然世界万物都是上帝的,但是以色列不同,他们要做"祭司的国度,为圣洁的国民"(19:6)。其次,上帝重述与以色列先祖之约,保持与以色列人的亲密关系。在西奈传统中,有一段小插曲差点儿毁了神人关系,这就是金牛犊事件(出 32:4)。通过摩西重申耶和华和祖先的约(出 32:13),危险才解除。在出埃及中,在出埃及和西奈主题间,在后来的以色列人抱怨和金牛犊事件中,有很多地方重述了与先祖的约。这些事件使得上帝的预许处于危险当中,但是却使人更能看清神人关系的性质。

《利未记》的主题是通过宗教仪式保持良好的神人关系。《利未记》的预设是人希望向上帝奉上祭献,人会犯罪,希望知道上帝在日常生活中的旨意。也就是说,《利未记》描述的是一群希望和上帝建立关系的人。《利未记》描述的神人关系的性质可以从一些经文(利 26:46;27:34)中看出来。"这些律例、典章和法度是耶和华与以色列在西奈山藉着摩西立的。"《利未记》就是要保持良好的神人关系:"你们若遵行我的律例,谨守我的诫命……我要在你们中间行走;我要作你们的神,你们要做我的子民。"(利 26:3;12f)神人关系处于良好的状态时,上帝恩待以色列人,给他们子孙和土地。在《出埃及记》中,神给摩西的预许是"要将你们从埃及的困苦中领出来往……的地方去,就是到流奶与蜜之地"(出 3:17),与先祖的约在第六章被描述为迦南地的礼物(出 6:4,8)。

二、 原因探析

儒家的天人关系与妥拉中的神人关系截然不同。首先,双方关系中起主导作用的人不同。妥拉的神人关系中,神处于主导地位。人听从,服从天,侍奉神,人若做了违反神的意愿的事情,神会惩罚。在儒家文化中,人是主动的一方。虽然人也敬天,畏天,但同时也强调人的主导性和责任感[1]和人的参与意识[2]。从"大禹治水""愚公移山"的例子中可以看出,人是天地共同的创造者。其次,神人沟通的路径不同。妥拉中神人沟通的路径主要在于神的显现,或者神通过拣选的人发言。儒家通过祭祀,实现人神之间进行沟通。天是德性的标志和代表,儒家希望统治者"德配天地",以"天"为"道","天子"要祭天。

开封犹太人面对儒犹天人/神人关系的巨大不同,在史料中没有体现妥拉中的神人关系,史料中的神没有参与犹太人的历史,神人之间不是命令与服从关系,史料中体现的更多是儒家的天人关系,人主导了天人关系,人通过自身努力实现天人沟通。碑文中的摩西通过上"昔那山顶,入斋四十昼夜,去其嗜欲,亡绝寝膳,诚意祈祷",最终"虔心感于天心"(一四八九年碑),得到神的启示。

第三节　隐匿的习俗

开封犹太人有些习俗没有出现在直接性的史料中,但是却在日常宗教行为中遵守。这主要是由于这些习俗虽然是犹太教的核心要求,但是与儒家传统相冲突,开封犹太人为了不让史料中记载与儒家文化产生冲突,从而没有在

---

① "人能弘道,非道弘人。"(《论语·卫灵公》)
② "唯天下至诚,为能尽其性……可以与天地参矣。"(《中庸·第二十二章》)

文字中展示给公众,但是私下却尽力奉行,这主要包括割礼和他们的婚姻制度两个方面。这两方面曾经受到政府的干涉而经历波折。随着社群的没落,开封犹太人逐渐忘却了这两个习俗。

一、 被"拒"绝的割礼及原因探析

割礼的习俗源自妥拉中的要求,同时也是亚伯拉罕的后代与上帝立约的标记。以色列人要行割礼,不行割礼的将被剪除(创 17:10—14)。亚伯拉罕成为在外邦人中生活而实行割礼的典范。割礼对亚伯拉罕来讲是自我再创造,与生育能力和繁衍子孙后代相关。对以实玛利来说,这是青春期仪式的开始,既是对父亲意志的遵从,又是成人的标志。对以撒来讲,这是与他母亲分离的标志,是与上帝之间的约定。① 从亚伯拉罕开始,割礼成为后代与上帝立约的标志。逾越节的羔羊也是只有受过割礼的人才可以吃(出 12:43—49)。

开封犹太人努力保持割礼的习俗,因为这是他们犹太特征的体现之一。骆保禄在 18 世纪初的信笺中提到犹太人遵循在出生第八天举行割礼,及至后来,他们不再施行割礼的时候,也是他们的社群没落之时。但是由于割礼与儒家文化中"身体发肤,受之父母"的思想相违背,因此屡次受到朝廷的干涉,比如元朝时期,犹太人在出生第八天的割礼传统等风俗受到一些非议,蒙古法典明文禁止割礼,但是没有外部力量进行禁止。史料中没有进一步的记载,开封犹太人是否严格地遵守政府的法典。碑文写作时期,他们也没有将这一习俗在史料中表现出来。18 世纪的时候,开封犹太人还遵循出生第八天行割礼的习俗。② 随着社群的没落,19 世纪中叶的时候,开封犹太人已经不再进行割礼了。③ 他们在史料中没有体现出可能会引起儒家文化反感的内容,而更多的是体现与儒家文化相符合,易于被儒家文化接受的内容。

---

① Henry Hanoch Abrahamovitch, *The First Father Abraham: The Psychology and Culture of a Spiritual Revolutionary*, p.94.
② "这些犹太人遵循在诞生第八天举行割礼和庆祝复活节的戒律,非常谨慎地保持着安息日礼仪。"参见《骆保禄的第一封书简》,载荣振华等:《中国的犹太人》,第 45 页。但是"复活节"的记载是非常基督教的表达方式,犹太人庆祝的应该是逾越节,但因为逾越节与复活节日期相同,所以传教士会弄错。
③ 传教士很多史料都表明了这一点。1866 年 2 月,丁韪良去开封时,犹太移民有三四百人,但他们已不识希伯来文,不再聚会礼拜,不再实行割礼,开始与外邦人通婚。参见江文汉:《中国古代基督教及中国犹太人》,第 166 页。19 世纪中叶,由于贫穷,他们卖了很多圣物,并将会堂的木头卖掉,同时,他们说不再施行割礼。参见 Needle, *East gate of Kaifeng: A Jewish World Inside China*, p.21.

二、 被"拒"绝的婚姻制度及原因探析

中犹婚姻制度有一些相似性,比如对婚姻的重视,对婚姻中承嗣的重视,[①]婚姻中女性的地位比较低,[②]等等。虽然在相似性之中有些微差异,但是相似性更多一些。中国实行一夫多妻制,史料中也有他们娶多名妻子的记载,但是开封犹太人没有受此困扰,因为妥拉中的先祖都有多妻的先例,而且妥拉中没有明显的禁止。有学者认为阿什肯纳兹犹太人有一夫一妻的规定,但是这种规定是在犹太人来中国之后才出现的,所以中国古代的犹太人和波斯等地的犹太人一样,可以有很多老婆。[③]

犹太人婚姻制度中有两点非常具有犹太特征:与异族通婚以及叔娶寡嫂的习俗。这两点是与儒家文化相冲突的内容,他们在日常生活中虽然受到政策影响而有些动摇,但是他们尽力遵守,在公开性的史料中他们完全没有展现。这两点都是妥拉中反复出现的内容。妥拉中强调要在本族中娶妻(创24:38),不可以娶居住地的女子(创24:37;28:6),也不可将女儿嫁给寄居地的儿子(申7:3),因为娶了异教徒的女子为妻,或嫁给异教徒之后,他们容易随从邪神(出34:16)。在本族中婚娶有助于保持犹太性。作为开封犹太人"正教祖师"的以斯拉也重申禁止与外族通婚的法令(拉10:1—5)。但是妥拉中也有外邦的妻子加入以色列人家族,信奉耶和华,帮助以色列繁荣昌盛的故事,比如迦南人他玛(创38),约瑟的妻子埃及人亚西纳(创41:44),摩西的米甸妻子西坡拉(出18:2),等等。妥拉叙事中记载,以色列人支持外邦女子嫁到以色列家族之后,帮助以色列信仰的发展。[④]

利未婚制度是妥拉中非常具有犹太特色的规定。妥拉规定弟兄中死了一个,若没有儿子,那么活着的弟兄需要娶寡嫂为妻,以为去世的兄弟延续香火(申25:5)。这种婚姻制度虽然一定程度上保护了寡妇,但是主要还是为父权制的家庭结构服务,确保家庭财产在男性继承人之间传承。[⑤]

---

① 王彦敏:《中、犹传统婚姻观之比较》,载《东岳论丛》2007年第28期,第136—138页。

② 张淑清:《试论古代犹太妇女的婚姻地位》,载《齐鲁学刊》2009年第5期,第50页。

③ Paper, *The Theology of the Chinese Jews, 1000‒1850*, p.89.

④ Karen Winslow, "Mixed Marriage in Torah Narratives", in *Mixed Marriages: Intermarriage and Group Identity in the Second Temple Period*, ed. Christian Frevel; London: Contimuum, 2011, p.149.

⑤ 张淑清:《犹太教的利未婚》,载《世界宗教文化》2008年第1期,第23页。

　　以色列的人伦在妥拉的婚娶规定中也有所体现,但是开封犹太人的史料中也没有展现出来。妥拉规定不可娶女子之后,又娶她的骨肉之亲,她的女儿、孙女或外孙女(利 18:17),也不可同时娶姐妹为妻(利 18:18),不可娶弟兄之妻(利 20:21),不可娶继母为妻(申 22:30)。对祭司的婚姻要求包括不可娶妓女、被污的女子、被休的妇女。但是这些具体的规定在开封犹太人史料中以一句"冠婚死葬,一如夏礼"(一六六三年碑)概括,这个时期他们的婚礼习俗是按照汉人的风俗进行的。

　　开封犹太人是否族内通婚根据时代不同而受到政策的影响。元明时期有时候是禁止族内通婚的政策,有时候是不许与外界通婚的政策。① 明朝初期推行的同化政策,要求色目人与中国人结婚,不准本类自相嫁娶。17 世纪的时候,有三分之一的妻子不是犹太人。② 虽然经历了与外族通婚,他们的外貌特征与汉族不同。利玛窦记录的艾田的长相以及骆保禄的记载都说明他们长相与回族很不相同。③ 但是 19 和 20 世纪的时候,他们的外貌就已经与汉人无异。他们与回族尽量相区别,他们的经书和宗教仪式与回族不同,他们留着长胡子,这也与回族不同。后来,汉化的儒生逐渐与外族通婚,④一五一二年碑的作者左唐的子女与汉人王侍郎联姻是古代犹太人打破族内通婚的最早记载。⑤

　　学者特别关注犹太人与外族通婚的问题,关注族谱中汉人的比例,甚至有学者认为与异族通婚是他们同化的主要原因。这种说法不是特别成立,因为中国回族的形成就是伊斯兰教与汉人通婚的结果,在相同的历史境遇下,在中国出现了截然不同的两种结果。犹太人的同化应该主要归因于犹太人人口数量少,不像回族那样,在 13 世纪时,中亚的很多阿拉伯人来到中国,给他们补充新鲜的血液,使他们人数激增。犹太人的人口数量没有因为外界输入而有

　　① 关于开封犹太人与中国其他民族的关系,可以参见 Paper, *The Theology of Chinese Jews*, pp. 87–88。
　　② 明朝末年传教士骆保禄记载,他们族内通婚,不和回族通婚。参见 Michael Pollak. *Mandarins, Jews, and Missionaries*, p. 96.
　　③ Needle, *East gate of Kaifeng: A Jewish World Inside China*, p. 21.
　　④ 汉化儒生主要是和汉族人通婚,这是一种特别普遍的官员之间的联姻。由于犹太人与回族之间的相似性,犹太人在同化的过程中与回族通婚的也比较多。
　　⑤ 左唐也是有史可查的第一个考中进士的犹太人,精通儒家经典。参见李景文:《古代开封犹太人:中文文献辑要与研究》,第 36 页。

显著的增长,这也使得明朝与外界切断联系之后,他们依靠自己的力量无法保持自己鲜明的特色。

利未婚这种"叔娶寡嫂"的婚姻制度混乱了中国的人伦,因此开封犹太人在史料中没有具体体现。

第四节　本章小结

妥拉文本的内容在碑文中的隐藏,一方面在于碑文对字数的客观限制,面对浩瀚的妥拉传统,他们只能选取部分内容篆刻于碑文之上;另一方面,碑文作者在选取篆刻内容的时候会主观上规避与中国的社会状况不符的内容,这些内容如果在公众性的资料中展示会引起公众的反感,进而对开封犹太人的生存和身份建构造成困难。这种隐藏的做法可以从一个侧面帮助读者审视妥拉在处境中的运用,从而对妥拉中内容作出自己的解读。

出埃及传统虽然位于妥拉传统的核心,是以色列身份建构的重要组成部分,但是出埃及传统中的出埃及叙事、灾难叙事与犹太人所处的语境不相符,开封犹太人毫不犹豫地在史料中隐藏起来,虽然他们在私下的读经和节日中会一遍遍重复和巩固出埃及传统的内容。参与历史的上帝是妥拉中描述的重要内容,但是在中国语境下,神人关系中上帝的主导地位被隐去,取而代之的是人通过自身努力与天沟通的描述。割礼、利未婚等具有鲜明犹太特色的习俗也因为与主流文化相悖而被隐去。

第四章　科钦犹太人比较研究

选取科钦犹太人(Cochin Jews)进行比较研究,一方面是根源于印度与中国都有相似的、宽松的文化环境,这与基督教占主体地位、排外的西方文化相比,有很大的不同;①另一方面是由于在相似的环境下,二者走上了不同的道路,迎来不同的归宿。科钦犹太人始终保持犹太特色,直到移民以色列,也没有被印度文化同化,而开封犹太人作为一个社团最终同化于中国文化,没有保持犹太特征。这种显著的差异性容易激发人们的好奇心,来探讨这两个犹太团体文化适应政策的异同以及外部环境对犹太社团的影响。

二者的研究中所面对的文献资料多寡截然不同。印度犹太人现存的一手资料相对来讲比较丰富,因此,学者的研究除了史料的收集整理及研究之外,还有对社团的考察,对犹太人的访问,以及对移居以色列的犹太人及其后裔的跟踪研究,这使得印度犹太人的研究呈现体系性和立体化的特点。学者对科钦犹太人的研究既有史料梳理,也有对其身份认同的探讨。史料整理方面,纳赞·卡兹和艾伦·S. 戈登伯格合著的《最后一个科钦犹太人》②以及 J. B. 赛伽尔的《科钦犹太史》③是论述科钦犹太人历史的代表作。两本书使用丰富的史料勾勒出科钦犹太社团的来源,在印度的发展以及所遵循的宗教礼仪等各个方面。关于后期犹太人的种姓制度以及黑白犹太人的论述,可参考 J. B. 赛伽

---

① 印度有三个独立的犹太人社团:科钦犹太人、见内犹太人巴格达犹太人,在三者之中,科钦犹太人在历史与生活环境方面与开封犹太人最相似,因此成为与开封犹太人比较研究的对象。科钦犹太人是由坎纳诺尔犹太社团于 1341 到 1505 年间迁移而来,但是学界一般研究科钦犹太人时,也研究他们来到科钦之前,定居在坎纳诺尔的历史。

② Nathan Katz and Ellen S. Goldberg, *The Last Jew of Cochin*, South Carolina: University of South Carolina Press, 1993.

③ J. B. Segal, *A History of the Jews of Cochin*, Oregon: Vallentine Mitchell, 1993.

尔和芭芭拉·约翰逊的文章。① 卡兹在编撰的《犹太身份研究》一书中,将对科钦犹太人的研究聚焦到移民到以色列的科钦犹太人,展示他们如何在保持犹太特色的同时,保持了他们科钦犹太人的特色。②

　　史料收集之外,学者也多有对科钦犹太人身份认同的探讨。在纳赞·卡兹所著《谁是印度的犹太人》中,卡兹探讨了科钦犹太人吸收印度文化的内容及原因,从文化适应的角度探讨科钦犹太人使用平衡的身份在犹太身份和印度身份间进行的无缝链接,将科钦犹太人的成功很大程度上归功于卡巴拉文化的包容性以及科钦犹太人的创造性。③ 卡兹概括科钦犹太人融入印度的社会的方式主要有创造自己的传奇来源,创立黑种犹太人和白种犹太人之间的对立,以及非常谨慎而明智地借用了当地印度文化中的象征和仪式,在哈拉哈的框架下与自己的宗教文化相融合。④ 卡兹也强调犹太宗教仪式,包括逾越节、妥拉节等与当地印度种姓制度和宗教文化的契合。⑤ 芭芭拉·约翰逊也研究了科钦犹太人宗教的生活,强调犹太人如何在不同的文化传统间找到平衡,他们如何在保持自己的特色的同时,吸收当地的文化。⑥

　　国内对科钦犹太人的研究主要是在基于以上学者所整理文献资料的基础上,对印度犹太人三个不同社团,即科钦犹太人、以色列之子和巴格达犹太人作比较研究,探讨印度文明对三者不同身份认同的影响,⑦或关注某一个社团

---

　　① J. B. Segal, "White and Black Jews at Cochin: the Story of a Controversy", in *Journal of the Royal Asiatic Society of Great Britain and Ireland* 2(1983), pp. 228 - 252.

　　② Nathan Katz and Ellen S. Goldberg, "The Ritual Enactments of Indian-Jewish Identity of the Cochin Jews", in *Studies of Indian Jewish Identity*, edited by Nathan Katz, New Delhi: Ajay Kumar Jain Manohar Publishers, 1995, pp. 15 - 52.

　　③ Nathan Katz, *Who are the Jews of India*, Berkeley, Los Angeles, London: University of California Press, 2000.

　　④ Nathan Katz, *Who are the Jews of India*, Berkeley, Los Angeles, London: University of California Press, 2000, p. 12.

　　⑤ Nathan Katz and Ellen S. Goldberg, "The Ritual Enactments of Indian-Jewish Identity of the Cochin Jews", in *Studies of Indian Jewish Identity*, edited by Nathan Katz, New Delhi: Ajay Kumar Jain Manohar Publishers, 1995, pp. 15 - 52.

　　⑥ Barbara C. Johnson, "'For Any Good Occasion We Call Them': Community Parties and Cultural Continuity among the Cochin Paradesi Jews of Israel", in *Studies of Indian Jewish Identity*, edited by Nathan Katz, New Delhi: Ajay Kumar Jain Manohar Publishers, 1995, pp. 73 - 74.

　　⑦ 杨曙晨:《论印度犹太人身份认同》,南京大学硕士论文,2011 年。张帅:《印度犹太人的构成、特点与身份认同》,载《南亚研究季刊》2019 年第 1 期,第 70—80 页。

的历史发展,如现代以来塞法尔迪犹太人与荷兰的关系,①对本尼·以色列人进行历史梳理②等。但是对印度犹太人,特别是科钦犹太人的研究没有特别深入,本章拟从比较的视角进行探讨,以期对开封犹太人和科钦犹太人有更深刻的认知。

科钦犹太人现存的一手资料中涉及的时间范围从第二圣殿被毁到离开印度这一段非常漫长的历史时期,其中重点讲述了他们到达印度之后与当地王公的良好关系,记载了他们的宗教礼仪、节日的庆祝等。开封犹太人的资料中对宗教的介绍比较简略,对宗教礼仪、节期等介绍比较少。但是,在二者资料不对等的条件下,仍然可以体会到二者在诸多方面的异同点,这主要体现在历史叙事、种姓制度、宗教生活等诸多方面。

一、 独特的历史叙事

虽然科钦犹太人在印度的历史遗留了不少史料,其他国家的犹太社团也有关于印度犹太人的历史记录,但是科钦犹太人到印度的传说却没有相关考古资料或地方的史料可以证明其真实性,③也没有材料可以证明其谬误,所以我们只能从传说的角度来看这些历史。④ 虽然历史史料可以在某个方面解释科钦犹太人的身份,但是犹太人自己的历史叙事在塑造身份方面比单纯的历史更有效。因此,传说是历史的,同时又是反历史的。从传说的角度对他们的历史叙事进行研究可以深入犹太人的心灵,探查犹太人对自己历史和身份地位的认知。

如本书第二章第二节所述,开封犹太人的历史叙事特点主要体现在将犹太人来到中国及开封的历史嵌入到中国历史框架,并遵循先祖叙事的方式进行陈述,弱化了犹太特征,而儒家特征明显。科钦犹太人的叙事则更具犹太特征,他们没有追溯到先祖叙事,不强调圣经人物,而是强调圣地的来源。

---

① 倪萍:《塞法尔迪犹太人与荷兰跨大西洋贸易研究(1590—1674)》,华东师范大学硕士论文,2021年。

② 周培佩:《本尼·以色列人:起源、特征与犹太身份认同》,载《内蒙古民族大学学报(社会科学版)》2021年9月第5期,第40—47页。

③ 据说16世纪,葡萄牙入侵者烧毁了犹太人的妥拉经卷,祈祷书和历史书。当然,这一事件也受到现代学者的质疑,认为这只是对史料缺失的一种解释。

④ Nathan Katz, *Who are the Jews of India*, Berkeley, Los Angeles, London: University of California Press, 2000, p. 25.

来源叙事。科钦犹太人声称自己来自耶路撒冷,在公元 70 年罗马入侵,第二圣殿被毁的时候离开圣城。这一时期,有一部分犹太人乘船去了先令(犹太人对刚落脚的港口[Cranganur]的称谓,印度古国克兰加努尔[Cranganore]旧称),这种叙事就将犹太人的大流散叙事与科钦犹太人的产生放在了同一个时间点上。① 所以,科钦犹太人的历史脉络是,他们公元 70 年开始流散,公元 72 年到达先令,公元 379 年建立了一个犹太王国。犹太人和来到喀拉拉邦的其他宗教团体如基督徒和穆斯林一样,他们在来到喀拉拉邦的时候也享有相当程度的自治权,他们收到王公赠与的铜盘,当作自治的象征。② 当时白犹历史记载强调他们受到科钦纳亚尔(Nayar)王公的欢迎,王公将两只铜盘作为礼物,彰显他们的首领约瑟夫·拉班(Joseph Rabban)所享有的 72 项特权。③ 这些传说的意义不在于历史的真实,而在于它们所反映出来的视角。这些叙述中反映出他们对自我身份的隐喻,一种通过历史事实的建构,通过这种建构来表达他们的自我认知,以及他们的真正身份。④ 这与开封犹太人很不相同,开封犹太人没有自治的权利,这可能主要是因为犹太人来到中国的时候,中国的大一统国家已经建立。

对圣地叙事的强调。开封犹太人历史叙事强调祖先"盘古阿耽"、亚伯拉罕、摩西、以斯拉等圣经人物,所有材料中没有提及耶路撒冷圣城和圣殿,仅仅在叙述摩西时提到西奈山。但是,科钦犹太人强调自己与圣地耶路撒冷的关系,他们声称从一个圣城耶路撒冷来到另一个圣地先令,之后他们会描述其与耶路撒冷的联系,称其为"小耶路撒冷"。这些叙事出现在他们的诸多文献中,⑤比如他们以当地语言唱的民歌,他们创作的希伯来歌曲,会堂装饰的十

---

① 这种将自己历史追溯到古圣经时代的做法与同在印度的基督教徒和穆斯林做法相同。

② 印度犹太人在基督教和伊斯兰教之前就到来,他们都是通过海路到达。每个社团都将自己的历史追溯到宗教产生的时期和圣地。

③ 专门颁发给犹太人的铜盘上写明了这些特权类似于自治权,包括王公可以像王和贵族一样,使用大象和太阳伞,同时还可以自己征税,这是在公元 379 年专门颁发给犹太人的铜盘上的内容。参见 J. B. Segal. *A History of the Jews of Cochin*, Oregon: Vallentine Mitchell, 1993, p.9。中世纪犹太人也有两个铜盘,时间大概在 962 年到 1020 年间,当时喀拉拉的王(Bhaskara Ravi Varma I)为了表彰犹太人在抵御科拉(Cola)王公(Elamkulam Kunhan Pillai)的入侵而在军事和财力上做出的贡献,赋予他们一些特权,国王给了犹太人和基督徒 72 项特权,包括可以在自己的地域内解决纠纷,并允诺保护城市里的教堂或会堂。参见 Nathan Katz and Ellen S. Goldberg, *The Last Jew of Cochin*, South Carolina: University of South Carolina Press, 1993, p.83。

④ Nathan Katz, *Who are the Jews of India*, Berkeley, Los Angeles, London: University of California Press, 2000, p.11.

⑤ Nathan Katz, *Who are the Jews of India*, p.11.

幅绘画，①他们的日常谈话、导游手册，最主要的是体现在他们的历史传奇和记忆中。他们在描述来源时，强调从先祖而来的谱系，以及从"立教"、"正教"而来的道统，这是与中国文化中的祖先崇拜、道统传统相一致的。

身份定位。从科钦犹太人的历史叙事我们可知，二者在史实陈述中对自己的身份定位大不相同，印度的科钦犹太人是以独立的身份来到印度，确立了自己较高的身份。而开封犹太人碑文中叙述时是以低一级的朝觐者的身份来到的。中国犹太人在一定时间内也是社会地位比较高的，但是他们和科钦犹太人不同的是，他们的社会地位的高低取决于统治者的政策，而科钦犹太人是自己主动建构了自己的社会地位。科钦犹太人对自己的身份表达是对等的，他们将耶路撒冷与所来到的先令相并列，但开封犹太人的叙述是不对等的，是对自己身份的淡漠和对中国统治者的高举。科钦犹太人将自己的历史追溯到所罗门王时期，并且将当时的所罗门王与科钦犹太人的先人联系起来，认为他们的祖先是先令的王子。开封犹太人追溯自己历史的时候，只是追溯了他们的创世历史和宗教产生历史，在与中国的关系中，没有放在有王或国的平等地位，而是以个人的身份与一个国家发生关系。所以，身份定位之初，开封犹太人就将自己放在了比较低的位置上。

科钦犹太人和开封犹太人寄居生活的传说都是以当地统治者欢迎他们到来并且保持自己的文化和宗教习俗开始的。二者在历史叙事中有三处共同点：来源在异地；受到统治者欢迎，允许他们建造会堂，鼓励践行信仰；会堂内陈列着权贵馈赠的礼品。② 印度王公欢迎犹太人，因为他们能够填补印度教涉及经商的空白，对喀拉拉的繁荣做出贡献。同时，印度教本来就有对各种宗教的宽容。喀拉拉处于对外交通的位置上，有利于对外贸易。因此，印度王公给予犹太人宗教管理权之外，还有政治经济方面的权力。③ 但是开封犹太人

---

① 这10幅绘画的主要内容，请参见附录四。
② 当然，二者收到的礼品性质不同，科钦王公馈赠的铜盘强调他们自治的权利，但是开封犹太人收到的匾额"敬天祝国"强调犹太人向中国文化靠拢。参见 Nathan Katz, "The Judaisms of Kaifeng and Cochin Parallel and Divergent Styles of Religious Acculturation", cited in ProQuest 42, Jan 1, 1995, p.118。
③ 犹太人通过由五到七位长者组成的委员会长者（在中国称为"掌教"）负责婚姻、割礼、葬礼等事宜，并行使政治和经济方面的权力。参见 Barbara C. Johnson, Cochin Jews and Kaifeng Jews, Compiled in Jonathan Goldstein, *The Jews of China: Volume One: Historical and Comparative Perspectives*, New York: M.E. Sharpe, Inc. 1999, p.111。

没有相对立的社团机构,他们有掌教和都刺负责宗教事务,但是经济和政治方面的权力是没有的,这与中国政府对待宗教的政策有关,与中国的政治结构形式相关。

科钦犹太人的社会地位普遍比较高,这是由于他们在历史上就受到上层的保护,一直以来流传下来较高的社会地位,同时,他们的经济地位也决定了他们的社会地位。① 当然,印度历史上不同的统治时代他们的待遇也不尽相同,比如在葡萄牙统治时期,白犹遭到迫害,但在荷兰和英国统治时期,政策对他们来讲比较有利。② 英国政府由于更喜欢少数群体(他们的身份通过宗教仪式来界定),所以给了印度犹太人一些特权。开封犹太人的身份地位也受到王朝更迭的影响。二者的社会地位都与当时的政治语境息息相关。

二、 种姓制度与科举制度

种姓制度(jati/caste)是印度文化的基石,深刻影响了印度社会组织结构和印度人的心理。种姓制度是"印度宽容"的基础。印度人允许异域团体比如犹太人在印度繁荣昌盛,遵循自己的文化和宗教传统,是因为他们认为不同等级间的人理所应当地信奉不同的宗教,有不同的行为和道德规范,③只要遵守自己的种姓,就可以遵守自己的信仰。

科钦犹太人在融入印度社会的时候,在社团中采用近似于种族隔离的制度,仿效印度的社会结构,形成种姓制度,并在种姓内通婚。当然科钦犹太人并不是在来印度之初即采取了这一制度。犹太人源源不断地来到科钦,特别是 15—16 世纪,遭遇西班牙和葡萄牙驱逐的犹太人来到马拉巴尔海岸,他们发现和当地的印度犹太人在语言、服装、外貌等方面有很大的不同,而且无法沟通。由于印度犹太人与外界隔绝已久,他们的宗教知识也没有这些新来的犹太人丰富,所以这些新移民采用了种姓制度,为自己建构了高人一等的身份,④这被称为游离在印度种姓制度之外的亚种姓,但却是科钦犹太人融入印度文化的捷径。科钦犹太人的种姓制度直到以色列建国之后,随着往以色列

---

① Nathan Katz, "The Judaisms of Kaifeng and Cochin Parallel and Divergent Styles of Religious Acculturation", p. 180 - 181.

② Johnson, Barbara, "Cochin Jews and Kaifeng Jews", p. 104 - 119.

③ Nathan Katz, *Who are the Jews of India*, p. 60.

④ Ibid., p. 62.

移民的增加,科钦犹太人数量急剧减少才消亡。

每个种姓要求从事特定的职业,犹太人是仅次于婆罗门(Brahamins)、刹帝利(Nayars)之后的种姓,地位属于比较高的。科钦犹太人受种姓制度的影响,但是不是根据血统,而是在内部进行划分,实行自己的亚种姓制度。他们区分了奴隶皈依的犹太人和自由人的犹太人,分为白犹、黑犹和棕犹三个部分,这三类之间不相通婚,不一起参加宗教仪式。① 白犹太人,即外国人(Paradesi),他们自称是血统纯正的犹太后裔,处于种姓制度的最高级。他们建立了会堂,使用当地语言玛拉雅拉姆语(Malayalam),遵守喀拉拉邦的风俗。黑犹太人,亦称为马拉巴尔犹太人,以地名命名,因此包括马拉巴尔皈依犹太教的土著,以及被白犹排斥的一部分犹太人,他们被认为是白犹祖先的奴隶。棕犹太人,意思是被释放的奴隶,是处于最底层的犹太人。科钦白犹歧视黑犹是由于他们认为黑犹是奴隶的后裔,是异族人,比如迦南人、穆斯林和皈依者的混杂。②

科钦犹太人划分种姓之后,在白、黑、棕犹太人之间实行与印度种姓一样的礼仪制度,以实现梵化。科钦犹太人对印度高种姓仪式和标志的借鉴是非常严肃认真的,这也帮助他们融入到印度社会中去。

科钦犹太人通过种姓制度进入印度社会,融入印度文化,开封犹太人通过科举制度融入中国社会和儒家文化。在万般皆下品,唯有读书高的氛围中,拜官入仕会获得比较高的社会和经济地位。明清时期的科举制度以儒家文化作为考试内容,在儒家文化兼容的文化内涵之外,允许所有的社会阶层通过熟读儒家经典进入士绅阶层,因此,也成为开封犹太人融入上层社会,在中国繁荣昌盛的基础。科举制度对犹太社群发展的不利方面在于中国异地为官的政策,因此,开封犹太人考取功名后会外放做官,这在一定程度弱化了儒生与犹太社群的连接。但是,他们退休之后,都会回归故里。同时,各种史料表明,对犹太会堂整修和社群发展做出贡献的也大多是这些犹太儒生。

科钦犹太人是在种姓内部通婚。开封犹太人通婚则与中国政府政策有关。元明时期有时候是禁止族内通婚的政策,有时候是不许与外界通婚的政策,但是后来,随着汉化的深入,开封犹太人在清朝时期开始与汉族士绅通婚,

---

① 从 16 世纪晚期开始,白犹太人仅在本社团内结婚,或者与科钦以外的犹太人结婚。19 世纪末的时候,其他的犹太社团之间可以通婚。

② Nathan Katz, *Who are the Jews of India*, p.63.

以巩固他们靠科举考试换来的较高的社会地位。

中国也有依靠血缘关系形成的姓氏制度，开封犹太人被赐汉姓之后，他们也按照姓氏，为自己姓氏的祖先建立祠堂。但是中国不同的姓氏之间没有固定的高低贵贱关系，相同姓氏的人群身份地位高低还是来自科举考试的成败。

三、 宗教生活

科钦犹太人与中国犹太社团在宗教生活方面的差异，主要从与其他社团的联系、宗教生活使用的语言以及他们的节期庆祝几个方面来论述。

从科钦犹太人来到印度，到他们移民以色列漫长的历史过程中，他们与外部交流频繁。首先，科钦犹太社团与印度内外的犹太人社团都保持紧密的联系，使得他们既能获得政治政策上的利益，又能获取宗教资源，这都有利于科钦犹太人的生存。印度境内包括苏拉特、孟买、加尔各答等地的社团，印度境外包括穆哈、也门、巴比伦、麦加、波斯的犹太社团，等等。[1] 科钦犹太人也与当时统治印度宗主国的犹太社团保持联系，并由此获得政治上的优势。比如在荷兰统治时期，科钦犹太人与阿姆斯特丹犹太人建立紧密联系。[2] 他们不仅能够从荷兰书商处购得犹太书籍，还能通过与外部社团的联系，解答关于犹太教法的疑惑，保持宗教生活的活力。与此形成鲜明对比的是，开封犹太人与中国之外社团的交流史料相对稀少，我们能够确定的是他们在 18 和 19 世纪与科钦犹太人有联系，[3] 与其他中亚社团的联系比较稀疏。中国犹太会堂被毁时，他们从宁波犹太社团处获得妥拉经卷，并得到宁夏社团的帮助修缮会堂（参见一四八九年碑）。随后，他们与外部的联系更多是被动地接待来访的西方犹太人或基督教传教士，[4] 待到中国闭关锁国时候，开封犹太人与外部也彻底失去了联系。

---

　　① Cecil Roth, *Encyclopaedia Judaica*, Vol. 5, Jerusalem: Keter Publishing House Ltd, 1972, p. 626; Thomas A. Timberg, *Jews in India*, New Delhi: Vikas Publishing House Pvt Ltd, 1986, p. 132.

　　② Nathan Katz, *Who are the Jews of India*, pp. 48 - 49.

　　③ Walter Fischel, *Unknown Jews in Unknown Lands*, New York: Ktav, 1973, pp. 115f; A. B. Salem, *Jew Town Synagogue*, Ernakulam, India, 1929; repr. Haifa: Eliya ben Eliahu, 1972, pp. 21f. 参见 Barbara C. Johnson, *Cochin Jews and Kaifeng Jews: Reflections on Caste, Surname, "Community," and Conversion*, Compiled in Jonathan Goldstein, *The Jews of China: Volume One: Historical and Comparative Perspectives*, New York: M. E. Sharpe, Inc. 1999, p. 104。

　　④ 开封犹太人与传教士之间的关系互动，参见附录五。

其次，科钦犹太人与其他宗教关系和谐，他们从会堂中可以听到隔壁印度教堂的歌曲，而且参礼人员认为这是一件特别和谐的事情。① 中国的犹太人与其他宗教社团间的关系处于比较被动的地位。犹太人与他们的近邻回族之间由于体貌、信仰方面的相似常常被一起提及。比如，他们与来自西亚的其他民族一样，被统称为色目人。他们的会堂与回族一样被命名为清真寺。② 犹太人与其他宗教间的关系受政治变迁影响较大，朝廷干预他们的饮食习惯、婚丧嫁娶的事情时有发生，他们的声音被淹没在政治的大河中，他们与周围群体之间关系的记载比较少。

科钦犹太人和流散在西方世界的犹太人一样，通过在希伯来语中融入当地的语言，而形成了自己的马拉雅兰语，这是他们在希伯来语中加入泰米尔语、西班牙语、荷兰语和英语词汇而形成的语言。这显示出科钦犹太人在与不同文化交流互动过程中，主动吸纳新元素，形成新的语言。科钦犹太人使用马拉雅兰语，创作了很多关于犹太教的作品，并且有马拉雅兰语的圣经译本。但是开封犹太人并没有发展出一种可以日常使用的语言，他们日常生活中慢慢使用汉语交流，在宗教仪式只能够使用希伯来语。通过研究他们使用的妥拉经卷以及其他宗教文献，特别是他们在文献旁的标注，可以发现开封犹太人使用的希伯来语发音虽然受到汉语发音的些微影响，但是仍是典型的希伯来语，不是一门新的语言。骆保禄去开封观察发现，他们使用的希伯来语共 27 个字母，但通用的是 22 个字母，这说明与圣杰罗姆（St. Jerome，340—420）校订的圣经底本相似，有 5 个另有变化的写法。③ 龙华民（Nicolo Longobardi，1565—1655）在 1619 年左右赴开封用波斯语与开封犹太人交谈。④ 开封犹太人虽然有两本使用汉语对圣经的简介，⑤但是除了碑文、楹联、匾额这些公共资料之外，相关的宗教解释类作品少得可怜。开封犹太人没有发展自己的语言，在很大程度上受到中国科举制度的影响。虽然中国的皇帝允许他们保留祖风，但他们有时只有放弃一部分"祖风"才能适应社会。在语言方面，他们只

---

① Nathan Katz, *Who are the Jews of India*, p.9.
② 后期，犹太人为了与回族区分，将会堂更名为尊崇道经寺。
③ 江文汉：《中国古代基督教及中国犹太人》，第 160 页。
④ 邹振环：《明清之际耶稣会士对犹太人古经古教的追寻》，第 84 页。
⑤ 这里是赵映乘所著《圣经纪变》和赵映斗的《明道序》十章，这两本书记载在一六六三年碑上，但是目前学术界认为两本书均已遗失，没有学者见过其真面目。

有学习汉语,熟读四书五经,参加科举,才能够进入上流社会。

犹太人流散在世界各地都会按照犹太律法庆祝节期,但是这种庆祝方式一般会借鉴当地文化,融入流散地元素。卡兹将犹太律法与流散地文化相结合形成的独特地方特色行为称为"犹太习俗"(minhag)。卡兹强调哈拉哈和犹太习俗的区别:哈拉哈是犹太律法,第二圣殿被毁后在雅芙内学院中被制定出来的一系列律法,是一种道德和仪式的准则,规定传统犹太生活的饮食律法(Kashrut)、家庭洁净(taharat mishpacha)、守安息日和其他宗教节日节期、仪式以及道德和精神规范等,是犹太宗教生活的指导原则。[1] 习俗是根据当地传统,对哈拉哈做出的改变,所以习俗因地而异。哈拉哈和习俗之间有交叉,但是还是有区别的。没有习俗,哈拉哈不完整,因为犹太律法是在细节上没有规定很仔细,特别是关于人生的一些仪式。哈拉哈中有规定,但是没有习俗,人们不知道该如何庆祝婚礼、葬礼、割礼等仪式。哈拉哈作为口传妥拉是上帝的命令,习俗是有创造力的人类对这些命令的反应。

在诸多的印度习俗中,科钦犹太人着意借鉴某一习俗而摒弃其他,其根源在于文化兼容性的特点。卡兹认为犹太教具有先知性、祭司性及贵族性特点,这些特点在拉比传统中被分为三部分,即妥拉、祭司和贵族性。[2] 科钦犹太人强调礼仪和贵族的维度与印度教的环境相适应。他们将犹太教中的洁净和贵族性放在首位,同时他们又吸收了印度教中一些祭祀和贵族性的标志到日常习俗(minhag)中,所以使得他们在犹太流散史中与众不同。[3]

科钦犹太习俗主要体现在对洁净的重视和禁欲传统方面。他们重视洁净,程度甚至超过婆罗门,这使得他们得以融入到印度的道德体系。印度人平时对食品洁与不洁的问题非常在意,在节日庆祝中尤其如此。但是婆罗门的洁净程度仍然不为科钦犹太人所接受,他们在逾越节时对洁净的强调也超出了哈拉哈的要求。例如,科钦白犹会千方百计避免与外邦人接触而沾染不洁,他们拒绝接受来自外界的食物,以避免接触到比自己低的种姓。在逾越节前夕的除酵的行动甚至会超过普通家庭的经济承受力。科钦犹太人除了借鉴洁净传统之外,也重视婆罗门的禁欲主义传统。婆罗门禁欲主义传统历史悠久,科钦犹太人的禁欲传统主要体现在饮食方面的禁食制度,以及包括逾越节、普

---

① Nathan Katz and Ellen S. Goldberg, *The Last Jew of Cochin*, pp. 165 - 167.

② Ibid. , p. 166.

③ Ibid. , p. 164.

珥节和其他的大节期的禁欲制度。① 科钦犹太人通过禁欲制度从而最低限度地与非犹太人区分开，而附加的含义是重新确立他们的较高的等级。

中国犹太饮食习俗中的挑筋传统是异教徒赋予犹太人最显著的标签。开封犹太人对中国宗教礼仪的借鉴主要体现在遵循中国祭孔祭祖仪式，并在会堂为先祖设牌位，为皇帝设万岁牌。

四、 本章小结

科钦犹太人和开封犹太人在习俗中借鉴当地传统，都是经过深思熟虑的行为。他们首先审视当地习俗，如果与哈拉哈不相违背，才会接受，融入到习俗里面；如果违背哈拉哈的话，就会摒弃。如此一来，科钦犹太人和开封犹太人的身份是真正的犹太身份，也就是说他们的行为是符合犹太标准的，同时又是具有当地特色的，因为他们融合了一些当地文化的因素，这些因素可以与哈拉哈相适应。当然，科钦犹太人特意强调与印度习俗中一致的传统，而开封犹太人淡化宗教习俗，更强调伦理道德，这显示出两种不同文化影响下，不同犹太社群的特殊性。

这两个犹太社团在犹太教和当地文化之间的完美平衡，反映出在一种新文化中宗教社团要谋得生存而采取的仪式和标志性的策略。为了在流散的生活中寻找舒适的生活方式，科钦犹太人采取了其他地方的犹太社团会采取的方式。他们努力与上层社会的人保持一致，向他们靠近，这种文化适应政策是流散时期其他地方的犹太人也会实行的政策。印度科钦犹太人在犹太身份和印度身份之间保持了很好的平衡，他们既是犹太人也是印度人。但是开封犹太人在身份认知方面虽然保留了很多犹太元素，但是由于史料出自犹太儒生，因此反映出的儒家元素更多一些。这两种不同见于很多方面：他们对自己的身份定位，即是与统治者平等的身份还是低一级的朝觐者的身份，他们如何融入上层社会，通过遵循社会构成的种姓制度还是参加科举制度，他们强调宗教生活还是伦理道德生活。科钦犹太人强调印度文化中的宗教性，而中国犹太人强调中国文化中的伦理道德，因此，二者最终呈现的犹太习俗有很大的不同，这在一定程度上也影响了他们的未来发展方向。

---

① Nathan Katz and Ellen S. Goldberg, *The Last Jew of Cochin*, p. 165.

结　　语

　　明清时期是犹太教在中国与儒家融合,走向繁荣,形成中国特色犹太教的时期。开封犹太人是中国犹太人的代表,学者对其研究的兴趣也由来已久,研究内容从早期史料的考证、历史的描述,扩展到后来经书、宗教生活等专题的探索等;研究方法从文献考据法、比较宗教学进路到跨文本研究的转向等,逐步体现出对开封犹太社群研究的深入。

　　本书从跨文本诠释的进路研究开封犹太社群,以开封犹太人的公众性史料为基础,从妥拉文本和中国文化文本对读的视角近距离透视开封犹太人的信仰状况。本书创造性地应用“迎、拒、转、合”的研究策略,解读开封犹太社群在中国语境中面对妥拉文本时如何根据中国语境调适妥拉传统,用适合中国文化处境的方式与妥拉文本进行对话,而妥拉文本的生命力也因此迸发出来。开封犹太人对妥拉的处境化解读没有改变犹太教的核心概念,而是从儒家文化的立场审视犹太教,使犹太教与儒教“在差异中同行”。[①]　正是由于将体现犹太特征的妥拉文本与亚洲语境的文化文本相结合和统一,才建构了开封犹太人在中国语境中的新身份。这种身份建构是在选择性表达所继承的妥拉遗产,并与中国文化中的“他者”因素相结合,在“自我”与“他者”的对话中完成的。

　　开封犹太人在公众性史料中展现出来的身份建构体现在他们对妥拉传统的承继(“迎”)、重塑(“合”)中,也体现在对妥拉传统的隐匿(“拒”)中。4Rs进路中的“转”本意是用来诠释对圣经传统的转化,但是在本书的论述中,“转化”

　　[①]　杨慧林:《“融散”与“福传”之辨——许理和〈佛教征服中国〉引出的问题》,载《宗教与哲学》2019 年第 8 期,第 178 页。

与"融合"紧密相连,因此融入到重塑("合")的论述,从而形成承继、重塑和隐匿三个方面的内容。

开封犹太人承继("迎"合)的妥拉传统包括妥拉中的上帝观、尊经释经传统、祖师形象、妥拉律法等方面的内容。他们信仰中的核心概念词"上帝"是直接从儒家文化典籍挑取的中国本土概念,他们还迎合妥拉传统中上帝名字的多元化特征,使用"天""上天""道"等多种方式为上帝在中国命名。同时,他们在史料及宗教实践中都坚持"无像"传统,这是犹太教最主要的特征之一,也顺应了明朝"雕像改木主"的潮流。开封犹太人诵读妥拉,由"满剌"释经的传统等都在史料中有所体现,这既来自对妥拉传统的传承,也来自对儒家传统的遵循,体现出二者的结合。在道统思想的引领下,开封犹太人将亚伯拉罕和摩西、以斯拉放入道统的体系,与儒家尊崇道统的传统相一致。史料中展现出的开封犹太人的宗教礼仪与日常生活的饮食习惯等多与妥拉传统相同。开封犹太人还承继了包括宗教礼仪律法和日常生活律法在内的律法传统。宗教礼仪律法体现在礼拜仪式和节期庆祝中。史料对礼拜仪式的具体做法有详细的记载,强调了礼拜中的"诚"与"敬",并遵循妥拉传统,一日三祷。开封犹太人在中国严格遵守饮食律法,强调他们的饮食都是根据妥拉而行,即"饮食可叵于经"。开封犹太儒生读儒家经典,参加科举制度,考取功名,在朝为官,反哺犹太社群,成为社群中的活跃成员,为社群发展做出贡献。

开封犹太人重塑("合")妥拉传统主要体现在重塑摩西的圣人化形象,以盘古、女娲比附亚当和挪亚,历史叙事的选择性重述,祭祀的处境化处理以及伦理关系的儒化处理等方面。开封犹太人碑文采用"合儒"的做法将摩西塑造成中国的圣人形象,碑文中的摩西形象强调的是圣人智慧、道德典范的作用以及"天人相通"的功能,这一形象的塑造虽与妥拉中的摩西形象有别,但是体现了开封犹太人适应儒家文化的策略。同时,史料中将盘古亚当并称,女娲挪亚并列,以中国文化体系中的人物比附妥拉中的人物形象,便于中国读者了解犹太教,并将妥拉人物纳入中国的神话谱系。开封犹太人的历史叙事是身份表达的一部分,他们没有照搬圣经中的历史叙事,而是从历史记忆中找到了对他们来讲重要的历史事实,以追忆先祖的方式重述历史,以中国历法和中国的道统观念统领他们在中国的叙事,反映出他们在中国语境下的希伯来圣经诠释方法以及依据中国的叙事方式而形成有中国特色的叙事模式。祭祖、祭孔传统不仅体现在他们的日常行为中,更在史料中展现,这一典型的儒家化的做法虽然不同于妥拉传统，但是更能体现他们寄居中国的处境化策略。史料强调儒教和犹太教道德规范的"大同小异"，他们以儒家的术语表达伦理观念，但是细读会发现伦理表达中的犹太特征，如将"天道"放在所有的"人伦"之前，体现妥拉传统中以上帝为尊的信仰。他们以儒家的"仁爱"代替妥拉中的"公义"，并以"五常"指导日常生活，这些儒家化的表达既与妥拉相符，又不悖于儒家传统。

　　开封犹太人史料隐匿（"拒绝"）了与中国社会状况不符的内容。虽然这些传统是妥拉中的重要内容，但是它们出现在公众性的资料中会引起公众的反感，进而会对开封犹太人的生存和身份建构造成困难。这种隐藏的做法可以从一个侧面帮助读者审视妥拉在处境中的运用，从而对妥拉中内容做出自己的解读。但是这只是开封犹太人在史料中体现出来的处境化策略，他们在日常生活中仍然实践了这些传统。隐藏的出埃及传统处于妥拉传统的核心，是以色列身份建构的重要组成部分，但是出埃及传统中的出埃及叙事、灾难叙事与他们所处的语境不相符，虽然他们在私下的读经和节日中会一遍遍重复、巩固出埃及传统的内容，但是开封犹太人在史料中隐藏起来。参与历史的上帝是妥拉中描述的重要内容，但是在中国语境下，神人关系中上帝的主导地位被隐去，取而代之的是人通过自身努力与天沟通的描述。割礼、利未婚等具有鲜明犹太特色的习俗也因为与主流文化相悖而被隐去。

　　开封犹太人在公众性史料中展现出来的犹太教是有助于公众伦理的发展，符合国家整体意识形态的宗教，因此才赢得生存和发展空间。史料强调儒犹之间的相似性，使用儒家术语表达犹太教的核心概念。儒犹都是注重"行"的宗教，有着悠久的尊经释经传统，重视道统思想和"教"的传承，因此史料没有讨论上帝的译名，而是继承妥拉中上帝的译名多样性的特点，同时体现儒家化的特征。史料以儒家的道统观念呈现妥拉中的亚伯拉罕、摩西和以斯拉等重要人物形象。妥拉中的宗教礼仪律法和日常行为律法也与儒家的概念，如"礼""祭"、修身、孝道、人伦纲常等相结合，以儒家的外壳表述妥拉传统。犹太教的发展受中国社会环境的影响非常大，犹太社群需要在社会生态中构建自己的身份。首先，朝廷的宗教政策取决于该宗教是否会影响到皇权的存在及发展。宗教群体除了需要在口头和书面上表明忠于皇权外，他们的规模和人数也是朝廷考量实施何种宗教政策的因素之一。如果宗教没有威胁到政权，没有形成一股政治势力，皇权对宗教一般采取任其发展的态度。开封犹太社群的人口很少,在与儒家文化融合的过程中一般采取顺应主流文化的态度,不会强势地与儒家文化发生冲突。而且,他们充分发扬了流散犹太人服从当地君王的传统,参加科举考试,教中有影响力的人物已纳入儒家和朝廷的官方体系,对皇权不会构成威胁,因此,朝廷也没有打压犹太教的发展,反而会资助社群重建清真寺。其次,某一时期朝廷对外来宗教的政策也会波及境内的其他外来宗教。1724 年清政府将耶稣会士驱逐出中国后,国内也出现一些反西方的浪潮,犹太人也受到攻击。① 但是,总体来说,犹太人对当朝的感情与受到的待遇成正比,这一时期犹太人对国家的认同感还是比较强的,因此朝廷政策还是有利于犹太社群发展的。

开封犹太人在儒家语境中对犹太教的处境化解读丰富了犹太教的内涵和外延。开封犹太人用儒家经典诠释犹太教教义,用中国固有的哲学概念、术语解释妥拉术语,丰富并深化了妥拉传统。带有儒家特色的犹太教成为犹太教体系中独特的一章,开封犹太人是这一章的鲜明代表。

开封犹太人对妥拉的诠释过程是汉语神学的建构过程。开封犹太人对妥拉的诠释没有受基督教中心论的影响,这种诠释从亚洲语境和中国的历史处境出发,是有中国特色的妥拉诠释。对开封犹太社群身份建构的研究也是中国学者立足中国立场的探索,是为建构汉语神学的努力。

虽然开封犹太社群终被历史的洪流所吞噬,但是他们遗留的史料是他们信仰生活最清晰的表达。他们在中国历史上留下浓墨重彩的一笔,也在犹太流散史上留下光辉的一页。对开封犹太人处境化策略的研究是犹太流散史研究的一部分,为流散史研究提供中国的案例。

---

① Michael Pollak, *Mandarins, Jews, and Missionaries*, p.322.

附录一　圣号统计列表

序号	称谓	出现次数	称谓时间	来源	作者
1	上帝	3	1654—1656	"昊天上帝"（1658）	
				"帝命"	赵映斗
				"昭事上帝"（1656）	钱象乾
2	道	57	1489—1688	"西来至道"（1664）	王来用
				"积气积形道居形气之先"（1688）	艾复生
				"统天地人物以为道不尚名象"（1688）	艾复生
3	主	2	1489	"各有殿宇,尊崇其主"（1489）	金钟
4	长生主	1	1653	"生生不已常生主"（1653）	艾应奎
5	皇穹	1	1663	"皇穹净业"（1663）	徐化成
6	天	32	1489—1679	"敬天祝国"（1678）	赵光裕
				"敬天畏人"	
				"生天生地生人之本"（1679）	沈荃,回族
				"生天生地生人之理"（1688）	艾复生
				"统天地人物而著经纲常伦纪"（1688）	艾复生
				"道源于天"（1688）	艾复生
				"敬天祝国"（1656）	
				"识得天地君亲师不远道德正路"（1656）	赵映斗

序号	称谓	出现次数	称谓时间	来源	作者
				"礼自尊天义惟法祖心常存礼仪之先"	艾世德
				"祖独承天敬天因而念祖"	沈荃
				"奉天宣化"（1661）	贾汉复
				"教本于天"（1656）	胡士梅
				"本天本祖奏格匪懈"（1653）	艾复生
7	皇天	2	1489—1679	"在清真，则有一赐乐业殿，尊崇皇天"（1489）	金钟
				"教以敬皇天"（1679）	
8	昊天	3	1658—1670	"敬畏昊天"（1670）	赵映斗
				"钦若昊天"（清）	
				"昊天上帝"（1658）	
9	真天	1	1489	"参赞真天"（1489）	金钟
10	上天	1	1512		
11	天心	1	1489		
12	天道	6	1489—1679		
13	天地	1			
14	天命	2	1512		
15	造化天	2	1653	"仰瞻造化天敢不起恭起敬"	赵作梅
				"化化无穷造化天"（1653）	艾应奎
16	天地之心	2	1653—1658		
17	昊天上帝	1		匾额	

附录二　开封犹太人历史大纪录

本表中的开封犹太人历史大事件,有助于读者理解本书中所讲述的一些历史史实。

◇ 1163 年,修建会堂。(开封当时处在金朝统治下,但是一四八九年碑以南宋年号记载修建会堂这一史实。)

◇ 1279 年,会堂重建(蒙古统治时期)。

◇ 1421 年,俺三(Hassan)更名为赵诚,在殿中放置万岁牌。

◇ 1445 年,重修会堂。

◇ 1462/1 年大水,会堂被毁。

◇ 1465—1488 年,会堂重修。

◇ 1489 年,立一四八九年碑。

◇ 12 世纪早期到 15 世纪中期,开封犹太人与中国境内和境外的犹太人都有联系,随后逐渐与外部失去联系。

◇ 1512 年,立一五一二年碑。

◇ 16 世纪之前仍可以与西域保持联系,可获得经书和礼拜书。

◇ 1605 年,利玛窦见到艾田。

◇ 1608 年,掌教去世,邀请利玛窦做掌教。

◇ 1619 年,会堂遭遇大火,[①]会堂除了一部妥拉之外,全部被毁,他们从西域的犹太人手中获得新的经书。

◇ 17 世纪早期,中国境内其他地方的犹太人消失,开封犹太人处于完全孤立的状态,他们在朝为官,遵循汉人习俗纳妾,但同时又践行犹太

---

① 精确的年份可能是 1619 年到 1626 年间,参见 Gaubi 与 Domenge 的书信。

信仰。

◇ 1642 年，遭洪水。[①] 此次洪水是由于李自成起义军围困开封，为军事目的而掘开黄河大堤。洪水过后，教众仅余二百余家，他们从会堂中取经书，后来考订全经一部，方经数部，散经数十册。

◇ 1653—1663 年，重修会堂，立一六六三年碑。

◇ 1646 年，赵映乘中举人，在福建和湖广任职。

◇ 1660 年，犹太人人数最多，但未曾超过 300 户，1000—1500 人。

◇ 1704 年，1721—1723 年，骆保禄、孟正气、宋君荣到访开封。1722 年，大先知书剩余 4 卷，之前有 30 卷。

◇ 18 世纪初，犹太社团的宗教生活仍很活跃。

◇ 1724 年以后，耶稣会被赶出中国。直到 1850 年才有来自基督新教的传教士来到开封。

◇ 1800 年之前有掌教，之后，没有西方来的拉比。犹太人的希伯来知识失传。

◇ 1841 年，1849 年，1860 年，黄河泛滥。

◇ 1847 年，开封犹太人与外族通婚，他们对自己历史和宗教知识的衰退，他们读不懂希伯来文，但是仍然不愿意出售经卷。

◇ 1850 年 12 月，传教士邱天生（Ch'iu T'ien-sheng）和蒋荣基（Chiang Jung-shi）从上海到开封，他们买到了 8 本希伯来经卷，1851 年买到 6 本妥拉，中-希丧葬书以及五六十本希伯来手稿。开封犹太社群当时有三四百人，还实行割礼。有两个犹太人跟着传教士去了上海，学习希伯来语，希望把知识带回开封。他们仍然过安息日和其他相关的宗教节日。

◇ 1851 到 1864 年，太平天国运动。

◇ 1855 年左右，会堂废弃不用，当时有两百多户。[②]

◇ 19 世纪中叶，由于贫穷，社群卖了很多圣物，并将会堂的木头卖掉。

◇ 1866 年 2 月 17 日，丁韪良来到开封。

---

① "明末崇祯十五年壬年……汴没于水。汴末而寺因以废，寺废而经亦荡于洪波巨流之中。"（一六六三年碑）

② 内地会牧师密尔斯（Dennis J. Mills）在 1891 年发表在《亿万华民》（China's Millions）上一篇文章，写到他到访河南的过程。

◇ 1867年，施约瑟去开封时发现，他们家里有偶像，有祖宗牌位，面相、衣着、风俗习惯均与汉人同化。

◇ 1893年，苏格兰全国圣经协会(National Bible Society of Scotland)的阿诺(A. S. Annaud)到访开封，他写到当时只有六姓人家居住，大约有五百名犹太人。浦安迪认为，可能那个时候张姓已经完全汉化了。

◇ 1897年，第一个西方犹太人奥地利商人利伯尔曼(Jacob Liebermann)到开封。

◇ 1899年，河南的传教士安西满主教(Monsignor Volonteri)带着开封犹太人的妥拉和一些小型文件去上海寻求帮助。上海的犹太人在 S. J. 所罗门(S. J. Solomon)和 D. E. 亚伯拉罕(David Ezekiel Abraham)的带领下打算帮助开封犹太人返回耶路撒冷，并重修会堂。

◇ 1900年，开封犹太人李敬承(Li Jingsheng)答复说由于义和团运动的兴起和犹太人四散在各地，现在不是重建会堂的好时机。

◇ 1901年，李和他的儿子到了上海，说当时开封的犹太人只有一百四十户，并且他们也不再遵守饮食律法，只是不吃猪肉而已。他们也不守安息日，或其他的节庆，也不再给婴儿施行割礼。

◇ 1914年，开封犹太社区将犹太会堂的地契出售给加拿大圣公会怀履光主教。

附录三　开封犹太人碑文及注释

此处选取了本书中最常引用的三通碑文进行注释，并根据文中的论述对碑文中的字句进行解读。碑文的内容根据陈垣 1934 年的标点而成。

一、《重建清真寺记》碑（一四八九年碑）

该石碑立于明弘治二年（公元 1489 年），因此又被称为"一四八九年碑"，"弘治碑"和"第一通碑"。碑文如下：

夫一赐乐业①立教祖师②阿无罗汉③，④乃盘古阿耽⑤十九代孙也。⑥ 自开辟天地，⑦祖师相传授受，⑧不塑于形象，⑨不谄于神鬼，⑩不信于邪术。⑪ 其时

---

①　"一赐乐业"是"以色列"的音译。浦安迪曾对这一译名做过研究，认为这不是随便的译名，所选的字有其特殊的涵义。参见浦安迪（Andrew Plaks）:《中国犹太人的儒化：开封石碑碑文释解》，第 139 页。

②　"立教祖师"参见本书第一章第三节第一部分。

③　"阿无罗汉"的译名参见本书第一章第三节第一部分"妥拉中的亚伯拉罕形象"。

④　Weisz 的译本断句为："夫一赐乐业（以色列）立教，祖师阿无罗汉（亚伯拉罕）。"但是后文摩西和以斯拉的"正教祖师"连用，所以此处也应该是"立教祖师"连用，所以此处的逗号应该去掉。

⑤　"盘古亚当"如果作为同一个人来理解，表示盘古和亚当是一个人，只是在不同的文化中有不同的称谓。如果将盘古和亚当作为两个人来解释，则表示使用的是二者所代表的远古的涵义。

⑥　关于第十九世孙的算法，符合妥拉的描写。

⑦　"开天辟地"是非常中国的说法，妥拉中描写为"创造天地"，天地的形成彰显了不同的宇宙观。但是碑文以儒家的"天地开辟"代替了犹太教的"天地创造"的观念，这是一种附儒的表现。

⑧　"相传授受"体现出道统的观点。犹太教从亚伯拉罕开始往下传。

⑨　关于无像的神，参见本书第一章第一节第二部分。

⑩　此处的"神鬼"概念应该是指上帝之外的邪神。此处说不应该去敬拜邪神。这一说法与十诫中的诫命相同。但是开封犹太人在"敬天"的同时，也"祭祖"，他们祭祀祖先，应该是表达对祖先的崇敬的方式，与他们不信邪神的信仰不相冲突。关于祭祖的介绍，参见本书第二章第四节。

⑪　不信邪术的做法与儒家的做法相一致，也与朝廷的法律相一致。

神鬼无济,像态无祐,邪术无益。思其天者轻清在上,至尊无对,①天道不言,②四时行而万物生。③ 观其春生夏长,秋敛冬藏,飞潜动植④,荣悴开落,⑤生者自生,化者自化,形者自形,色者自色。⑥ 祖师忽地醒然,悟此幽玄,⑦实求正教,⑧参赞真天,⑨一心侍奉,敬谨精专。那其间立教本至今传,考之在周朝一百四十六年也。一传而至正教祖师乜摄,考之在周朝⑩六百十三载也。生知纯粹,仁义俱备,道德兼全。⑪ 求经于昔那山顶,入斋四十昼夜,去其嗜欲,亡绝寝膳,诚意祈祷,虔心感于天心,⑫正经一部,五十三卷,⑬有自来矣。其中至微至妙,善者感发人之善心,恶者惩创人之逸志。⑭ 再传而至正教祖师蔼子剌,⑮系出祖师,道承祖统,⑯敬天礼拜之道,足以阐祖道之蕴奥。其道必本于清真礼拜,⑰清者精一无二⑱,真者正而无邪,⑲礼者敬而

---

① "至尊无对"主要表明上帝的至高和独一性。

② "天道不言"所塑造的上帝的形象与妥拉中上帝的形象大相径庭。妥拉中的上帝是可以言语,而且善于言语的上帝,上帝通过声音与以色列人交流。参见本书第一章第二节。

③ 此句出自《论语·阳货篇》的变形:"子曰:天何言哉?四时行焉,万物生焉,天何言哉?""生"字也显示出儒家的宇宙观,英文一般译为 created,创造之意,虽然符合妥拉中的观点,但是却不符合原文的涵义。

④ 此处用动词代指各种动物,飞鸟、鱼、动物和植物,用以指称万物。

⑤ 此处指前句指代的各种动植物自己生长。

⑥ 此句讲自然界的万事万物都有自己的生长规律。

⑦ 亚伯拉罕通过观察自然界万事万物的生长规律而领悟到上帝的存在。这种通过自然参透"道"的叙事是中国的叙事方式。妥拉中亚伯拉罕认识上帝是来自上帝和人的相遇,与自然界万物生长无关。

⑧ "正教"与"邪教"的说法相对,强调犹太教是正统的宗教,是符合政府要求的宗教。

⑨ 此处化用《中庸》"参赞化育"的说法,强调人在天地自然间的参与调节作用。这句中讲到亚伯拉罕在与天地的参与调节。通过上文亚伯拉罕领悟天地之道,到下句亚伯拉罕"一心侍奉"具体说明亚伯拉罕与天相通。

⑩ 儒家言必周朝,以周朝为年代的衡量标准是非常儒家的做法。

⑪ 这些是儒家圣人的品质,妥拉中对摩西的描写与此非常不同,参见本书第二章第一节第一部分。

⑫ 摩西因为斋戒、祈祷而得经书。这句讲天人之间相通的关系。参见本书第二章第一节第二部分。

⑬ 这些卷数显示出开封犹太人受到波斯犹太人的影响。

⑭ 强调妥拉的伦理要求和奖善惩恶的功能。

⑮ 此处指以斯拉,关于以斯拉的研究,参见本书第一章第三节第二部分。

⑯ 强调与亚伯拉罕和摩西之间道统的传承。

⑰ "清真礼拜"如果按单字解释,包含"纯正"、"真理"、"礼仪"和"崇拜"四重涵义。

⑱ "精一无二"体现上帝的"唯一性"。

⑲ 此处强调上帝的真理性。

已矣,拜下礼也。① 人于日用之间,不可顷刻而忘乎天,②惟寅午戌而三次礼拜,乃真实天道之理。祖贤一敬之修何如,必先淋浴更衣,清其天君,正其天官,而恭敬进于道经之前。道无形象,俨然天道之在上。姑述敬天礼拜纲领而陈之:

始焉鞠躬敬道,道在鞠躬也。中立不倚敬道,道在中立也。静而存养,默赞敬道,不忘之天也。动而省察,鸣赞敬道,不替之天也。退三步也,忽然在后,敬道后也。进五步也,瞻之在前,敬道前也。左之鞠躬敬道,即善道在于左也。右之鞠躬敬道,即不善道在于右也。仰焉敬道,道在上也。俯焉敬道,道在尔也。终焉而拜道,敬在拜也。③ 噫!敬天而不尊祖,非所以祀先也。春秋祭其祖先,事死如事生,事亡如事存,维牛维羊,荐其时食,不以祖先之既往而不敬也。每月之际四日斋,④斋乃入道之门,积善之基。今日积一善,明日积一善,善始积累。至斋,诸恶不作,众善奉行。七日善终,周而复始,是《易》有云,"吉人为善,维日不足"之意也。四季之时七日戒,⑤众祖苦难,祀先报本,亡绝饮食。一日大戒,敬以告天,悔前日之过失,迁今日之新善也。⑥ 是《易》圣人于益之大象有曰,风雷益,君子以见善则迁,有过则改,其斯之谓欤!

噫!教道相传,授受有自来矣。出自天竺,⑦奉命而来,有李、俺、艾、高、穆、赵、金、周、石、黄、聂、金、张、左、白七十姓等,进贡西洋布于宋,⑧帝曰:归我中夏,遵守祖风,留遗汴梁。⑨ 宋孝隆兴元年癸未,⑩列微五思达领掌其教,

---

① "礼拜"指以恭敬的心崇敬上帝。关于礼拜,本论文有专门的探讨,参见本书第一章第四节第二部分关于礼拜仪式的论述。此处的"下礼"中的"下"字,应该不是指"拜"在"礼"之后,其应该是指拜就是施行礼仪的意思。

② 出于对天的崇敬,人应该时刻记住与天相通,所以要一日三次礼拜。

③ 此处主要描写了敬天礼拜的方法。

④ 此处的"斋",应指安息日,后文强调"七日善终,周而复始",与一周一次的安息日吻合。

⑤ 根据"四日斋"的行文,此处"七日戒"应该也指一年中有七个重要节期,至于所指具体内容,学者有不同的看法。

⑥ 此处应指赎罪日,参见本书第一章第四节第二部分关于节气庆祝的论述。

⑦ 关于开封犹太人来源的说法,此处即是"天竺说"的依据。但是碑文对久远历史的记载与相关史料有不少冲突,"来华时间"也成为学者争论的焦点之一。

⑧ 这是宋朝来开封的证据之一,并且他们是作为商人,经营布匹而来宋朝的。

⑨ 这既是中原地区对外来文化的一贯态度,又为犹太人保持自己的风俗习惯留下官方许可的证据。

⑩ 当时开封已经处于金统治下,南宋才使用宋朝年号,这种历史称谓方式显示出犹太人以汉人政权为正统的思想。

俺都剌始建寺焉。① 元至元十六年己卯，五思达重建古刹清真寺，坐落土市字街东南，四至三十五杖。殆我大明太祖高皇帝开国初，抚绥天下军民，凡归其化者皆赐地以安居乐业之乡，诚一视同仁之心也。是以寺不可无典守者，惟李诚、李实、俺平徒、艾端、李贵、李节、李升、李纲、艾敬、周安、李荣、李良、李智、张浩等，正经熟晓，劝人为善，呼为满剌。② 其教道相传，至今衣冠礼乐，遵行时制，语言动静，循由旧章，③ 人人遵守成法，而知敬天尊祖，忠君孝亲者，皆其力也。④ 俺诚医士，永乐十九年奉周府定王传令，赐香重修清真寺，寺中奉大明皇帝万万岁牌。永乐二十一年以奏闻有功，钦赐赵姓，授锦衣卫指挥，升浙江都指挥佥事。正统十年，李荣、李良自备资财，重建前殿三间。至天顺五年，河水淹没，基址略存，艾敬等具呈，按照先奉本府承河南布政使司劄付等因至元年古刹清真寺准此。李荣复备资财，起盖深邃，明金五彩妆成，焕然一新。成化年高鉴、高锐、高铉，自备资财，增建后殿三间，明金五彩状成，安置道经三部，外作穿廊，接连前殿，乃为永远之计。此盖寺前后来历也。⑤ 天顺年石斌、李荣、高鉴、张瑄，取宁波本教道经一部，宁波赵应捧经一部贵至汴梁旧寺。高年由贡士任徽州歙县知县，艾俊由举人任德府长史。宁夏金瑄，先祖任光禄寺卿，伯祖胜，任金吾前卫千兵；瑄置买供桌铜炉瓶烛台；乃弟瑛，弘治二年，舍资财，置寺地一段；瑛与钟托赵俊置碑石。俺都剌立基址启端，李荣、高铉建造成其事，有功于寺。诸氏舍公帑、经龛、经楼、经桌、连龛、栏杆、供桌、付檐诸物器皿，亦为状彩画饰周围之用壮丽一方。

愚惟三教，各有殿宇，尊崇其主。在儒则有大成殿，尊崇孔子；在释则有圣容殿，尊崇尼牟，在道则有玉皇殿，尊崇三清。⑥ 在清真，则有一赐乐业殿，尊

---

① 此处既表明了建造会堂的时间，又点明了犹太教在开封的管理体制。"五思达"即"老师"，可对译拉比犹太教中的"拉比"，也即开封犹太人所称的"掌教"。"俺都拉"应该为建造会堂的掌教的姓氏。

② 这些"满剌"就是"典守"（保管）犹太会堂的人。他们熟悉犹太经典，并协助会堂事务，劝人为善，以下列举的十四人即是当时的满剌。

③ "时制"和"旧章"形成呼应，所以他们的"衣冠礼乐"和"语言动静"努力在当下的习俗和犹太传统之间保持平衡。

④ 由于满剌对会众的教导，犹太人不仅能够遵守"成法"，即犹太教的法律规章，而且能够浸润在儒家传统文化中，"敬天尊祖"、"忠君孝亲"。

⑤ 此处回忆的修建清真寺历史成为会堂历史的一手资料。

⑥ 犹太人认为儒释道三教处于平等的地位，同时引出犹太教作为另外一种并行的宗教存在。

崇皇天。^①其儒教与本教,虽大同小异,然其立心制行,亦不过敬天道,尊祖宗,重君臣,孝父母,和妻子,序尊卑,而不外于五伦矣。噫嘻!人徒知清真寺礼拜敬道,殊不知道之大原出于天,而古今相传,不可诬也。虽然,本教尊崇如是之笃,岂徒求福田利益计哉?受君之恩,食君之禄,惟尽礼拜告天之诚,报国忠君之意,祝颂大明皇上,德迈禹汤,圣并尧舜,聪明睿智,同日月之照临,慈爱宽仁,配乾坤之广大,国祚绵长,祝圣寿于万年,皇图巩固,愿天长于地久,风调雨顺,共享太平之福。勒之金石,用传永久云。

开封府儒学增广生员金钟^②撰

祥符县儒学廪膳生员曹佐书

开封府儒学廪膳生员傅儒篆

弘治二年岁在己酉仲夏吉日清真后人^③宁夏金瑛祥符金礼并立　瓦匠吴亮吴遵。

二、《尊崇道经寺记》(一五一二年碑文)

赐进士出身朝列大夫四川布政司右参议江都左唐撰文。

赐进士出身征仕郎户科给事中前翰林院庶吉士淮南高澪书丹。

赐进士出身征仕郎前吏科给事中维扬徐昂篆额。

尝谓经以载道,道者何?日用常行古今人所共由之理也。故大而三纲五常,小而事物细微,无物不有,无时不然,莫非道之所寓。然道非经无以存,经非道无以行。使其无经,则道无载,人将贸贸焉莫知所之,卒至于狂谈而窈冥行矣。故至圣之道,垂六经以诏后世,迄于今而及千万世矣。至于一赐乐业教,始祖阿耽,本出天竺西域,稽之周朝,有经传焉。道经四部五十三卷,其理至微,其道至妙,尊崇如天。立是教者,惟阿无罗汉为之教祖,于是乜摄传经,为之师法。厥后,原教自汉时入居中国,宋孝宗隆兴元年癸未,建祠于汴。元至元十六年己卯重建。其寺,古刹也,以为尊崇是经之所。业是教者,不止于汴,凡在天下业是教者,靡不尊是经而崇是道也。

然教是经文字,虽与儒书字异,而揆厥其理,亦有常行之道,以其同也。是

---

①　此处对上帝的称谓用了"皇天"这种中国文化术语。

②　虽然个别学者对金钟的犹太身份存存疑,但碑文内容的犹太性却是显而易见的。

③　不管是从宁波取道经,还是宁夏清真后人,都能看到当时国内有其他犹太社团存在。

故道行于父子,父慈子孝;道行于君臣,君仁臣敬;道行于兄弟,兄友弟恭;道行于夫妇,夫和妇顺;道行于朋友,友益有信。道莫大于仁义,行之,自有恻隐羞恶之心。道莫大于礼智,行之,自有恭敬是非之心。道行于斋戒,必严必敬;道行于祭祖,必孝必诚;道行于礼拜,祝赞上天,生育万物,动容周旋之际,一本乎诚敬也。至于鳏寡孤独疲癃残疾者,莫不惆恤赈给,俾不至于失所。贫而娶妻不得娶,与葬埋不能葬者,莫不竭力相助。凡婚资丧具,无不举焉。及至居丧禁忌荤酒,殡殓不尚繁文,循由礼制,一不信于邪术,下至权度斗斛轻重长短,一无所敢欺于人。

求观今日,若进取科目而显亲扬名者有之,若布列中外而致君泽民者有之,或折冲御侮而尽忠报国者有之,或德修厥躬而善著于一乡者,亦有之矣。逮夫农耕于野而公税以给,工精于艺而公用不乏,商勤于远而名著于江湖,贾志于守而获利于通方者,又有之矣。畏天命,守王法,重五伦,遵五常,敬祖风,孝父母,恭长上,和乡里,亲师友,教子孙,务本业,积阴德,忍小忿,戒饬劝勉之意,皆寓于斯焉。呜呼!是经也,日用常行之道所著者有如此。是故天命率性,由此而全;修道之教,由此而入;仁义礼智之德,由此而存。若夫塑之以像态,绘之以形色者,徒事虚文,警眩耳目,此则异端之说,彼固不足尚也。然而尊崇于经者,其知所本欤?

道经相传,有自来矣。自开辟以来,祖师阿耽传之女娲,女娲传之阿无罗汉,罗汉传之以思哈各,哈各传之雅阿厥勿,厥勿传之十二宗派,宗派传之乜摄。乜摄传之阿阿联,阿联传之月束窝,束窝传之蔼子喇,于是祖师之教,灿然而复明。故凡业是教者,其惟以善为师,以恶为戒,朝夕警惕,诚意修身,斋戒节日,饮食可亘于经,而是矜是式,尊奉而崇信焉。则天休滋至,理惠罔愆,人人有德善之称,家家遂俯育之乐。如此,则庶于祖教之意无所负,而尊崇之礼无少忒矣。刻石于寺,垂示永久,咸知所自,俾我后人其慎念之哉。

大明正德七年壬申孟秋甲子重建寺,俺李高维扬金溥请道经一部,立二门一座,宁夏金润立牌亭一座,金锺修撰□[1]亭,镌字□□□玺。”

三、《重建清真寺记》碑（一六六三年碑）

又称《康熙碑》和《第三通碑》。石碑立于清朝康熙二年(公元 1663 年)。

---

[1]　□处为不清晰碑文,下同。

碑共有字 33 行,每行 77 字。该碑除正文外,尚有碑阴题名。该碑现已佚。碑正文如下:

夫一赐乐业之立教也,其由来远矣。始于阿耽,为盘古氏十九世孙,继之女娲,继之阿无罗汉。罗汉悟天人合一之旨,修身立命之原,知天道无声无臭,至微至妙,而行生化育,咸顺其序。所以不塑乎形象,不惑于鬼神,而惟以敬天为宗,使人尽心合天,因心见道而已。数传而后,圣祖默舍生焉,神明天宣,颖异超伦,诚心求道,屏嗜欲,忘寝食,受经于西那山,不设庐,不假舍,《礼》曰不坛不坎,扫地而祭,昭其质也。圣祖斋祓尽诚,默通帝心,从形声俱泯之中,独会精微之原,遂著经文五十三卷,最易最简,可知可能,教人为善,戒人为恶。孝弟忠信本之心,仁义礼智原于性。天地万物,纲常伦纪,经之大纲也;动静作息,日用饮食,经之条目也。

其大者礼与祭。礼拜者,祛靡式真,克非礼以复于礼者也。礼拜之先,必斋戒沐浴,淡嗜欲,静天君,正衣冠,尊瞻视,然后朝天礼拜。盖以天无日不在人之中,故每日寅午戌三次礼拜,正以人见天之时,致其明畏,敬道敬德,尽其虔诚,日新又新。诗云,陟降厥士,日监在兹,其斯之谓欤? 其礼拜时所诵之经文,高赞之,敬道在显也;默祝之,敬道在微也;进而前者,瞻之在前也;退而后者,忽然在后也;左之如在其左也;右之如在其右也。无敢厌斁,无敢怠荒,必慎其独,以畏明旦。诗云:小心翼翼,昭事上帝,其斯之谓欤。而其行于进反升降跪拜间者,一惟循乎礼。不交言,不回视,不以事物之私,乘其入道之念。礼曰:心不苟虑,必依于道;手足不苟动,必依于礼。道之在礼拜者如此也。

祭者,尽物尽诚,以敬答其覆载之恩者也。春月万物生发,祭用芹藻,报生物之义也。仲秋万物荐熟,祭用果实,报成物之义也。凡物之可以荐者,莫不咸在,不加调和,即所云大羹不调者也,而总以尽其诚信。礼曰:外则尽物,内则尽志,此之谓也。冬夏各取时食,以祀其祖先。祭之时以礼自持,堂上观乎室,堂下观乎上,既祭之末,均享神惠,而犹以其余畀之:道之在祭祀者,如此也。

小者如斋。斋者,精明之至志也。七日者,专致其精明之德也。斋之日,不火食,欲人静察动省,存诚去伪,以明善而复其初也。易曰:七日来复,复其见天地之心乎? 犹惧人杂于私欲,浅于理道,故于秋末闭户清修一日,饮食俱绝,以培养其天真。士辍诵读,农罢耕芸,商贾止于市,行旅止于途。情忘识泯,存心养性,以修复于善,庶人静而天完,欲消而理长矣。易曰:先王以至日闭关，商旅不行，后不省方，其斯之谓欤！

冠婚死葬，一如夏礼。孤独鳏寡，莫不周赈。经之纲领条目，难以备述。而圣祖制经之义，无非此刚健中正纯粹无私之理。斯道遂灿然明备，如皎日悬空，无一人不可见道，则无一人不知尊经矣。其中文字，虽古篆音异，而于六经之理，未尝不相同也。

教起于天竺，周时始传于中州，建祠于大梁。历汉唐宋明以来，数有变更，而教众尊奉靡斁，如饮食衣服之适于人，而不敢须臾离也。其寺俺都喇始创于宋孝隆兴元年，五思达重建于元至正十六年，李荣、李良、高鉴、高铉、高锐于明天顺五年黄水湮没，复捐资重修。

殿中藏道经一十三部，方经、散经各数十册。教众日益蕃衍，亦惟敬天法祖，世奉宗旨，罔敢陨坠而已。明末崇祯十五年壬午，闯寇作乱，围汴者三。汴人誓守无二，攻愈力，守愈坚。阅六月余，寇计穷，引黄河之水以灌之，汴没于水。汴没而寺因以废，寺废而经亦荡于洪波巨流之中。教众获北渡者仅二百余家，流离河朔，残喘甫定，谋取遗经。教人贡士高选，承父东斗之命，入寺取经，往返数次，计获道经数部，散经二十六帙。聘请掌教李祯、满喇李承先，参互考订焉。至大清顺治丙戌科进士教人赵映乘，编序次第，纂成全经一部，方经数部，散经数十册。缮修已成，焕然一新，租旷宅而安置之。教众咸相与礼拜，尊崇如昔日。此经之所以不失，而教之所以永传也。

然而教众虽安居于垣，终以汴寺之湮没为歉。时大梁道中军守备教人赵承基，率兵防汴，修道路，成桥梁，招人复业。惧寺废而教众遂涣散莫复也，且不忍以祖宗数百年创守之业，而忽废于一旦也，遣士卒昼夜巡逻以卫之。乃弟映斗，应试入汴，相与从荆棘中正其故址。汴人复业者日益繁，承基因数请教众复业，而李祯、赵允中遂负经旋汴，时已为顺治癸巳年公议捐资修寺，众皆乐输，估工起建。尔时贡士高选等，生员高维屏、李法天等，具呈各衙门请示，按照古刹清真寺准复修理。赵承基等首捐俸资，李祯、赵允中等极力鸠工，出前殿于黄沙，由是前殿始立。进士赵映乘分巡福建漳南道，丁艰旋里，捐俸资独建后殿三间，至圣祖殿三间，教祖殿三间，北讲堂三间，南讲堂三间，大门三间，二门三间，厨房三间，牌坊一座，行殿九间，殿中立皇清万万岁龙楼一座，碑亭二座，焚修住室二处，丹垩黝漆，壮丽辉煌，或出自教众之酿金，或出自一人之私囊。寺之规模，于是乎成，较昔更为完备矣。见者莫不肃然起敬。

殿中原藏道经一十三部，胥沦于水。虽获数部，止纂序为一部，众咸宗之，今奉入尊经龛之中。其左右之十二部,乃水患后所渐次修理者也。其散帙方经,众各出资修补。而大参赵映乘作圣经纪变,乃第映斗复著明道序十章。经文于是备,宗旨于是明。其灿然共著,如日月之在天,如江河之行地。经有真谛,解者不敢参以支离;经自易简,解者不敢杂以繁难。自是人知君臣之义,父子之亲,兄弟之序,朋友之信,夫妇之别,原本于知能之良,人人可以明善复初。其与圣祖制经之义,祖宗尊经之故,虽上下数千百年,如在一日。

计自沧桑之后,赵承基、映斗正基址以启其端,赵映乘、高登魁等捐资起建以成其事,有功于寺。高选、赵映乘订证圣经于前,李祯等修补于后,有功于经。至于寺之牌匾对联,皆各衙门官游河南者之所书也。赵承基任陕西固原西路游击,旋里鉴其胜概,因叹曰:数百年创制之隆,于今得复睹其盛矣,则后人之视今日,不犹今日之视昔人耶?犹恐其久而不传,欲勒诸石以垂不朽,而请记于予。予汴人,素知一赐乐业之教,且与游击赵承基、大参赵映乘、医官艾显生,为莫逆交,巅末颇能道其详。因据其旧记而增补之,俾人知其道之由来,且以见今日经寺之修,其教中诸人之功不可泯也。是为记。

特进光禄大夫侍经筵少傅兼太子太傅前刑部尚书今予告工部尚书刘昌撰文

钦差进士提督学政云南按察司副使李光座书丹

钦差进士提督学政广东按察司副使侯良翰篆额

大清康熙二年岁次癸卯仲夏上浣穀旦武安石匠王建玉镌石

碑阴题名全文如下:

清真寺之修,始于宋孝隆兴元年,迄今已数百年于兹矣。虽数经变更,而寺址依然存立。乃自明末崇祯十五年壬午沧桑之后,寺基圮坏,见者莫不凄然。至我朝顺治十年癸巳,教众旋汴复业,公议捐资重修,而李、赵、艾、张、高、金、石等七姓,各输囊金,重建前殿三间,教祖殿三间。其后殿三间,尊经龛一座,乃兵巡漳南道副使丙戌科进士赵映乘丁艰旋里,出俸资而独成之者也。至于圣祖殿三间,大门三间,二门三间,铜炉瓶六副,乃高登魁、高登科修之。北诵经堂三间,系艾姓同修。南讲堂三间,赵允中、允成、映袞率侄元鉴同修。艾生枝修牌坊一座。金之凤立殿中皇清万岁龙楼一座。赵允中、允成复修行殿九间,乃殿中栏杆地屏,烛台供桌,殿前至大门内甬路,南经堂甬路。艾应奎率子丛生、永胤、显生、达生、复生等修石栏井一眼,石狮一对,凤灯一座,竹帘五挂,花匾七面。李辉置铜炉三副。艾世德置铜莲花灯二座,修殿前月台石栏,及北经堂甬路。艾惟一修厨房三间。赵允中、高登科、赵元鉴修周围大墙一道。艾世德、世芳修大门外花墙月台。其焚修住宅,及桌凳炉鼎,一切树木,应用器皿等物,七姓公置之。寺之规模于是成,犹然昔日之盛,其粉饰黝垩,较昔更为壮观。附勒碑阴,以志其盛云。

　　殿中旧藏道经十三部,壬午胥沦于水。贡生高选捞获七部,教人李承俊捞获三部,贲至河北,聘请掌教,去其模糊,裁其漫坏,参互考订,止纂成全经一部,尊入龛中,教人宗之。其在左一部,乃掌教李祯本旧经而重修之。其在右一部,乃满喇李承先重修之。其余十部,乃渐次修整者也。教中艾惟一与同族公修一部,赵允思修一部,金应选与同族修一部,高登魁修一部,赵映乘修一部,满喇石自俊修一部,李辉同侄毓秀修一部,高登科修一部,满喇张文瑞与同族修一部,满喇艾达生同兄弟子侄修一部,至是而十三部乃全矣。焕然一新,诵者易晓,观者悦服,要皆掌教满喇之所手著,而教众之所勒成。谨勒于石,俾后人知经寺之修,其有由也夫!

附录四　科钦犹太人壁画内容

　　1968 年,为了应对移民以色列的移民潮,科钦犹太人在会堂里举行了非常盛大的纪念活动,回顾历史,展望未来,在墙上画了十幅壁画。但这更像对移居以色列的一种催眠政策,因为在刚成立的印度,生活还是比较艰辛。

　　这十幅图的内容是:①

　　图一是个古代港口的图片,集市上卖有香料和象牙。这是他们的故乡先令(Shingly),在马拉雅兰语中称为 Kodungallur,英国统治下的印度称为 Cranganore(克兰佳诺),罗马人称为 Muziris(穆泽里斯)。标题写道:"所罗门王统治时期的巴勒斯坦(公元前 992—952 年)和马拉巴(Malabar)港口之间有贸易往来。圣经中称印度为 Odhu(Hodu)。印度的柚木、象牙、香料、孔雀被售往巴勒斯坦。"这样一来,远在科钦犹太社团形成之前,就建立了印度和以色列之间的关系,将科钦社团的历史建立在很古老的传统上,将先令犹太王子的历史植根于所罗门王统治的荣耀中。

　　图二描绘的是黑落德王时期第二圣殿的大火,犹太人往四处逃散。在图片右下角,有一艘船驶向东方,开往先令。所以,流散之初也是印度犹太人形成的开始。标题写道:"公元 70 年第二圣殿被罗马人毁坏,犹太人从巴勒斯坦往四处流散。"

　　图三画着一艘满载圣经时代面孔的船将要在绿绿葱葱、热情好客的海岸登陆。为了更清晰起见,右下角画了一幅印度的地图,有个箭头指向印度。标题写道:"公元 72 年,犹太人在先令(克兰佳诺)登陆。"

① Nathan Katz, *Who are the Jews of India* (Berkeley, Los Angeles, London: University of California Press, 2000), pp.12 - 15.

　　图四画了一位国王在茂盛的棕榈树间接待犹太人。国王被绘成奈亚尔(Nayar)王公的形象,随从给他撑着伞,敲着鼓。标题写道:"克兰佳诺王公接待犹太人。"

　　图五主要描绘印度热情接待了犹太人。犹太人的首领约瑟夫·拉班(Joseph Rabban)在王公的会客室,会客室的壁画表明这是科钦王公默丹杰里(Mattancheri)的宫殿,默丹杰里是犹太人的保护人。标题写道:"犹太人首领约瑟夫·拉班从切拉曼·佩鲁马尔(Cheraman Perumal)手中接过铜盘,成为安朱万南(Anjuvannam)的王子,于公元379年在克兰佳诺建立犹太国。"其中记载的年份不是特别准确,"犹太国"的说法有些夸张,切拉曼·佩鲁马尔(Cheraman Perumal)指的是朱罗(Chera)王朝,而不是国王(现在喀拉拉邦的名字就来自这个王国名称的前两个音节),但是基本内容是准确的。和定居在这里的基督徒和穆斯林一样,古代和中世纪的喀拉拉统治者也赋予了犹太人自治权和尊重。铜盘,更像是10世纪或11世纪的器物,现存放在科钦犹太会堂的约柜里。对犹太人来说,佩鲁马尔是理想的喀拉拉国王的形象,是科钦王公的楷模。约瑟夫·拉班也成为理想的犹太领袖的形象,是日后为王公、荷兰统治者和犹太新郎(bridegroom)服务的犹太"贸易王子"的楷模。佩鲁马尔和约瑟夫·拉班的关系也成为喀拉拉的印度人和犹太人关系的典型,是科钦犹太人自我认知的重要方面。

　　图六描绘了一些不和谐的画面,他们失掉了天堂般的先令,同时,又继续在科钦犹太人和圣殿时代的古以色列皇室之间建立联系。标题写道:"两只银号角,上面刻着神的名字,之前是第二圣殿时期在耶路撒冷吹的,被带到克兰佳诺,安息日的时候由利未人吹响。有一次,利未人来晚了,平信徒越俎代庖吹了号角,利未人很生气,随后陷入争吵,号角被毁坏了。"图片中提到号角是从圣殿带到了克兰佳诺,显然是要在先令和耶路撒冷之间建立联系。甚至在今天,犹太人大批移民以色列之前,科钦的"美好的往昔"被称为"小耶路撒冷"。学者不清楚这个利未人和"平信徒"争吵的故事背后的隐喻,也许是想说马拉雅利人(Malabaris),这些最初的犹太定居者和后来的帕拉迪西犹太人(Paradesis,外来的,或者说在16世纪来到科钦的赛法迪犹太人)之间的冲突,或者是"以血统传承的犹太人"(meyuchaism)和"拥有解放文书的犹太人"(mushuchrarim)之间的冲突。号角的毁坏也许隐喻了先令被摧毁。

　　第七幅和第八幅画按照时间顺序描绘,第八幅被白蚁毁坏得特别严重,已经看不清了。像第六幅画一样，这两幅也是描绘了先令被遗弃，科钦的王公们欢迎犹太人，他们在科钦建立社团的场景。前六幅图主要讲印度的皇室欢迎犹太人，首先是在先令，后来是在科钦。这种受欢迎，皇家的保护以及热情接待他们的主题就隐喻了喀拉拉印度—犹太的互利状态。

第七幅的标题写到："1568 年在王公的宫殿和寺庙旁建立了犹太会堂。"1568 年建造的犹太会堂在科钦王公的"荷兰"宫殿（其实是葡萄牙人为默丹杰里建的）和默丹杰里私人的克里希纳神（Krishna）的寺庙的旁边。第八幅图描绘了先令遭洗劫，"1524 年，摩尔人和葡萄牙人入侵，毁坏了克兰佳诺。最后一位犹太王子约瑟夫·阿查尔（Joseph Azar）背着妻子游到了科钦。他们受到科钦王公的保护。"约瑟夫·阿查尔是约瑟夫·拉班的最后一位嫡系。他和也门最后一位犹太王希木叶尔（Himyar）的姓氏一样，这应该不是偶然，因为当时也门和科钦间有海路和宗教方面的往来。

第九和十幅图都是以犹太人和王公的特殊关系为主题，故事的场景都是科钦会堂内。第九幅图上画的科钦犹太人身着中东服饰，旁边一眼就看出是印度王公。妥拉经卷放在敞开的经卷盒里很显眼，标题写道："1805 年，特拉凡哥尔（Travancore）的王公赠送一枚妥拉王冠。"特拉凡哥尔是邻近的一个省邦，在北伯鲁尔（North Parur）有犹太社区。这个 22 克拉重、珠宝装饰的妥拉王冠（Keter Torah）是印犹间睦邻友好关系的有形见证。

最后一幅图的记忆鲜活。犹太人身着西方服饰，很多都能叫出名字来，他们在会堂会见科钦王公。敞开的经盒里又能看到妥拉王冠。标题写道："1949年，最后一任科钦王公离任前在会堂对犹太人讲话。"那时科钦不再是英国统治下的印度的一部分，但还享有自治权。后来印度解放后不久，科钦和附近的特拉凡哥尔省邦都被并入印度联邦。虽然犹太人都是印度的爱国公民，但是他们意识到，并入印度联邦之后，仅仅从人口统计上来讲，他们的状况恶化了。在科钦省邦，几千犹太人可以有相当的影响力，但是在拥有 3500 万人口的印度联邦中，他们的数量显得微乎其微，不会再有高的社会地位了。王公意识到这一点，在他的临别致辞里也提到了这一点，上了年纪的犹太人还清清楚楚地记得。1949 年 3 月 24 日，王公远在英国向他以前忠实的臣民表示祝贺，祝贺以色列的建立，祝福他们在新建立的国度里幸福安康。

附录五　开封犹太人交流史

开封犹太人交流史包括他们与境外犹太人或基督徒之间的交流,也包括与境内的其他犹太社团和基督徒之间的往来。

一、与境内犹太社团的交流

1. 会堂被毁时,从宁波社团取道经,宁夏社团辅助修缮会堂(一四八九年碑)。

2. 1899年,河南传教士安西满主教(Monsignor Volonteri)带着开封犹太人的妥拉和一些小型文件去上海寻求帮助。上海的犹太人在所罗门(Solomon Joseph Solomon)和D. E. 亚伯拉罕(David Ezekiel Abraham)的带领下打算帮助开封犹太人返回耶路撒冷,并重修会堂。

3. 1900年,开封犹太人李敬承答复说由于义和团运动的兴起和犹太人四散在各地,现在不是重建会堂的好时机。

4. 1901年,李敬承和儿子来到上海,汇报了社团衰落的情况,包括犹太人只剩140户,除了不吃猪肉,不再遵守其他饮食律法,不守安息日,或其他的节庆,不给婴儿施行割礼。①

二、与境外犹太社团的交流

1. 18和19世纪时与科钦犹太人联系。

2. 1897年第一个西方犹太人奥地利商人利伯尔曼(Jacob Liebermann)

---

① Michael Pollak, *Mandarins, Jews, and Missionaries: The Jewish Experience in the Chinese Empire*, Philadelphia: Jewish Publication Society, 1983, p. 212. 李敬承为根据英语所音译人名。

到开封。

三、　与境内外基督教的交流

1. 1605 年时，艾田在北京与基督教传教士利玛窦见面，当时艾田以为利玛窦是犹太人。

2. 耶稣会士骆保禄、孟正气、宋君荣于 18 世纪都到过开封。[①]

3. 1724 年以后，耶稣会被赶出中国。直到 1850 年才有来自基督新教的传教士来到卡开封。

4. 1850 年 12 月，两个上海的传教士在中国犹太社团买到 8 本希伯来经卷。

5. 1851 年这两个上海传教士买到 6 本妥拉，中-希丧葬书以及五六十本希伯来手稿。[②]

6. 1851 年，两个犹太人跟着传教士去了上海，学习希伯来语，希望把知识带回开封。当时，他们仍然过安息日和其他相关的宗教节日。

7. 1866 年 2 月 17 日，丁韪良（W. A. P. Martin）来到开封，犹太社群出售妥拉经卷，他们的最后一个拉比去世，没有人懂希伯来语。他们不再作为社团存在。

8. 1893 年，苏格兰全国圣经协会（National Bible Society of Scotland）的 A. S. Annaud 到访开封，他写到当时只有六姓人家居住，大约有 500 个犹太人。[③]

---

① 详情参见荣振华、李渡南等编：《中国的犹太人》，2005 年。

② Wendy R. Abraham, Memories of Kaifeng's Jewish Descendants Today: Historical Significance in Light of Observations by Westerners Since 1605, Compiled in Goldstein, Jonathan. *The Jews of China: Volume One: Historical and Comparative Perspectives*, New York: M. E. Sharpe, Inc. 1999, p.73.

③ 帕拉克认为可能那个时候张姓已经完全汉化了。参见 Michael Pollak, *Mandarins, Jews, and Missionaries: The Jewish Experience in the Chinese Empire*, Philadelphia: Jewish Publication Society, 1983, p.200.

参考文献

一、英文著作

[1] Abraham, Wendy Robin. *The Role of Confucian and Jewish Educational Values in the Assimilation of the Chinese Jews of Kaifeng, Supplemented by Western Observer Accounts, 1605 - 1985*. Doctoral Dissertation for Columbia University, 1989.

[2] Abrahamovitch, Henry Hanoch. *The First Father Abraham: The Psychology and Culture of a Spiritual Revolutionary*. Maryland: University Press of America, Inc., 1994.

[3] Anderson, Benedict. *Imagined Community: Reflections on the Origin and Spread of Nationalism*. New York: Verso, 1991.

[4] Barton, John. The *Pentateuch*. Oxford: Oxford University Press, 2001.

[5] Bentley, Jerry H.. *Old World Encounters, Cross-cultural Contacts and Exchanges in Pre-Modern Times*. New York: Oxford University Press, 1993.

[6] Berlin, Adele & Brettler, Marc Ziv. *The Jewish Study Bible*. Oxford and New York: Oxford University Press, 2004.

[7] Blenkinsopp, Joseph. *The Pentateuch: An Introduction to the First Five Books of the Bible*. New York: The Anchor Bible reference library, 1992.

[8] Brenner, Athalya, ed. *A Feminist Companion to the Bible* 6. Sheffield: Sheffield Academic Press Ltd, 1994.

[9] Bruggemann, W. A.. *Social Reading of the Old Testament: Prophetic Approaches to Israel's Communal Life*. Minneapolis: Fortress Press, 1994.

[10] Buber, Martin. *Moses the Revelation and the Covenant*. New York: Harper Brothers, 1958.

[11] Childs, Brevard S.. *The Book of Exodus. A Critical, Theological Commentary, OTL*. Philadelphia: Westminster, 1974.

[12] Clines, David J. A.. *The Theme of the Pentateuch*. first published by JSOT Press 1978, reprinted in 1982.

[13] Coats, George W.. *The Moses Tradition*. Sheffield: Sheffield Academic Press, 1993.

[14] _____. *Rebellion in the Wilderness. The Murmuring Motif in the Wilderness Traditions of the Old Testament*. Nashville-New York: Abingdon Press, 1968.

[15] Day, John. *Molech: A God of Human Sacrifice in the Old Testament*. Cambridge: Cambridge University Press, 1989.

[16] Delaney, Carol. *Abraham on Trail: The Social Legacy of Biblical Myth*. New Jersey: Princeton University Press, 1998.

[17] Dozeman, Thomas. *God at War: A Study of Power in the Exodus Tradition*. Oxford: Oxford University Press, 1996.

[18] Eber, Irene & Wan, Sze-Kar & Walf, Knut & Roman Malek. *The Bible in Modern China, The Literary and Intellectual Impact*. Nettetal, Germany: Steyler Verlag, 1999.

[19] _____. *The Jewish Bishop and the Chinese Bible: S. I. J. Schereschewsky, 1831 – 1906*. Leiden, Boston: Brill, 1999.

[20] _____. *The Bible in Modern China, The Literary and Intellectual Impact*. Nettetal, Germany: Distribution, Steyler Verlag, 1999.

[21] Edelman, Diana & Davies, Philip R. & Nihan, Christophe & Romer, Thomas. *Opening the Books of Moses*. Sheffield: Equinox Publishing Ltd., 2011.

[22] Finn, James. *The Orphan Colony of Jews in China*. London: James Nisbet, 1872.

[23] _____. *The Jews in China: Their Synagogue, Their Scriptures, Their History etc*. London, 1843. Reprinted titled *Jews in Old China*. New York: Paragon, 1971.

[24] Fischel, Walter. *Unknown Jews in Unknown Lands*. New York: Ktav, 1973.

[25] Fried, Lisbeth S. *Ezra & The Law in History and Tradition*. Columbia: The University of South Carolina Press, 2014.

[26] Goldstein, Jonathan. *The Jews of China: Volume One: Historical and Comparative Perspectives*. New York: M.E. Sharpe, Inc., 1999.

[27] Goodman, Hananya, ed. *Between Jesuralem and Benares Comparative Studies in Judaism and Hinduism*. Albany: State University of New York Press, 1994.

[28] Guitierrez, Maryknoll Gustavo. *A Theory of Liberation. Maryknoll*. New York: Orbis Books, 1973.

[29] Hertz, J.H., ed. *Pentateuch and Haftorahs*. London: Soncino Press, 1960.

[30] Johnson, Barbara. *Moses and Multiculturalism*. Berkeley, Los Angeles, London: University of California Press, 2010.

[31] Johnstone, William. *Chronicles and Exodus An Analogy and Its Application*. Cambridge: Sheffield Academic Press, 1998.

[32] Katz, Nathan & Goldberg, Ellen S.. *The Last Jews of Cochin*. Columbia: University of South Carolina Press, 1993.

[33] _____. *Who are the Jews of India*. Berkeley, Los Angeles, London: University

of California Press, 2000.

[34] Kim, S. K.. *Strange Names of God: The Missionary Translation of the Divine Name and the Chinese Responses to Matteo Riccci's Shangti in Late Ming, 1583 - 1644*. Doctoral Dissertation, New Jersey: Princeton, 2001.

[35] Kuschel, Karl-Josef. *Abraham: Sign for Hope for Jews, Christians and Muslims*. New York: The Continuum Publishing Company, 1995.

[36] Lang, Berhand. *The Hebrew God: Portrait of an Ancient Deity*. New Haven and London: Yale University Press, 2002.

[37] Laytner, Anson. *The Chinese Jews of Kaifeng: A Millennium of Adaptation and Endurance*. Maryland: Lexington Books, 2017.

[38] Loeb, Mark G.. *A Study of the Passover Haggadah of the Chinese Jews*. Unpublished Master's thesis, Hebrew Union College-Jewish Institute of Religion, New York, 1975.

[39] Leslie, Donald Daniel. *The Survival of the Chinese Jews: The Jewish Community of Kaifeng*. Leiden: E. J. Brill, 1972.

[40] _____. *The Chinese-Hebrew Memorial Book of the Jewish Community of K'aifeng*. Belconnen, A. C. T.: Canberra College of Advanced Education, 1984.

[41] _____. *Jews and Judaism in Traditional China — A Comprehensive Bibliography Monumenta Serica Monograph Series XLIV*. Sankt Augustin, Monumenta Serica Institute, Nettetal: Steyer Verlag, 1964.

[42] Meyers, Carol. *Exodus*. Cambridge: Cambridge University Press, 2005.

[43] Needle, M. Patrica. *East gate of Kaifeng: a Jewish World inside China*. Minnesota: University of Minnesota China Center, 1992.

[44] Noth, Martin. *A History of Pentateuchal Traditions*. Translated by B. W. Anderson. Englewood Cliffs: Prentice-Hall, 1972.

[45] Paper, Jordan. *The Theology of Chinese Jews*. Waterloo: Wilfrid Laurier University Press, 2012.

[46] Padol, Burton L.. *A Study of a Liturgy of the Jews of Kai Feng Fu*. Unpublished Master's thesis, Hebrew Union College-Jewish Institute of Religion, New York, 1957.

[47] Pollak, Michael. *Mandarins, Jews, and Missionaries: The Jewish Experience in the Chinese Empire*. Philadelphia: Jewish Publication Society, 1980.

[48] _____. *The Discovery of a Missing Chinese Torah Scroll*. Dallas: Bridwell Library, Southern Methodist University, 1973.

[49] _____. *The Torah Scrolls of the Chinese Jews: The History, Significance and Present Whereabout of the Sifrei Torah of the Defunct Jewish Community of Kaifeng*. Dallas, Bridwell Library, Southern Methodist University, 1975.

[50] Prosic, Tamara. *The Development and Symbolism of Passover until 70 CE*. London: Bloomsbury Academic, 2005.

[51] Rabinnowitz, Louis Issac. *Jewish Merchant Adventurers: A Study of the Radanites*. London: Edward Goldston, 1948.

[52] Rad, Gerhard von. *Moses*. Cambridge: James Clarke &. Co, 2012. First published by The Lutterworth Press, 1960.

[53] _____ . *The Problem of the Hexateuch and Other Essays*. England: Hymns Ancient &. Modern Ltd, 2012.

[54] Ross, Dan. *Acts of Faith: A Journey to the Fringes of Jewish Identity*. New York: St. Martin's Press, 1982.

[55] Roth, Cecil. *Encyclopaedia Judaica vol* 5, Jerusalem: Keter Publishing House Ltd, 1972.

[56] Rowley, H.H.. *Prophecy and Religion in Ancient China and Israel*. New York: Harper, 1956.

[57] Sarna, Nahum M.. *Exploring Exodus: The Origins of Biblical Israel*. New York: Schocken, 1996.

[58] Salkin, Rabbi Jeffrey K.. *The JPS B'nai Mitzvah Torah Commentary*. Lincoln: University of Nebraska Press, 2017.

[59] Said, Edward W.. *Orientalism*. New York: Vintage Books, 1979.

[60] Segal, J.B.. *A History of the Jews of Cochin*. Oregon: Vallentine Mitchell, 1993.

[61] Schmidt, W. *The Faith of the Old Testament*. Philadelphia: The Westminster Press, 1983.

[62] Shalom, M. Paul. *Jewish Bible A JPS Guide: Biblical Law*. Philadelphia: Jewish Publication Society, 2008.

[63] Shapiro, Sidney. *Jews in Old China: Studies by Chinese Scholars*. New York: Hippocrene Books, 1984.

[64] Simons, Rabbi Dr. Chaim. *Jewish Religious Observance by the Jews of Kaifeng China*. Kiryat Aeba: lulu.com, 2014.

[65] Stackert, Jeffrey, ed. *A Prophet Like Moses Prophecy, Law and Israelite Religion*. Oxford: Oxford University Press, 2014.

[66] Stampfer, Joshua. *Pioneer Rabbi of the West: The Life and Times of Julius Eckman*. Portland, Ore.: Privately published, 1988.

[67] Timberg, Thomas A.. *Jews in India*, New Delhi: Vikas Publishing House Pvt Ltd, 1986.

[68] Vaux, Roland de. *Studies in Old Testament Sacrifice*. Cardiff: University of Wales Press, 1964.

[69] Walzer, Michael. *Exodus and Revolution*. New York: Basic Books, 1986.

[70] Weisz, Tiberiu. *The Kaifeng Stone Inscriptions: The Legacy of the Jewish Comm-unity in Ancient China*. New York Lincoln Shanghai: iUniverse, Inc. 2006.

[71] Wellhausen, J.. *Prolegomena to the History of Ancient Israel*. New York: Meri-

dian, r. p. 1957.

[72] White, Willam Charles. *Chinese Jews: A Compilation of Matters Relating to the Jews of K'aifeng Fu*. Toronto: University of Toronto Press, 1966.

[73] Whybray, R. N.. *Genesis*. Oxford: Oxford University Press, 2001.

[74] Wildavsky, Aaron. *The Nursing Father Moses as a Political Leader*. Tuscaloosa: The University of Alabama Press, 1984.

[75] Wong Fook-Kong & Dalia Yasharpour. *The Haggadah of Kaifeng Jews of China*. Boston: Leiden, 2011.

[76] Xu Xin. *The Jews of Kaifeng, China Hostory, Culture, and Religion*. New Jersey: Ktav Publishing House, Inc., 2003.

[77] _____. *Legends of the Chinese Jews of Kaifeng*. Hoboken: KTAV, 1995.

二、 汉语著作

[1] 阿丁·施坦泽兹(诠释):《阿伯特:犹太智慧书》,张平译,北京:中国社会科学出版社,1996 年。

[2] 安德烈·舒拉基:《犹太教史》,吴模信译,北京:商务印书馆,2001 年。

[3] 陈垣:《陈垣学术论文集第一集》,北京:中华书局,1980 年。

[4] _____:《明季滇黔佛教考》,石家庄:河北教育出版社,2000 年。

[5] 程小娟:《God 的汉译史:争论,接受与启示》,北京:社会科学文献出版社,2013 年。

[6] 费孝通:《乡土中国》,上海:上海人民出版社,2013 年。

[7] 冯友兰:《中国哲学史》,北京:中华书局,1984 年。

[8] 傅佩荣:《儒道天论发微》,北京:中华书局,2010 年。

[9] 傅有德:《犹太哲学与宗教研究》,北京:中国社会科学出版社,2007 年。

[10] 高望之:《关于中国犹太人的若干问题》,1983 年打印稿。

[11] 龚方震:《融合四方文化的智慧》,浙江:浙江人民出版社,1992 年。

[12] 顾应祥:《静虚斋惜阴录》卷十一《杂论二》,载《北京图书馆古籍珍本丛刊》第 64 册,北京:书目文献出版社,1998 年。

[13] 江文汉:《中国古代基督教及中国犹太人》,北京:知识出版社,1982 年。

[14] 何乔远:《闽书》,福州:福建人民出版社,1994 年。

[15] 何孝荣等:《明朝宗教》,南京:南京出版社,2013 年。

[16] 孔颖达:《礼记正义》卷 49,阮元校刻:《十三经注疏》,北京:中华书局,1980 年。

[17] 李炽昌:《跨文本阅读——〈希伯来圣经〉诠释》,上海:上海三联书店,2015 年。

[18] _____:《亚洲处境与圣经诠释》,台湾:台湾基督教文艺出版社,1996 年。

[19] _____:《圣号论衡:晚清〈万国公报〉基督教"圣号论争"文献汇编》,上海:古籍出版社,2008 年。

[20] 李景文、张礼刚、刘百陆、赵光贵编校:《古代开封犹太人:中文文献辑要与研究》,北京:人民出版社,2011 年。

[21] 利玛窦、金尼阁:《利玛窦中国札记》,何高济等译,北京:中华书局,1983 年,2001 年。

[22] 凌富亚:《明清以降关中祭祀系统兴衰与社会互动(1368－1949)》,陕西师范大学博士论文,2016 年。

[23] 李申:《中国儒教论》,郑州:河南人民出版社,2005 年。

[24] _____:《中国儒教史(上)》,上海:人民出版社,1999 年。

[25] _____:《中国儒教史(下)》,上海:人民出版社,2000 年。

[26] 李天纲:《金泽:江南民间祭祀探源》,北京:生活·读书·新知三联书店,2017 年。

[27] _____:《跨文化的诠释:经学与神学的相遇》,北京:新星出版社,2007 年。

[28] 刘百陆:《开封犹太人碑文研究》,硕士学位论文,河南大学,2006 年。

[29] 李天纲:《中国礼仪之争》,北京:中国人民大学出版社,2019 年。

[30] 马丁·海德格尔:《存在与时间》,陈嘉映、王庆节译,北京:生活·读书·新知三联书店,2014 年。

[31] 玛丽·博伊斯:《伊朗琐罗亚斯德教村落》,张小贵,殷小平译,北京:中华书局,2005 年。

[32] 莫里斯·哈布瓦赫:《论集体记忆》,毕然、郭金华译,上海:上海人民出版社,2002 年。

[33] 摩西·迈蒙尼德:《迷途指津》,傅有德等译,济南:山东大学出版社,1998 年。

[34] 牟钟鉴:《儒道佛三教关系简明通史》,北京:人民出版社,2018 年。

[35] _____:《中国宗教与文化》,台北:唐山出版社,1995 年。

[36] 潘光、王健:《犹太人与中国》,北京:时事出版社,2009 年。

[37] 潘光旦:《中国境内中国犹太人的若干历史问题:开封的中国犹太人》,北京:北京大学出版社,1983 年。

[38] 漆侠:《宋学的发展和演变》,石家庄:河北人民出版社,2002 年。

[39] 任昉:《述异记》,武汉:湖北崇文书局,1875 年。

[40] 荣振华、李渡南等(编):《中国的犹太人》,耿昇译,郑州:大象出版社,2005 年。

[41] 塞·诺·克雷默:《世界古代神话》,魏庆征译,北京:华夏出版社,1989 年。

[42] **沙博理**:《中国古代犹太人中国学者研究文集点评》,北京:新世界出版社,2008 年。

[43] **韩愈**:《韩愈选集》,孙昌武选注,上海:上海古籍出版社,2013 年。

[44] **孙尚扬**:《基督教与明末儒学》,北京:东方出版社,1994 年。

[45] 田海华:《希伯来圣经之十诫研究》,北京:人民出版社,2012 年。

[46] 肖来:《明代文庙从祀研究》,云南大学硕士论文,2016 年。

[47] 王岱舆:《正教真诠》,银川:宁夏人民出版社,1988 年。

[48] 王恽:《玉堂嘉话山居新语》,杨晓春点校,北京:中华书局,2006 年。

[49] 王一沙:《中国犹太春秋》,北京:海洋出版社,1992 年。

[50] 徐新:《走进希伯来文明》,北京:民主与建设出版社,2001 年。

[51] 徐宗泽:《中国天主教传教史概论》,上海:上海书店出版社,2010 年。

[52] 姚兴富:《耶儒对话与融合——〈教会新报〉(1868－1874)研究》,中国社会科学院博士论文,2003 年。

[53] 伊本·白图泰(口述):《异境奇观——伊本·白图泰游记》,伊本·朱甾笔录,李广斌译,北京:海洋出版社,2008 年。

［54］游斌：《希伯来圣经的文本、历史与思想世界》，北京：宗教文化出版社，2007 年。

［55］余振贵、雷晓静（主编）：《中国回族金石录》，宁夏：宁夏人民出版社，2001 年。

［56］张礼刚：《中国人视野中的古代中国犹太人》，河南大学硕士论文，2005 年。

［57］张隆溪：《阐释学与跨文化研究》，北京：生活•读书•新知三联书店，2014 年。

［58］张平：《阿伯特：犹太智慧书》，北京：中国社会科学出版社，1996 年。

［59］＿＿＿＿译注：《密释纳•第 2 部：节期》，济南：山东大学出版社，2017 年。

［60］张绥：《犹太教与中国开封犹太人》，上海：上海三联书店，1990 年。

［61］张西平：《欧洲早期汉学史：中西文化交流与西方汉学的兴起》，北京：中华书局，2009 年。

［62］张星烺：《中西交通史料汇编》，上海：中华书局，1977 年。

［63］张志刚、唐晓峰主编：《基督教中国化研究》（第 1 辑），北京：宗教文化出版社，2013 年。

［64］赵士林、段琦：《基督教在中国：处境化的智慧》，北京：宗教文化出版社，2009 年。

［65］钟彩钧、周大兴（主编）：《犹太与中国传统的对话》，台北：中央研究院中国文哲研究所，2011 年。

［66］钟鸣旦：《杨廷筠：明末天主教儒者》，北京：社会科学文献出版社，2002 年。

［67］周燮藩：《犹太教小辞典》，上海：上海辞书出版社，2003 年。

［68］朱维铮：《走出中世纪》，上海：上海人民出版社，1988 年。

［69］卓新平：《基督宗教论》，北京：社会科学文献出版社，2000 年。

三、英文论文

［1］Abraham, Wendy R.. "Memories of Kaifeng's Jewish Descendants Today: Historical Significance in Light of Observations by Westerners Since 1605," in *The Jews of China: Volume One: Historical and Comparative Perspectives*, pp. 71 - 86. Edited by Goldstein, Jonathan. New York: M. E. Sharpe, Inc. 1999.

［2］Berstein, Moshe. "Zhao Yingcheng from Fact to Fiction: The Story of 'The Great Advisor'," in *The Chinese Jews of Kaifeng: A Millennium of Adaptation and Endurance*, pp. 97 - 127. Edited by Anson H. Laytner and Jordan Paper. Maryland. Lexington Books, 2017.

［3］Fang Chaoying. "Notes on the Chinese Jews of Kaifeng." *Journal of the American Oriental Society* 185(1965): 126 - 129.

［4］Graves, R. H.. "Thoughts on the Term Question." *The Chinese Recorder* 8 (1877): 140 - 5.

［5］Johnson, Barbara C.. "Cochin Jews and Kaifeng Jews," in *The Jews of China: Volume One: Historical and Comparative Perspectives*, pp. 104 - 119. Edited by Jonathan Goldstein. New York: M. E. Sharpe, Inc. 1999.

［6］Ho, Wan-li. "Jews in China: A Dialogue in Slow Motion," *Journal of Ecumenical Srudies* 40(2003): 171 - 200.

［7］Irene, Eber. "Kaifeng Jews: The Sinification of Identity," in *The Jews of China:*

Volume One: Historical and Comparative Perspectives, pp. 22 - 35. Edited by Goldstein, Jonathan. New York: M. E. Sharpe, Inc. 1999.

[8] Isenberg, Shirley Berry. "The Kaifeng Jews and India's Benne Israel: Different Paths." Pages 87 - 103 in *The Jews of China Volume One, Historical and Comparative Perspectives*. Edited by Jonathan Goldstein. New York: M. E. Sharpe, Inc. 1999.

[9] Johnson, Barbara C.. "Cochin Jews and Kaifeng Jews: Reflections on Caste, Surname, 'Community', and Conversion," in *The Jews of China: Volume One: Historical and Comparative Perspectives*, pp. 104 - 119. Edited by Jonathan Goldstein. New York: M. E. Sharpe, Inc. 1999.

[10] Katz, Nathan. "The Judaisms of Kaifeng and Cochin: Paralles and Divergences," in *The Jews of China: Volume One: Historical and Comparative Perspectives*, pp. 120 - 138. Edited by Jonathan Goldstein. New York: M. E. Sharpe, Inc. 1999.

[11] Lee, Archie. "Cross-textual Hermeneutics and Identity in Multi-textual Asia," in *Christian Theology in Asia: Emerging Forms and Themes*, pp. 179 - 204. Edited by Sebastian Kim. Cambridge: Cambridge University Press, 2008.

[12] _____. "Cross-textual Hermeneutics in Asia," in *Asian Theology on the Way, Christianity, Culture and Context*, pp. 31 - 38. Edited by Peniel J. R. Rajkumar: London: SPCK, 2012.

[13] _____. "Biblical Interpretation in Asian Perspective," *Asia Journal of Theology* 7(1993):35 - 39.

[14] Leslie, Donald D.. "Persia or Yemen? The Origin of the Kaifeng Jews," in *Irano-Judaica*, pp. 101 - 111. Edited by S. Skaked. Jerusalem, 1982.

[15] Lipman, Jonathan N.. "Living Judaism in Confucian Culture: Being Jewish and Being Chinese," in *Judaism in Practice: From the Middle Ages through the Modern Period*, pp. 265 - 278. Edited by Lawrence Fine. Princeton University Press, 2001.

[16] Moberly, R. W. L.. "The Earliest Commentary on the Akedah," *Vestum Testamentun* 3 (1998):302 - 323.

[17] Muilenburg, James. "The Old Testament and the Christian Church," *Christianity and Chinese Religions* 3(1959):1 - 15.

[18] Neubauer, Adolph. "Jews in China," *Jewish Quarterly Review, Old Series VIII* (1896):123 - 139.

[19] Plaks, Andrew. "The Confucianization of the Chinese Jews: Interpretations of the Kaifeng Stelae Inscriptions," in *East gate of Kaifeng: a Jewish world inside China*, pp. 36 - 118. Edited by Needle, M. Patrica. Minnesota: University of Minnesota China Center, 1992.

[20] _____. "Interpretations of the Kaifeng Stelae Inscriptions," in *East gate of Kaifeng: A Jewish World Inside China*, pp. 29 - 38. Edited by Needle, M.

Patrica. Minnesota: University of Minnesota China Center, 1992.

[21] Rad, Gerhard von. "The Form-Critical Problem of the Hexateuch," in *The Prolem of the Hexateuch and Other Essays*, pp. 1 – 78. Edited by Gerhard von Rad. Edingburg & London: Oliver & Boyd, 1996.

[22] Sharot, Stephen. "The Kaifeng Jews: A Reconsideration of Acculturation and Assimilation in a Comparative Perspective," *Jewish Social Studies: History, Culture, Society* (13)2007:179 – 203.

[23] Schwartz, Benjamin I.. "Jews and China: Past and Present Encounters," in *The Jews of China: Volume One: Historical and Comparative Perspectives*, pp. 299 – 308. Edited by Jonathan Goldstein. New York: M. E. Sharpe, Inc. 1999.

[24] Song Nai Rhee. "Jewish Assimilation: The Case of Chinese Jews," *Comparative Studies in Society and History* 15(1973):115 – 126.

[25] Steinhardt, Nancy Shatzman. "The Synagogue at Kaifeng: Sino-Judaic Architecture of the Diaspora," in *The Jews of China: Volume One: Historical and Comparative Perspectives*, pp. 3 – 21. Edited by Jonathan Goldstein. New York: M. E. Sharpe, Inc. 1999.

[26] Thomas, Nigel. "Radhanites, Chinese Jews, and the Silk Road of the Steppes," in *The Chinese Jews of Kaifeng: A Millennium of Adaptation and Endurance*, pp. 3 – 24. Edited by Anson H. Laytner and Jordan Paper. Maryland: Lexington Books, 2017.

[27] Winslow, Karen. "Mixed Marriage in Torah Narratives," in *Mixed Marriages: Intermarriage and Group Identity in the Second Temple Period*, pp. 132 – 149. Edited by Christian Frevel. London: Contimuum, 2011.

[28] Zurcher, Erik. "Eight Centuries in the Chinese Diaspora The Jews of Kaifeng," in *The Chinese Jews of Kaifeng: A Millennium of Adaptation and Endurance*, pp. 25 – 38. Edited by Anson H. Laytner and Jordan Paper. Maryland: Lexington Books, 2017.

四、汉语论文

[1] 曹兴:《汉族宗教发生学研究:颛顼改革与上古创世说空白的因果联系》,载《世界宗教文化》2013 年第 5 期,第 102 - 105 页。

[2] 陈垣:《开封一赐乐业教考》,载《陈垣史学论著选》,上海:上海人民出版社,1981 年,第 65 - 108 页。

[3] 德罗尔·韦尔:《开封犹太后裔在十四世纪到十七世纪中的文化认同》,载钟彩钧、周大兴编:《犹太与中国传统的对话》,台北:中央研究院中国文哲研究所,2011 年,第 263 - 308 页。

[4] 傅有德:《论犹太教与基督教的信与行》,载《文史哲》2005 年第 3 期,第 164 - 168 页。

[5] _____:《论犹太人的尚异性》,载《世界宗教文化》2010 年第 2 期,第 33 - 40 页,第

94 页。

[6] 傅有德、王强伟:《比较视域中的古代犹太教与早期儒家之孝道》,载《求是学刊》2016 年第 3 期,第 22 - 35 页。

[7] 傅有德:《希伯来先知与儒家圣人比较研究》,载《中国社会科学》2009 年第 6 期,第 20 - 30 页,第 204 页。

[8] 高望之:《中国历史上的犹太教和犹太人》,载《第十六届国际历史科学大会中国学者论文集》,北京:中华书局,1985 年,第 231 - 252 页。

[9] 顾俊杰:《论中国开封犹太人被融合的原因——兼与欧洲犹太人同化问题的比较》,载《同济大学学报》1991 年第 2 期,第 57 - 63 页。

[10] 洪德先:《俎豆馨香——历代的祭祀》,载蓝吉福、刘增贵编:《中国文化新论:宗教礼俗篇——敬天与亲人》,台北:联经出版事业公司,1983 年,第 359 - 410 页。

[11] 纪建勋:《明末"天主"的源流及其比较文化学考察》,载《北京行政学院学报》2020 年第 4 期,第 120 - 128 页。

[12] 柯毅霖:《福音在中国本地化的神学反思》,黎明辉译,载《神思》第 47 辑,第 22 - 44 页。

[13] 李长林:《清末中国对犹太人的了解与态度》,载《史学月刊》1996 年第 3 期,第 45 - 48 页,第 17 页。

[14] 李炽昌:《"文本/共处"的诠释方法:从希伯来传统及中国经典解读耶稣》,载《宗教学研究》2016 年第 4 期,第 194 - 203 页。

[15] ＿＿＿＿:《从跨文本阅读到文本——共处的诠释——希伯来智慧书及〈论语〉中的天人维度》,载《圣经文学研究》2018 年第 16 期,第 108 - 138 页。

[16] ＿＿＿＿:《在亚洲命名 God——多种文化处境中的跨文本阅读》,载氏著:《希伯来圣经的跨文本阅读》,上海:上海三联书店,2015 年,第 107 - 127 页。

[17] ＿＿＿＿:《上帝的中国名字——圣经中上帝称谓的中文翻译》,载卢龙光、王立新主编:《圣经文学与文化:纪念朱维之百年诞辰论集》,天津:南开大学出版社,2007 年,第 131 - 143 页。

[18] ＿＿＿＿:《无像崇拜与破坏神像:圣经禁像传统在中国的诠释》,载《宗教学研究》2016 年第 1 期,第 184 - 191 页。

[19] ＿＿＿＿:《〈希伯来圣经〉中无像的神和中国的神像宗教》,载氏著:《希伯来圣经的跨文本阅读》,上海:上海三联书店,2014 年,第 128 - 151 页。

[20] ＿＿＿＿:《从中国创世神话的视野阅读〈创世记〉第 1 章》,林艳译,载《西北师大学报(社会科学版)》2011 年第 2 期,第 1 - 6 页。

[21] 李景文:《古代开封犹太族裔经书存失之考察》,载《周口师范高等专科学校学报》1999 年第 1 期,第 75 - 77 页。

[22] 李济贤:《俺三与俺诚》,载沙博理编:《中国古代犹太人:中国学者研究文集点评》,北京:新世界出版社,2008 年,第 141 - 149 页。

[23] 李申:《黄老、道家即道教论》,载《世界宗教研究》1999 年第 2 期,第 23 - 32 页,第 156 页。

[24] 林素绢:《饮食礼仪的身心过渡意涵及文化象征意义——以三〈礼〉斋戒、祭祖为核

心进行探讨》,载《中国文哲研究集刊》2008年第32期,第171－216页。

[25] 刘百陆:《从碑文看犹太人的"道经"》,载《学海》2011年第6期,第22－27页。

[26] 刘博:《犹太教与伊斯兰教的洁食文化——解读饮食禁忌及其伦理思想》,载《青海民族研究》2014年第4期,第175－178页。

[27] 刘平:《明清民间宗教之"三才"思想研究》,载《宗教哲学》2016年6月第76期,第16－22页。

[28] 刘学智:《"三纲五常"的历史地位及其作用重估》,载《孔子研究》2011年第2期,第19－29页。

[29] 刘迎胜:《关于元代中国的犹太人》,载《元史论丛》第六辑,北京:中国社会科学出版社,1997年,第201－211页。

[30] 罗光:《中国对天——帝的信仰(续)》,载《辅仁大学〈神学论集〉》1977年第31期,第77－103页。

[31] 敏文杰:《儒家"五伦"思想和刘智"五典"思想之比较》,载《回族研究》2007年第1期,第32－36页。

[32] 莫玉梅:《丝绸之路上的阿富汗犹太人——兼谈阿富汗犹太人入华的可能性》,载《犹太研究》2020年第16辑,第157－166页。

[33] 娜婷·佩伦:《开封犹太人社团》,载荣振华、李渡南等编:《中国的犹太人》,郑州:大象出版社,2005年,第333－368页。

[34] 帕拉克:《中国犹太人经卷抄本》,王笑一译,载《南都学坛》1984年第4期,第106－112页。

[35] 浦安迪:《中国犹太人的儒化:开封石碑碑文释解》,钟志清译,载《犹太研究》2008年第6期,第135－144页。

[36] 任继愈:《论儒教的形成》,载《中国社会科学》1980年第1期,第61－74页。

[37] 宋立宏:《蓝帽回回与犹太门》,载《南京大学学报(哲学·人文科学·社会科学)》2013年第4期,第152－160页。

[38] 孙贯文:《重建礼拜寺记碑跋》,载《文物》1961年第8期,第36－39页。

[39] 孙尚扬:《从利玛窦对儒学的批判看儒耶之别》,载《哲学研究》1991年第9期,第61－68页。

[40] 孙燕:《早期儒家和古代犹太教慈善思想之比较》,载《孔子研究》2018年第2期,第42－48页。

[41] 田海华:《集体记忆中的多元身份:读〈出埃及记〉1－2章》,载卢龙光总编:《跨越文本的边界:李炽昌教授六秩寿庆文集》,香港:香港中文大学崇基学院神学院,2010年,第95－104页。

[42] ＿＿＿＿:《希伯来圣经中十诫与约的整合》,载《基督教思想评论》2011年第十二辑,第65－79页。

[43] ＿＿＿＿:《历史与文化记忆:罗纳德·亨德尔的圣经诠释》,载《圣经文学研究》2014年第8辑,第397－414页。

[44] 王承文:《从斋戒规范论古代国家祭祀对汉晋道教的影响——兼论吕鹏志博士一系列论著的商榷》,载《中山大学学报(社会科学版)》2016年第2期,第77－102页。

后　记

毕业两年多后,这本脱胎于博士论文的著作即将出版,内心难掩激动与不安。激动的是,自己爬格子的成果要成为书架上的一员,能被更多的读者看到、喜欢。不安的是,虽然经过几次重读,但书中难免有讲不透、讲不好、讲不对的地方,会贻笑大方。相比博士论文,这次书稿添加了开封犹太人在华历史和开封犹太人碑文原文,希望这些历史和文献资料能够方便大众读者理解本书对犹太人的分析。同时,书稿还增加了与科钦犹太人对比的章节,横向拓展犹太人研究领域,以期使内容更加详实。

本书付梓之际,由衷感谢所有指导过我、帮助过我、鼓励过我的老师、同学和朋友们。

感谢我的两位授业恩师,李炽昌先生和傅有德教授。有幸拜在两位大师门下,习得他们的为人、治学风范,对我的人生轨迹产生深远影响。正是在他们的谆谆教导和春风化雨般的指导下,我才得以走上宗教学研究的科研道路,此书才得以成型。

感谢山东大学犹太教与跨宗教研究中心的刘新利教授、陈坚教授、谢文郁教授、赵杰教授、董修元教授、李海涛副教授、姜振帅副教授等各位老师在学业和论文方面对我的指导与帮助。

感谢田海华教授、孟振华教授提出的宝贵意见,感谢强伟师兄多次审阅论文,感谢一路走来互相打气和互相扶持的同门、同窗。

感谢香港中文大学崇基学院、香港中文大学 United Board 项目提供的学术交流活动,使我有幸获得诸多妥拉研究资料。

感谢家里的四位老人,感谢远在家乡照顾爸妈的弟弟,他们都是我坚实的后盾。特别要感谢我的丈夫蓝建军先生,他是我所有稿件的第一位读者,所有

图书在版编目(CIP)数据

明清时期开封犹太人宗教本地化研究/倪爱霞著.—上海:
上海三联书店,2024.8
(犹太学博士文库)/傅有德主编
ISBN 978-7-5426-8480-6

Ⅰ.①明… Ⅱ.①倪… Ⅲ.①犹太人-宗教史-研究-开
封—明清时代 Ⅳ.①K18

中国国家版本馆 CIP 数据核字(2024)第 082423 号

明清时期开封犹太人宗教本地化研究

著　　者 / 倪爱霞

责任编辑 / 李天伟
装帧设计 / 徐　徐
监　　制 / 姚　军
责任校对 / 王凌霄

出版发行 / 上海三联书店
　　　　　(200041)中国上海市静安区威海路 755 号 30 楼
邮　　箱 / sdxsanlian@sina.com
联系电话 / 编辑部: 021-22895517
　　　　　发行部: 021-22895559
印　　刷 / 上海惠敦印务科技有限公司

版　　次 / 2024 年 8 月第 1 版
印　　次 / 2024 年 8 月第 1 次印刷
开　　本 / 710mm×1000mm　1/16
字　　数 / 230 千字
印　　张 / 14
书　　号 / ISBN 978-7-5426-8480-6/K·780
定　　价 / 68.00 元

敬启读者,如发现本书有印装质量问题,请与印刷厂联系 021-63779028